"训战一体化"
后备管理干部培训模式

李青山 ◎ 主　编

张洪生　邵建民　孙丽涛 ◎ 副主编

企业管理出版社

CMPH ENTERPRISE MANAGEMENT PUBLISHING HOUSE

图书在版编目（CIP）数据

"训战一体化"后备管理干部培训模式 / 李青山等
主编 . -- 北京：企业管理出版社，2017.8
ISBN 978-7-5164-1524-5

Ⅰ . ①训… Ⅱ . ①李… Ⅲ . ①电力工业－工业企业管
理－干部管理－管理模式－研究－中国 Ⅳ . ①F426.61

中国版本图书馆CIP数据核字（2017）第120070号

书　　名："训战一体化"后备管理干部培训模式
作　　者：李青山　等
选题策划：周灵均
责任编辑：周灵均
书　　号：ISBN 978-7-5164-1524-5
出版发行：企业管理出版社
地　　址：北京市海淀区紫竹院南路17号　　邮编：100048
网　　址：http://www.emph.cn
电　　话：编辑部（010）68456991　　发行部（010）68701073
电子信箱：emph003@sina.cn
印　　刷：北京宝昌彩色印刷有限公司
经　　销：新华书店
规　　格：170毫米×240毫米　　16开本　　18印张　　250千字
版　　次：2017年8月第1版　　2017年8月第1次印刷
定　　价：52.00元

编委会

主　编：李青山

副主编：张洪生　邵建民　孙丽涛

委　员：（排名不分先后）

黄　蔚　李保宪　张新彦　毛　雨　刘保纲　张　蕾　张志博

常煜杰　郝艳春　马　飞　程艳红　桂英哲　陈　沛　孟凡斌

PREFACE
前 言
▶ **释放人的力量**

　　长久以来，企业培训，特别是大型企业的培训，一直遵循着从技术培训沿用而来的专家讲解、技术密集、严格规范、照章操作的理念，这在员工技能技术培训上起到了比较明显有效的作用，但在管理干部培训中效果受到较大限制。

　　特别是对于后备干部，他们精力充沛、思维活跃，在工作中积累了一些经验但困惑也不少，传统上以知识传递为核心特点的培训模式，并不能有效解决学员困惑的问题，也较难调动他们的学习积极性，知识的多次重复传递并不能起到巩固的作用，反而使学员疲于应付，加重了学员的劳累程度，学习效果大打折扣。近年来，随着社会经济结构调整和企业转型的大力推进，拥抱变化和持续学习成为企业发展的重要元素，这对企业后备干部的培训学习模式也提出了进一步的要求。

　　我们在多年从事干部管理培训实践与思考的基础上，针对企业发展对人才梯队储备的要求，聚焦后备管理干部进行"训战一体化"培训模式创新的探索研究，探索出了一套在移动互联网时代更加适合干部，特别是后备管理干部人群特点、遵循其能力发展规律的培训模式，并通过后期青干班的组织开展与具体实施在效果上得到了初步的验证。

后备干部队伍是企业未来的领导摇篮，是企业各单位业务、专业推动的主要力量，对企业的发展有至关重要的影响。同时，他们也是干部队伍中的新生力量，在经验能力方面尚待积累提升，特别是在政治思想素质、经营观念、管理经验、领导力等方面需要重点加强。但是长久以来，管理培训还是以从讲师到学员单向讲授通则和单因素原则为主，与管理场景之间的关系不够紧密，很多企业也都反映培训效果的持续性不足，边际效应在不断递减，特别是针对后备管理干部的培训没有区别于一般管理人员，针对该人群的培训主题、培训形式以及培训后的工作运用转化亟待突破与创新。

《培训杂志》（《Training magazine》）专门撰文提出："企业每年在培训上花费（500亿美元）的一半是完全浪费了，被浪费在了不必要的培训项目、不针对问题的培训，以及那些设计糟糕注定要失败的培训项目上。"

培训并非不重要，相反，培训是至关重要的。我们只是需要用新的方式考虑培训的有效性，让培训跳出组织安排课程这个传统思维。

这种新方式的重点在于：了解你自己组织的能力需求，再拆解为你的员工的能力需求。在总体需求清晰、个人目标明确的前提下，企业应该投资于知识网络，使个人共享专家经验、交换知识和按需学习。

高速变化的时代需要高速有效地学习。知识层面的内容在需要它的任何地点、任何时间都可以获得，技能层面的内容应该通过主管的传帮带来完成；而对于综合能力以及富有创造性的思维方式，需要通过能力测评了解自己的能力优劣势，并通过组织相应的课程，进行深度互动交流和学习。

人的力量，才是企业真正的竞争优势。

编者

2017 年 7 月

·目 录·
CONTENTS

第六章　后备管理干部新型培训模式"训战一体化"的运作模式

■ **第七章　河南省电力公司2016青年干部培训班对"训战一体化"的实践**

第八章　后备管理干部新型培训模式"训战一体化"总结

第一章 ▶

企业培训发展的挑战与机遇

CHAPTER1

第一节　企业创新转型对培训的全新要求

近年来，中国经济从高速增长转为平稳增长，经济结构不断优化升级，从要素投资驱动转向创新驱动。原来高速发展中积累的痼疾，比如资源能源浪费、环保意识不足，以及产能严重过剩带来的市场无序竞争将得到进一步治理与改善。面对这些问题，企业必须从要素驱动、投资驱动转变到创新驱动，从粗放式发展转变到融合均衡发展，走一条融合创新的转型升级之路。

企业发展的结构转型，与互联网、大数据、智能化相融合，将持续推动产业的优化升级。在此状况下，传统产业纷纷开始结合互联网、大数据、智能化，积极推进向客户端、服务端、体验端的转型，使企业竞争力更强、效率更高、质量更好。为此，创新转型，推进企业创新和大众创新，以融合创新提升企业竞争力将成为下一阶段的发展主旋律。企业创新归根结底是各级管理干部以及广大员工共同参与的全员创新，离不开科技知识的社会积累与传播，离不开大众创新。因而，创新作为企业竞争力源泉的地位将更加突出，企业也必须更加紧密地关注行业内外的创新趋势，将企业创新和大众创新不断融合。同时，以"融合"思考推动企业创新和大众创新，通过多种方式形成集成创新和融合创新优势，将带来企业竞争力的新飞跃。

企业需要超越线性思维。用网络化、整合型的思维，把更多的资源、智慧融合起来，为转型升级服务。这对企业如何增强适应性和主动性，实现新起点上的新发展，提出了全新的要求。

从宏观经济角度来看，身处时代机遇和发展浪潮之上固然重要，但在微观上企业组织本身抓住机遇实现飞跃式发展的能力更是不可或缺。

对大部分企业组织来说，其发展动力首先来自优秀的"人"，是他们将心中的梦想转化为现实的策略与努力，并带动一批又一批的后来者将这些策略付诸实现。

在过去的工业时代，组织呈金字塔形态自上而下分配资源。金字塔顶端的决策层对下面优秀人才的需求并不大，那时更多需要的是服从命令听指挥的操作工人，绝大部分工作可以通过严格流程和制度规范完成。

在创新转型引导下的移动互联时代，组织形态由原来的金字塔结构变为网状结构，资源有可能因为市场或客户的需要向网状结构中的任何一个点迅速集中，在组织中任何层级上的任何一点都有可能在某个时刻成为重要一环。组织对优秀人才的需求不仅数量骤增，而且在结构上要遍布组织的各个管理层级和各个专业岗位。

为此，企业开始高度重视"组织能力建设"和"人才管理"，并开始将"优秀人才标准"的概念引入企业，以此推动各管理层级和各专业岗位上的优秀绩效。

重视归重视，但要做好以上两项工作，并不是件易事。

其一，组织能力建设重在搭建舞台，其作用在于为"人才管理"打好底部基础，让各级人才围绕着组织的核心价值观，在同一个目标下各尽所能。人力资源的挑战在于要从原来的"职能实现"转到"价值创造"，与业务部门一起发现和解决问题，支持人的成长发展，对人在企业的付出与回报做出更为积极长远的引导，进而加强组织竞争优势。

其二，人才管理重在塑造人才，其作用在于为"组织能力建设"充实力量，建立起各个管理层级和专业岗位的人才队伍。人力资源的挑战在于建立起上下衔接、首尾相连的具有前瞻性的未来各级人才标准，建立起贯穿选、用、育、留整合性的人才管理机制，引入或开发出为人才的未来发展指明方向的测评工具与培养方法。

"组织能力建设"和"人才管理"工作不仅是一个单点上的执行层面的计划，它需要全面地应对企业对各级管理人才和专业人才的全盘需求，并实现各级人才发展路线在各个环节上的连贯性，通过建立起上下衔接的全人才管理机制，使得组织上下都建立起一套公开、公正、透明的人才标准——评估——培养发展的有效模式，并可常年循环使用和维护更新。

企业的创新转型需要组织转型的配套，但由于组织转型是一项系统工程，依靠单点的推动难以出成效，需要各部门各专业的联动，在大局观下转换思维、转变观念。由于日常工作中各部门各专业各自分散作业，那实现以上两项工作高效推进的主要着力点，就首当其冲地落在了能高度集中起各部门各专业的培训课程上了。

第二节　培训直接影响绩效的时代大势

近年来，整个培训大市场正在发生着剧烈而深刻的变化，很多企业因为战略转型及业务发展对人才的需求，正在把培训从传统的课程管理向组织分析和员工绩效改进方面扩展，提升对培训工作在战略支撑中的地位，甚至把培训部门升级为企业大学，对培训在改进绩效和发展人才方面提出了更为殷切的期望和更高的要求。

美国人才培训与发展协会于 2016 年在一份调研对象遍布全球范围、调研人数涉及千人以上的调查研究报告中指出，89% 的培训从业者"非常同意"培训向绩效改进转移是培训领域的首要趋势，并明确指出："培训部门人员必须想着绩效问题，只有培训可以帮助他人取得更好的绩效，培训对组织才更具有价值……。培训方法的选择可突破单向讲授的局限。"

来自企业 CEO 们的声音更加强烈。他们认为："培训部门是公司整体战略计划的一部分，他们必须了解业务需要，培训要和业务需求紧密联系在一起。因此，对培训部门的新定位和要求是：第一，理解组织的业务战略，并且知道培训如何影响它；第二，确保做好差距分析，知道我们最薄弱的地方在哪里，差距在哪里，如何通过培训填补。"

业务部门也对培训提出了新要求："不要只谈培训，更要谈业务。不要谈培训预算需要花多少钱，而要谈所要做的培训对业务能够带来多少价值……。培训部门的主要功能要转变为将培训发展与业务发展紧密地结合在一起。"

对于中国的培训市场调研情况也如出一辙。凯洛格（Keylogic）在 2016 年一份针对《转型：中国企业大学的新角色》白皮书中所引用的调研结果表明：约 7 成（69.8%）被调研人员认为，培训与绩效和晋升无关是企业培训的最大问题，如图 1-1 所示。在中国，由于企业培训部门一直扮演着组织安排课程的事务型工作的角色，缺乏业务战略、组织分析和人才发展需求的宏观思考与专业技能，很难清晰地阐述组织学习对业务发展的贡献，因此也很难将培训与公司真正的业务需求建立联系，很难参与到战略决策的制定中去。

培训与绩效和晋升无关是企业培训的最大问题

您认为目前影响培训工作的主要因素是（选择人数百分比）

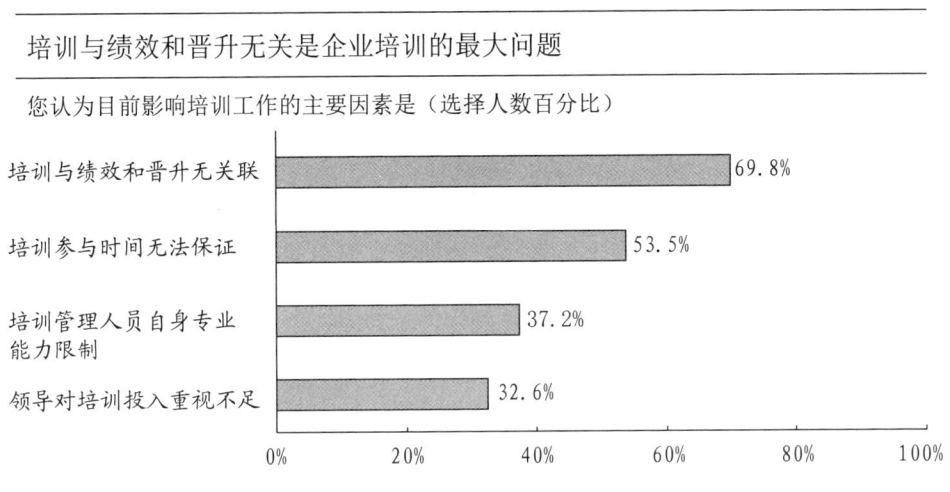

数据来源：2016 年 Keylogic "企业学习标杆调研"。

图 1-1　影响培训工作的主要因素

对于最能体现企业培训部门战略思维水平的企业培训规划，如图 1-2 所示，64% 的参与调研企业中把"员工需求调研"作为培训需求的主要依据和来源，只

培训与学习内容在主动识别"业务与人才发展需求"方面仍有很大的改进空间

您所在企业的培训中心的年度规划主要基于哪种方法？（选择人数百分比）

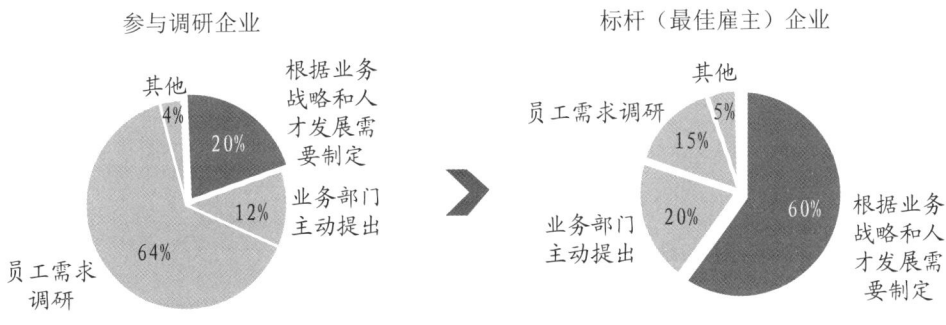

数据来源：2016 年 Keylogic "企业学习标杆调研"。

图 1-2　不同企业培训年度规划主要方法对比

有20%的企业在"根据业务战略和人才发展需要制定"培训规划；而标杆企业（最佳雇主企业）的调研情况表明：其"根据业务战略和人才发展需要制定"培训规划的占比高达60%，充分体现了标杆企业在战略高度上将培训部门纳入战略决策，培训部门通过自加压力、自我转型来不断提高培训对业务实现、人才发展和战略达成的支撑水平。

对比图示中，一般企业和标杆企业在培训规划中的本质不同在于：标杆企业建立起了围绕着战略（长期目标）与绩效（近期目标）以此为轴心的培训学习规划，它们破除了原来自下而上地将学员表达的培训需求简单累加的需求调研方式，重新按照"战略分解——绩效分析——员工能力"的顺序来进行组织层面的分析，最后辅助以结合学员需求的高度整合统一方式进行。它们通过持续高效的动态绩效分析，规划出具有绩效相关性的、有意义和实效的学习项目，将绩效问题转化为培训项目，让培训价值充分地体现在高绩效的实现过程之中，最终为企业培养起了一大批适应环境动态变化、具有创新开拓精神的高战斗力之师。

无论是全球还是国内，培训领域正在发生的变化指向这样一个共同的需求：要求企业的培训将原来关注输入点，比如关注课程、学时等，转化为关注输出点，也就是关注个人、团队和组织等不同层面的绩效。在这种关注下，要求企业培训部门运用新技术、新方法，建立战略目标、岗位绩效、能力素质和培训学习之间的联系，并且将学习资源逐层映射到能力素质、岗位绩效和企业战略目标上去。最后，还要加强学员主动学习、动态学习、互助学习、永续学习的持续学习动力。

培训部门正在被赋予一种新的定位。无论是对学习型组织、组织核心竞争能力、人力资本投资回报等一系列与组织绩效有关的期待，还是被升级定位为人才培养中心、企业大学甚至是业界的黄埔军校来为未来发展识别重点潜力人才并储备培养，它都需要以更快捷、更高效的方式解决以上所提到的核心需求：如何进行能力绩效的双提升。

总的来说，培训业界的"培训更直接影响绩效"的时代大势已经到来。

第二章 ▶

企业转型后对后备
管理干部的要求

CHAPTER2

第一节 后备管理干部的能力现状

转型企业后备管理干部群体是在过往的工作中有着较好表现、相对较有发展潜力与后劲的人群，是体制改革中的重要关键岗位。除了承载着完成自身绩效目标责任外，还担负着对新型业务、创新发展模式探索等方面的重任。

从干部序列的位置来看，后备管理干部是中层干部队伍中具有较强发展后劲的人群，是经营单位领导班子的储备人员，发展动力较足；从干部成长发展的规律来看，后备管理干部正处于不断积累丰富自身的管理经验、待形成自身管理思想的阶段，可塑性较强。针对以上特点，对他们的培养，一方面要加强理论学习的系统性，另一方面要加强实践转化的针对性，使所学理论与工作实践高度结合、相互支撑，快速形成自身经验，再结合新的理论学习和工作实践循环往复，进而形成自身的管理思想。后备管理干部成长发展脉络图，如图2-1所示。

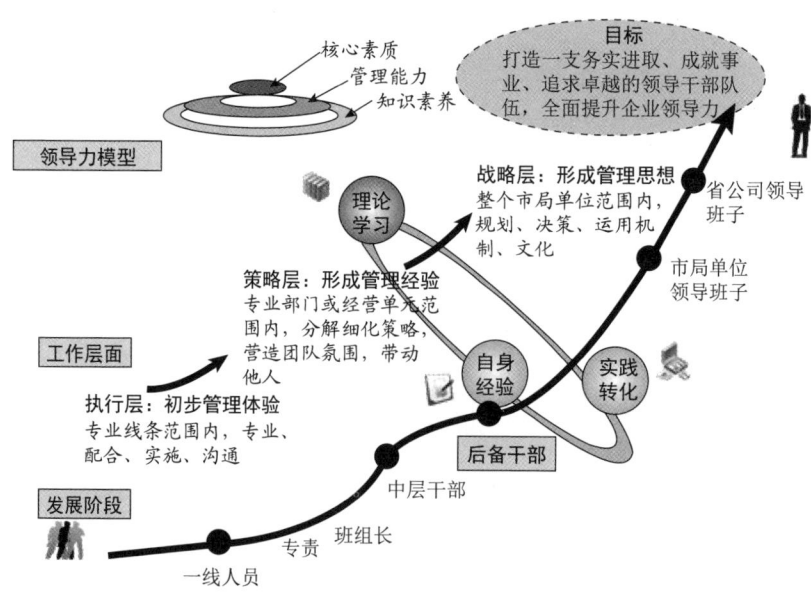

图2-1 后备管理干部成长发展脉络图

转型企业目前的后备管理干部队伍中，大多是从专业管理和技术一线逐步成长起来的人员，已经具备一些经营管理工作方面的经验，但其经验的形成大多依靠个人悟性、天分，经验相对比较零散，不够系统，尚不足以支撑其形成管理思想。同时，组织培养塑造的作用体现不够明显，缺少在培养方向上的引导和具体方法上的指导。

从队伍发展的具体情况来看：有的长期在基层单位，实战经验丰富但系统思考不足；有的长期在省企业，观念先进但落实执行乏力；有的因个人短板限制，提升较慢，发展后劲不足；有的因价值观念不够坚定明晰，对高端决策缺乏思想，等等。

进一步对照企业战略目标的实现和能力素质模型的全面要求来看，后备管理干部还普遍性存在知识结构不完整、能力发展不均衡、高层次思维方式和心智模式的局限等问题。如图 2-2 所示。

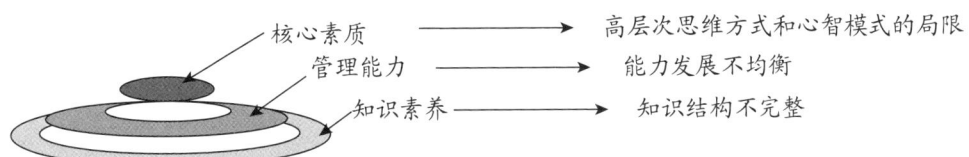

图 2-2 转型企业后备管理干部队伍存在的普遍性问题

针对后备管理干部队伍目前的状况，后备管理干部的培养要解决以下三个问题：

首先，从"知"的层面，全面加强培养后备管理干部的核心素质、管理能力和知识素养，实现对后备管理能力素质模型的全覆盖，解决后备管理干部队伍发展中遇到的普遍性问题。

其次，从"会"的层面，重点提升后备管理干部解决实际工作问题的实战能力，将培训学习与解决工作实际问题形成强联系，实现学习工作一体化，让学习为工作提供知识、技能、工具支撑，工作为学习指明方向。

最后，从"通"的层面，帮助后备管理干部加强主动学习的动力，养成主动学习的习惯，让学员成为吸收知识、运用知识、总结知识、传授知识的主体。

在组织层面，企业通过对后备管理干部的培养，可以进一步提高企业主动塑造人才的能力，加速后备管理干部队伍的成长，缩短成长周期；高度激发学员解决问题和学习知识的主动性，逐步实现培训学习和工作实践的一体化；为后备管理干部培养建立一套新型模式，并将此模式在其他层级干部培养中进行扩展延伸应用。

后备管理干部的培养实施方面，应该首先将重点放在加强后备管理干部的政治责任及事业追求的核心素质方面，帮助学员提高党性政治修养和国际国内发展形势的认识，通过改变其内在认知和心智模式来改变行为。在管理能力提升方面，遵循"理论＋实践"的能力发展规律，先帮助学员完善知识结构，引领学员打开各个重点知识领域的窗口，再结合工作实践促进知识点的应用转化并加深理解。此外，在深度上，提高学员们后期逐步进行行动学习的能力，将自己在后备管理干部班的所学转化为所用；在广度上，为学员提供个性化的学习解决方案，适宜配置针对性的学习培训内容，既帮助后备管理干部进行强化补缺，也帮助他们加强主动学习的动力，养成主动学习的习惯。

第二节　后备管理干部的成长模式

企业的后备管理干部是一支已经积累了初步管理经验又有着充沛发展动力的队伍。

从企业后备管理干部成长梯次所处的位置来看，参照国际著名管理大师拉姆·查兰（Ram Charan）在《领导梯队》里曾提到的领导梯队模型，如图 2-3 所示，后备管理干部属于基层单位中层干部中的佼佼者，在管理层级上正在向基层单位领导班子副职方向发展，在管理范围上正在从管理经理人员到管理职能部门发生转变，其管理层级和管理范围的变化要求其管理和领导方法也要吐故纳新，与时俱进。处在这个位置上，既有做好当前本职工作的要求，又有满足未来发展的诉求，因此对后备管理干部的培养第一要满足当前岗位胜任力，第二要储备未来事业发展所需的素质。

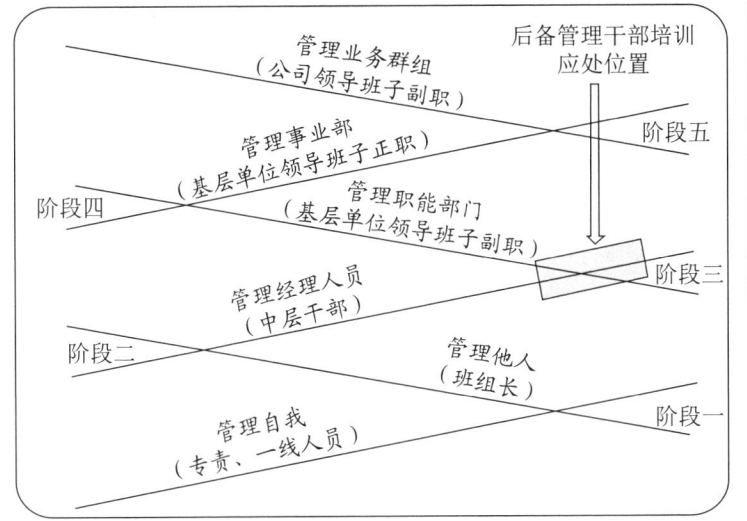

图 2-3　领导梯队模型

在后备管理干部的成长过程中，企业要充分培养和发展他们的领导力需要经过以下几个阶段：

1. 从管理自我到管理他人

对于企业的后备管理干部，他们的能力要求主要是专业化和职业化，通过不断拓展和提升个人技能，在岗位上做出更大贡献，从而获得组织的提升。实际上，这个阶段最大的挑战来自工作理念的转变。具体而言，他们必须学会如何管理而不是仅仅担任这个职务而已。他们必须坚信，把时间用于帮助他人，制订计划、教练辅导和类似的工作是他们的职责，而且他们必须把通过帮助他人完成任务作为自己取得成功的关键。

2. 从管理他人到管理经理人员

与第一阶段最大的不同是，这一阶段是纯粹的管理工作。第一阶段后备管理干部仍然要承担一部分个人贡献，但第二阶段，他们不需要直接做出个人贡献。这一阶段，他们需要掌握的技能主要是：选拔人才担任一线经理，分配管理工作，评估下属经理和教练辅导；学会超越部门利益考虑全局性战略问题，并积极地给予支持。

3. 从管理经理人员到管理职能部门

管理职能部门的工作需要跨越两个层级和员工沟通，因此，需要培养新的沟通技巧；再者，还必须管理自身专业以外的其他工作，这就意味着他们必须懂得专业以外的工作，而且还必须学会评估它的价值。因此，他们必须要有全局意识，能够兼顾多个部门的需求和利益，同时，他们还必须要有两项新的技能：一是与其他部门团结协作；二是基于工作需要与其他部门争夺资源。他们还必须擅长制定战略，不仅为自己的部门，而且要统筹整个业务部门的战略规划；他们要经常参加业务工作会议，与其他部门主管并肩作战。要求他们有开阔的、长期的战略眼光，对于他们所主管的部门有前瞻性的、准确的长远考虑。他们的领导力主要体现在制定职能战略，以确保业务领先于竞争对手。或通过促进开发更具创新性的产品，或开拓新的渠道来实现部门最大价值，推动主管部门获得持续发展的竞争优势，而不是仅仅取得短暂的辉煌。

4. 从管理职能部门到事业部总经理

这个领导力阶段通常给管理者最大的满足感，同时也具有极大的挑战性，对企业也至关重要。事业部总经理通常获得很大的授权，具有领导天赋的领导者常常感觉到如鱼得水，他们清楚地知道自己的管理工作与市场结果之间的关系。他们全权负责一个业务单元，而不是只需要和其他职能主管一起工作就行了，和事业部副总经理相比，其变化在于，他们不是从部门的角度评估计划和建议方案，而是从盈利和长远发展的角度进行评估，为了获得成功，他们必须改变先前的思考方式。他们不仅要学会管理不同的部门，而且需要熟练地与各方面的人员协同工作，敏锐地察悉各部门的利益点，并清楚、有效地与各方面的人员沟通。具有挑战性的是如何兼顾长远目标与近期目标，取得恰当的平衡。他们不需要每天去做具体的事情，而应该把更多的时间用于分析和反思，需要投入更多的时间去思考，成为善于思考的领导者。即使他们并不了解某些部门的工作，他们也必须学会获得各部门经理的信任、建议和反馈。

5. 从事业部总经理到集团高管

这个阶段需要在四个关键技能方面进一步提升：一是集团高管必须擅长评估资金调拨和人员配置的战略规划。这是一项复杂的商业技能。包括学会正确地提问，有效地分析数据，以及从企业的角度去理解哪些战略规划最有可能成功，最应该得到支持。二是培养事业部总经理。他需要清楚哪些事业部副总经理的能力最适合担任事业部总经理，并提升自己的教练辅导能力。三是评估业务的投资组合策略。四是必须精于评估自己的核心能力，采取客观冷静的态度，评估手中的资源，基于分析和经验做出判断，而不是盲目乐观。

这个阶段，他们必须要有开放的、善于学习的思维，才有可能把他们所具有的领导才能发挥出来。需要处理多项业务带来的复杂性，考虑社区、行业、政府和各种礼仪活动。他们必须为做出重大决策承担更大的风险和不确定性，做好在这个岗位上工作更长时间的准备。在这个工作范围很大的岗位上，集团高管不能用专家的心态去工作，他们需要以更加开放和包容的眼光去看待各项工作。

6. 从集团高管到首席执行官

这个阶段，其转变原因更多地集中在经营理念而不是管理技能方面。作为组织的最高领导，必须是一位有着远大抱负的思想者，同时善于建立企业的运行机制，推动企业实现每个季度的业绩目标，并确保企业长期目标的实现。

权衡取舍是首席执行官日常的功课，他们必须学会适应和掌握这门课程。此外，首席执行官必须具备重视外部关系的视角，敏锐地察觉并熟练地处理外部利益相关者之间的关系，能够积极主动地应对重大的外部变化。他们必须清楚，他们的年度业绩通常取决于三四个关键的决策，他们必须把这些决策放在优先的位置，并持续以它们为中心开展工作。首席执行官必须学会"抓大放小"，聚焦于企业全局性事物。

最后，首席执行官必须团结一批业绩出众、雄心勃勃的领导人才，虽然知道他们中的某些人觊觎首席执行官的职务，却仍然重用提拔他们。通过各种沟通方式激励全体员工，是首席执行官最重要的职责之一。

第三节　后备管理干部的能力模型

后备管理干部能力素质模型是企业后备管理干部的对标标准。此模型的构建素材主要来源于以下四个方面：

（1）企业发展对后备管理干部能力素质的总体要求。

（2）后备管理干部上级对他们的期望要求。

（3）后备管理干部群体的自我发展期望要求。

（4）大多数标杆企业对后备管理干部的发展性要求。

本模型成型的主要过程如下：

（1）研究分析大多数标杆企业对后备管理干部的通用型要求；

（2）结合企业特性，加入对能力特点的捕捉与观察；

（3）在座谈访谈中与后备管理干部群体进一步澄清观点看法，讨论模型的初步架构。

（4）结合后备管理干部工作中常见的问题，逐步聚焦对后备管理干部的能力素质要求。

后备管理干部能力素质模型的构建，如图 2-4 所示。

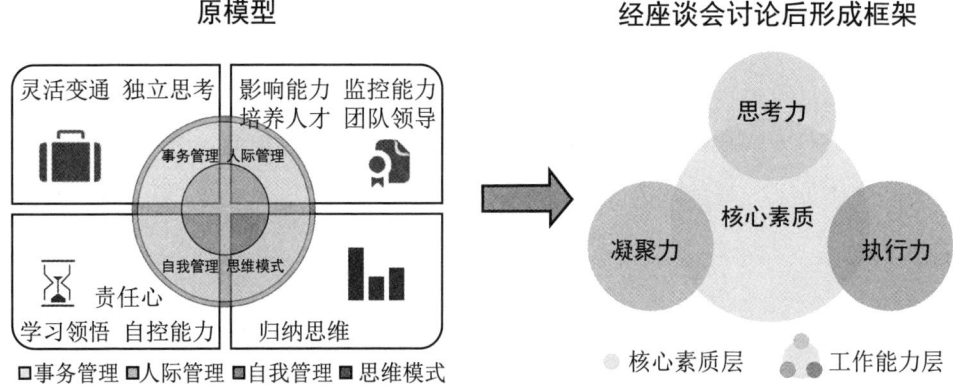

图 2-4　后备管理干部能力素质模型的构建

转型企业后备管理干部能力素质模型包括两个层面，即核心素质层与工作能力层。核心素质层体现的是后备管理干部所处的管理层次对后备管理干部个人深层次素质的要求，与个人的个性特质有关，一般很难通过培养改变，是干部选拔时需要重点考虑的因素条件；工作能力层体现的是对后备管理干部个人工作能力的要求，一方面与个人的成长经历有关，另一方面可以通过针对性的培养手段加以改变，是干部培养中重点关注的因素条件。内在素质属于个人深层次的隐性特征，像一只看不见的手，影响着后备管理干部在面对不同工作情况时的思考方向和行为方式。它与具体工作环境的要求相结合后，最终形成了后备管理干部的工作能力，支撑他们履行岗位职能。工作能力是个人可培养可发展的显性特征，体现为在工作上面对具体问题时的思考方向和行为方式，它是后备管理干部本身的内在素质和工作情境要求结合的产物。

后备管理干部能力素质模型由"核心素质""思考力""凝聚力"及"执行力"四个模块组成，共考察12项与后备管理干部优秀绩效高度相关的能力素质，如图2-5所示。

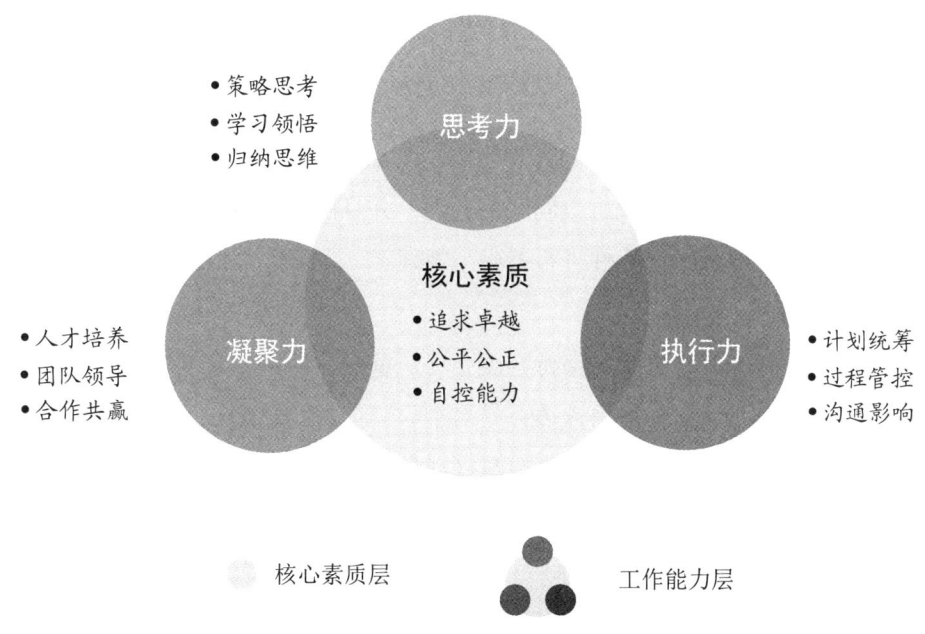

图 2-5 后备管理干部能力素质模型

核心素质层。它在个人早期成长阶段形成并固化，不太容易被改变，是选拔到后备管理干部序列时需要考虑的重点因素。核心素质由3项指标组成，分别是追求卓越、公平公正和自控能力。

工作能力层。它在个人长期所处的环境中形成并固化，可以通过学习锻炼等方式提升并改变。工作能力分为思考力、凝聚力和执行力三个模块，共由9项指标组成，分别是策略思考、学习领悟、归纳思维、人才培养、团队领导、合作共赢、计划统筹、过程管控和沟通影响。

一、做政治修养的示范者

身为一个转型企业的后备管理干部，在工作和生活中要做政治觉悟与道德修养的示范者。修身用权律己要严谨慎行，谋事创业做人要脚踏实地。"严以修身"要自觉锤炼党性，做有修养的好干部。"严以用权"要心中有戒，做不以权谋私的好领导。"严以律己"要勤于自省，做廉洁自律的清白人。"谋事要实"，贵在实干。"做人要实"，贵在做"实在人"。要具有待人处事客观公平，严于律己，理性稳健的内在特征。具体做到追求卓越、公平公正，有自控能力。

1.追求卓越

工作中敢于承担责任，锐意进取，不断突破原有阶段与水平。这不仅需要在主观愿望上有不断追求高标准的自我期许，而且要在具体行动上有对存在问题的主动发现、思考的能力以及解决问题的能力，并且能形成持续改进的局面。与此同时，要对远期目标的前瞻性进行考虑与规划。

2.公平公正

在日常工作和管理决策中保持客观立场，重视、建立、完善规则。

秉持理性处理问题的能力素质，是对个人公信力的反映。首先，体现在出发点上，以公众群体利益为先而不是以自己或单方面利益群体为先；其次，在工作中重视并尊重规则（最好这些规则直接体现了公众群体利益，甚至这些规则是在公众群体各方代表参与下制定的），按规则处理问题；再次，能够根据实际情况的动态发展补足和完善规则；最后，对于规则不明确的事情，按符合企业价值导向的原则处理。

3. 自控能力

控制自己的非理性冲动，保持理性稳定状态。该素质要求后备管理干部要做到三个方面：一是在特定压力（如突发状况、面对他人的反对、敌意、挑衅等情况）下控制情感冲动、情绪失控与负面言行；二是在持续压力下保持耐心、平和、毅力与韧性；三是为了某个终极目标的实现，在过程中隐忍与目标不符的自我欲望。

二、做睿智的思考者

想要在工作中做一个睿智的思考者，首先，需要的是要有聚焦目标思考问题的意识，从而形成从目标倒推倒逼式解决问题的思维方式；其次，要能够围绕目标将复杂问题层层拆解为简单问题；再次，对其中不易协调统一目标的问题有创新式的解决办法；最后，看问题有全局观，掌握好处理问题的合适时机并把握好整体推进的节奏。

1. 归纳思维

将零散的信息整合为整体，把握问题的关键，化繁为简。能够帮助个人认识到事物之间的共同特征和内在相似点，在面对复杂的问题或现象时，能够发现和掌握关键所在。运用结构化、概念化甚至创造性的思维模式，如由具体到抽象、由部分到整体的提纲挈领式看待和解决问题。做到可以洞察本质：当现象掩盖本质时，能够拨开事物纷繁复杂的表面烟云，透过现象看本质。

2. 学习领悟

以开放心态不断学习，勤于思考，融会贯通。不断拓宽视野，丰富阅历经验，提高能力和水平。求知好学和善于转化应用，并在发展到高阶阶段之后形成个人理解并掌握事物运行规律的智慧。做到融会贯通：在各类非专业领域（生活、休闲、其他领域等）中触类旁通，悟通专业领域的关键问题；对自己专业领域内的知识能融会贯通，站在制高点上能把握住快速解决问题的关键与诀窍；持续聚焦思考业务领域中存在已久的重大问题或疑难杂症，产生偶发感悟或灵感闪现。

3. 策略思考

围绕目标形成设计思路、实现路径和具体方法。后备管理干部需要具有一种为达成目标或解决问题快速形成设计思路、实现路径和具体方法的能力素质。能够掌握所需解决问题涉及的各种信息，熟悉信息间的关系；思考问题的方式能够呈现从目标成果到手头资源的思路；能够看出解决问题的枢纽要害，用事半功倍的方式达成效果；对不易达成共识的问题，能够求同存异，找出利益共同点；能够理顺各种问题矛盾交织的关系，形成顺畅的实现路径。

三、做团队的凝聚者

团队凝聚力不仅是维持团队存在的必要条件，而且对团队潜能的发挥有很重要的作用。一个团队如果失去了凝聚力，就不可能完成组织赋予的任务，本身也就失去了存在的必要。作为企业的后备管理干部——团队的凝聚者，就要打造团队的凝聚力，对内要有提升和培养人才的能力，尽可能加强团队合作，对外加强联系合作和相互支撑配合。具体要求做到人才培养、团队领导、合作共赢三项指标。

1. 人才培养

帮助下级提高工作能力，给予下级锻炼成长机会。在这种意愿的驱使下，主动为下级提供工作指导与发展机会，帮助下级形成工作或事业成功所需的必备素质。做到历练成长：启发下级的思路，让他们自己去寻找答案或解决问题的方法，而不是直接告诉答案；结合某些重要关键的事情，与下级分享事情的成败关键、自我经验和心得体会；鼓励下属承担有挑战性的任务，在控制风险的前提下充分授权，让他们按照自己的方式完成工作。

2. 团队领导

加强团队凝聚力，提高团队效率。首先，在个人布置安排工作方面要清晰、有序、得当，对复杂事项能进行合理妥善的分工；其次，为团队提供或争取必要的工作资源，保障团队在资源条件上充沛有力；再次，通过加强实战训练提高团队战斗力；最后，善于激励团队，在团队对目标实现缺乏信心时，为团队树立共同为之奋斗的目标与愿景。做到持续发展：保持团队内部的公平公正，为团队成员提供平等的发展机会；为团队文化建设投入心力，为团队植入明确的价值取向及行为方式；为团队的发展指明航向，指出激动人心的发展方向和目标，领导团队为之奋斗。

3. 合作共赢

在共同发展目标及利益下，构建共赢局面。首先，与他人开展合作，关注周边或他人的需要，将自己所要实现的目标与他人的需要联系或绑定起来；其次，能够进行换位思考与感受，能够体会他人在工作中的不便与难处，为自己与他人合作备好互补交换的资源；再次，想办法去排除合作中可能产生的各种障碍；最后，对于利益格局复杂的情况，能够构建好各方共赢的利益局面。

四、做高效的执行者

现代企业管理强调重在执行、赢在执行。公司在发展过程中战略与决策固然重要，但只有执行力才能使其体现出实质的价值；只有通过执行才能有效地联系和整合，把方针、目标、政策、措施不折不扣地落实到具体工作中，这是企业在日益激烈的竞争中取胜的根本保证。所以，后备管理干部着力强化执行、打造高效执行力不但是必要的，而且是必须要做的。其中计划统筹、过程管控、沟通影响是衡量后备管理干部执行力的重要指标。

1. 计划统筹

对复杂工作进行预先计划，统筹协调资源，做出具体计划安排。在复杂状况中理出头绪和工作优先顺序，以保障目标的顺利实现。首先，为实现目标，对工作开展要有具体的安排举措；其次，在安排过程中考虑问题要全面周到；再次，平衡统筹多项齐头并进的工作，除了对手头资源要进行优化配置外，还需要进一步挖掘手头资源，创造资源再投入使用，同时掌握好各种资源投入的节奏和优先顺序，使之产生围绕同一目标聚焦资源的清晰的实现路径效果；最后，能预计未来产生的实际困难，做好应对预案。

2. 过程管控

关注事情的进展，洞察潜在问题，及时纠偏。首先，要重视、明确并制定出对绩效及成果的量化评价标准；其次，高度关注事情的进展和发展趋势；再次，一旦出现偏差，及时纠偏并管控进度；最后，对个人表现有明确的奖惩办法，奖罚应及时到位。

3. 沟通影响

增进理解互信，引导他人接受自己的观点并与之达成共识。艺术化地处理不同意见和对立做法。在对原则的坚持以及对人与人之间柔性关系的处理上，首先，在沟通的主动性上，勤于与各方沟通；其次，体现沟通的科学性上，能够摆事实、讲道理；再次，在沟通的艺术性上，能够针对对方的心理施予影响；最后，用力对象上，从沟通对象本身转移到其身边的资源，善于借力和造势。

第三章 ▶

后备管理干部的评价方式
——情境化测评，发现优势与不足

CHAPTER3

第一节　什么是情境化测评

一、目前主流的人才测评方式简介

从广义角度来看，人才测评主要指的是通过一系列科学的手段和方法，对个人进行测量和评定的活动，主要用于组织发展和人才管理等企业管理领域。由于目前市场上的测评工具的种类划分和理论流派较多，根据大型国有企业对干部的要求特点，将电力企业选人、配置、用人、培养中常用的人才评价/测评方式做了一次全面梳理，并总结为以下12种方法：

（1）简历/履历表：通过简历/履历上所显示的直接信息对个人的基本认识。

（2）简历/履历分析：通过简历/履历信息的分析，对个人产生全貌上的了解。

（3）知识考试：通过知识考试，对个人的基础知识与专业知识水平方面的了解。

（4）技能测试：通过技能测试，对个人掌握的基础或专项技能水平方面的了解。

（5）面试：通过交谈，对个人的精神面貌、言谈举止、思考理解水平等方面的了解。

（6）民主评议：通过周边人对个人评价意见的综合，形成对个人情况的全面掌握了解。

（7）组织谈话：通过代表组织的上级领导与个人开展的谈话，对个人思想的全面把握。

（8）心理测评：通过专业的心理测评工具，对个人的深层次动机、心理深度进行了解。

（9）胜任特征分析技术：通过分析高绩效行为特征的符合程度，深度了解个人能力素质。

（10）情境模拟：通过模拟出一系列与工作高度相似的情境，深度了解个人潜能。

（11）工作现场测试：通过工作现场观察实际表现，对个人实际工作能力的深度了解。

（12）评价中心技术：通过多种测评技术与手段的运用，对个人素质的全面深度了解。

从狭义角度来看，人才测评主要指的是当需要对个人进行深度了解时，采用特定方式对个人信息进行深度探测和挖掘的评价活动。主要适用范围为组织发展和人才管理中的中高层管理人员、专家人才等关键岗位。

人才测评的对象是人的素质，具有隐蔽深藏、不易感知、刻意探测容易失真的特点。测评结果的真实有效性也受到施测者和受测者之间的互动博弈过程与施测者主观印象的影响。当业界采用人才测评作为人力资源管理的一种辅助手段时，需对各种不同人才测评方式的采用形式、有效性、成本和适用对象做初步了解与分析，以找到适合后备管理干部的测评方式。

在以上 12 种测评方法中，对各种测评方法所采用的形式、有效性、成本和适用对象四项主要特点进行比较，具体如表 3-1 所示。

表 3-1　12 种人才测评方法比较

测评方法	采用形式	有效性 *	成本	适用对象
简历 / 履历表	资料	低	低	新招聘人员
简历 / 履历分析	资料	低	低	新招聘人员、新任人员
知识考试	纸笔答题	中等	中等	普通员工
技能测试	操作作业	中等	中等	普通员工
面试	面谈问答	中等	高	普通员工、初中级干部
民主评议	纸笔评定	中等	中等	各级干部
组织谈话	面谈问答	低	中等	各级干部

续表

测评方法	采用形式	有效性*	成本	适用对象
心理测评	纸笔问卷	中等	低	各级各类人员
胜任特征分析技术	录音谈话	高	高	各级干部、高端人才
情境模拟	活动观察	很高	很高	各级干部、高端人才
工作现场测试	活动观察	很高	高	各级干部、高端人才
评价中心技术	活动观察	极高	很高	中高级及以上干部

备注： *标★处的"有效性"指对绩效预测的有效性，如知识考试的有效性，指的是知识考试这种方式对绩效预测的有效性，并不是单指知识考试方式对知识掌握程度的有效性。*

通过以上对于目前现有的人才测评方法的简单介绍及比较分析，发现评价中心法（情境化测评法）对于后备管理干部能力素质的测评具有更高的准确性。对于一个企业而言，中高级及以上的管理干部在企业中扮演着重要的管理角色，尽管以评价中心法（情境化测评法）对企业人才进行测评具有相对较高的成本，但以此方法得到更准确的测评反馈对于后续管理、培养人才能够提供重要的方向指导与理论依据。因此，本章将重点介绍评价中心法（情境化测评法）的相关内容。

二、情境化测评的概念

现代人才测评理论认为，人的行为和工作绩效都是在一定的环境中产生和形成的。对人的行为、能力等因素的观察与评价，不能脱离一定的事实环境。因此，要准确地评价一个人的素质，应将其纳入一定的环境系统中，观察、分析、评定受测人的行为表现及绩效结果，从而考察其全面素质。基于这种理论，人们逐步形成和发展了评价中心这种现代人才测评的新方法。评价中心的测评方法将各种不同的素质测评方法相结合，通过创设一种逼真的模拟管理系统和工作场景，实现将被试者纳入该环境系统中，使其完成该系统环境下对应的各种工作。在这个过程中，主试人采用多种测评技术和方法，观察和分析被试者在模拟的各种情景压力下的心理、行为、表现以及工作绩效，以测量评价被试者的管理能力和潜能等素质。评价中心最主要的特点之一就是它的情景模拟性，所以又被称为情境模拟测评或情境化测评。

所谓的情境化测评，就是根据企业所计划的被试者在其培养管理方向上的职务要求，编制一套模拟该岗位实际情况的测试样本，由被试者在规定的时间内完成，测评人员按照一定的规范对其测试结果进行评定。

情境化测评技术由多种信息来源的标准化行为评价组成，在评价中心使用多个经过训练的评价者和多种测量技术进行评价，主要是从专门建立起来的测量情境对行为进行评定。评价者们各自的评定结果集中在一起进行讨论以达成一致或者用统计的方法对评价结果进行整合。通过整合，得到被试者行为表现的综合评价。

在人才选拔中，情境化测评的独特之处在于，它通过专门设计的一些与应聘者未来可能面临的工作情境相类似的模拟情境（活动），观察和评价他们在这些模拟情境（活动）中的行为表现，以预测他们在未来工作岗位上的工作绩效。简历、推荐信、面试、技能测验和了解过去的工作业绩等认识测量方法都是着重于用过去的工作行为和工作绩效来预测未来工作岗位上的工作行为和绩效。情境化测评的核心在于，识别和确定被试者胜任未来工作必须具备的潜力，并为后续的培训及人才管理提供依据与方向。

情境化测评的价值不仅在于对员工未来工作绩效的预测准确性高，还在于它在选拔阶段建立的评价标准也是组织考核与培训员工的标准，为建立一个科学的人力资源管理系统打下很好的基础，有极高的潜在回报。通过情境化测评招聘进来的员工在组织中工作时间越长，组织付出的人力成本得到的回报就越高。

三、情境化测评的特点

1. 针对性

情境化测评的方法通过模拟特定的工作条件和环境，并在特定的工作情景和压力下实施测评。根据不同层次人员的岗位要求和必备能力，设计不同的模拟情境，因此具有很强的针对性，避免"高分低能"的倾向。

2. 全面性

情境化测评方法的突出特点之一是多种测评技术和手段的综合应用，不仅能够很好地反映被试者的实际工作能力，还可以测评其他各方面的能力和综合素质。因此，此方法能更加全面地评价被试者的综合能力及岗位匹配度。

3. 可靠性

情境化测评由多个主试小组成员分别对被试者给予评价，减少了因被试者水平发挥不正常或者个别主试人评价的偏差而导致的测评结果失真。每项检测后，请被试者说明测试时的想法以及处理问题的理由。在此基础上，主试人进一步评定被试者处理实际问题的能力和技巧，使评价结果的可靠性大大增加。

4. 动态性

将被试者置于动摇的模拟工作情境中，模拟实际管理工作中瞬息万变的情况，不断对被试者发出各种随机变化的信息，要求被试者在一定时间和一定情景压力下做出相应决策，在动态环境中充分展示自己的能力和素质。

5. 预测性

情境化测评具有识才于未显之时的功能，模拟的工作环境为尚未进入这一层次的人员提供了一个发挥其才能与潜力的机会，对于测评人员的素质和能力具有一定的预测作用。与此同时，情境化测评集测评与培训于一体，为准确测试被试者的发展前途，有重点地培养人才提供了较为有效的手段和途径。

四、情境化测评的应用

很多企业在建立自身的能力素质模型之后，为了应用上的方便，直接拿现成的性格心理类测评工具（如16PF、MBTI、大五人格等）来对标能力素质模型。这种方式存在较大的应用误区，最主要的问题有以下三点：

一是企业建模的目的是要引导员工的行为与绩效走向更高的水平层次，而不是要去为员工贴标签、下定论，更不是要让公司所有人形成标准化的人格特质。非适配企业的性格心理类测评工具容易将企业管理层和员工引向不断解释问题而不是改善问题的歧路上，与建模的目的背道而驰。

二是非适配企业的性格心理测评主要用途在于帮助个人了解自身，促进团队建设。它主要是在描述通识意义上的"人"，与岗位绩效的结合度不高，直接采用这类测评体现的是个人在自然状况下的状态，而不是岗位现实工作压力下的状态，这与实际工作中的真实情况有较大出入。

三是为了有效衡量个人在模型及指标上的强弱水平，需要借助一定的环境、场景或情境，以此作为激发调动该能力素质指标的载体，这样才能对调动的能力素质强度进行合理推断。如在缺乏环境、场景和情境的情况下评判行为，很容易陷入只看现象不看本质的误区，形成错误推断。

解决以上问题的有效方式是引入"情境"，将测评目标与调用情境一一匹配连接起来。例如，当把"责任心"作为一种测评目标时，直接问对方对责任心的看法和采用心理探测技术都不如设置"额外工作""模糊责任""问题归因"的具体情境来看对方的行为反应。

另外，当测评中采用的情境越是接近岗位中常见频发的典型情境，测评对岗位绩效的预测性就越强。譬如，电力企业的干部经常会遇到要调动员工积极性、做通员工思想工作、布置工作任务等典型情境，在测评中就应该体现这些典型情境。

以"模拟真实工作情境"作为人才测评的载体，尤其在测评有效性最高的评价中心中，甚至需要搭建起全业务场景，创建出一系列接近真实的关键事件来进行能力素质测评。这种"模拟真实工作情境"的测评虽然有效性很高，但实施成本也很高。前期需投入不菲的设计费用，每一项测评维度都需要事先撰写情境布局、实施说明、计分手册及解析说明。在实施时，每一次实施还需要动用大量的外部专家，内部高级管理人员和人力资源部门的人员。因此，在某些项目的测评中，需要一种既能够保留"模拟真实工作情境"的测评载体，又能够简易便捷地去组织实施的测评方法。

作为一个相对独立的评价系统，情境化测评操作比较复杂。由于成本和技术力量的问题，在企业建立和实施一个非常严谨的情境化测评系统不太现实。可以考虑使用情境化测评的简化模式：情境化测评的各种模拟活动具有相对的独立性，在设计选拔程序时可以选用其中少数几种活动，根据选拔岗位的情况调整活动的内容，对企业关注的核心评价维度进行评价，把握被评价人的潜质。

在设计人员进行培训整体方案的时候可以考虑以下三种模式：

（1）把情境化测评流程作为人才评价的最后一个阶段。在评价的前期运用专业知识和技能的测试、心理测验、结构化面试等方法，考察基本的工作要求和能力要求，筛出明显不合格的人选，让较少的人员进入情境化测评流程，评价他们在某些特定维度上的表现，衡量他们是否有某些关键的潜质。这样既能节约人员培训前期的成本，又可以保证在不同的层次上掌握各个被试者的各方面关键特质。

（2）在情境化测评中运用心理测验，比较适用于较高层次人员的选拔。由于心理测验着重于评估被试者的潜力，所以在情境化测评流程的各个模拟活动中穿插安排某些心理测验，不仅能使得评定方法形式更为多元化，而且心理测验评估的维度与情境化测评的维度也可以相互验证和补充。

（3）结合面试和情境化测评流程，这种方案比较适合中高层管理人员的评价。在面试阶段，被试者的某些重要的特质得到较为深入的评价。使用情境化模拟技术，对前面两阶段评价过的某些关键特质进一步进行评价和验证，还可以对某些面试所无法评估的特质，主要是解决问题和授权与管理控制等操作性的特质，进行全面的评价，从而找到后期培训及人才管理的方向与切入点，让人才得到高效率的培训与长远的发展。

五、情境化测评的利弊与改进

情境化测评作为一种现代化的测评技术，具有以下优点：

（1）突破了传统测评方法的局限，开创了人才测评技术的新局面。早期的一些素质测评方法，如智力测验、个性测验等具有一定的效果和作用；而情境化测评综合了管理学、心理学、社会学、行为科学和人类学等各门学科的最新研究成果，是对传统测评思想的重大改进。情境化测评技术主要针对管理人员，重视现场研究和实践性，着重考察被试者解决实际问题的能力，并取得了很好的效果，使素质测评技术有了新的发展。

（2）测评的效度以及测评带来的效益较高。情境化测评的每一个情境测试都是从许多实际工作样板中挑选出来的，并经过技术处理，使许多与测评内容无关的因素得到有效控制。经过组合加工，还可以把不同时段和不同工作中的活动综合在一起。既提高了测评的全面性与准确性，又提高了测评的深度和难度。许多研究表明，情境化测评是一种实用且有效识别管理人才的方法。虽然这种方法对人、财、物以及时间的花费稍高一些，但由于其测评效度高，使人才能力测评的准确性大大提高。人才的合理安排与使用给企业带来的效益是巨大的，远远高于测评过程所花费的费用。

（3）集测评与培训为一体，扩大了测评的功能和用途。一些传统的测评方法往往功能比较单一，而情境化测评过程既是一个素质测评过程，又是一个被试者在模拟工作中自我学习、自我提高的锻炼过程。通过信息反馈，主试人将测评结果以及不足之处的改进方向告知被试者，使其进一步了解自己、提高自己，将测评过程转入培训过程。

当然，任何一种测评方法都有其自身的优势与不足。目前情境化测评的方法存在以下不足：

（1）与其他素质测评方法相比较，此方法的测评费用较高。

（2）操作难度大，对主试人的要求很高，必须有相当的管理经验并受过专门训练。同时，测评需要的案例和材料需花费相当的时间和精力。

（3）当模拟工作的内容与实际工作有误差时，测评中的能力表现与实际工作能力存在差距。

（4）测评内容主要是管理技能的某些方面的心理素质，难以全面真实反映被试者的思想品德内容。

经过数十年的实践和研究，一些专家也找到了进一步提高测评效度的途径和方法：

（1）根据需要测评的素质内容，选择合适的、有针对性的测评方法，并做好相应的题目设计。

（2）尽可能多地采用各种测评方法进行评价。

（3）挑选合适的主试人，并做好主试人的培训工作。

第二节　情境化测评在干部培养中的应用

近年来，整个培训大市场正在发生着剧烈而深刻的变化，很多企业因为战略转型及业务发展对人才的需要，正在把培训从传统的课程管理方面向组织分析和员工绩效改进方面扩展，进一步提升了培训工作在战略支撑中的地位，甚至把培训部门升级为企业大学，对培训在改进绩效和发展人才方面提出了殷切的期望和更高的要求。测评作为其中一环，将在组织能力分析和人才发展上提供强有力的分析及针对性培训培养支撑。

一、对公司培训规划的指导意义

1. 传统培训

情境化测评对员工未来工作绩效具有较准确的预测，同时，它在评价阶段建立的评价标准也是培训员工的标准，为建立一个科学的人力资源管理系统打下很好的基础。所以，情境化测评具有极高的潜在回报。

从一个更高的视野层面来看，后备管理干部情境化测评将不应再只是一项独立的工具。从测评本身来看，它应该能更好地承接后备管理干部优秀业绩的关键因素，向后拥有配套能力提升的有效路径与方法。从使用途径来看，情境化测评要能成为公司定期盘点后备管理干部能力的人力资源战略工具。由此可见，情境化测评对一个公司长期稳定发展的重要性。

情境化测评对于公司传统培训规划具有十分重要的意义。传统培训方法包括演示法、传递法以及团队建设法，其中最常见的演示法又可分为讲座法和视听法两类。以下简单介绍传统培训的优缺点。

传统培训的优点包括以下几点：

（1）符合传统的中国人的学习习惯，学习有一定的归属感。

（2）能够比较好地现场吸收讲师的培训内容，现场感强。

（3）教学服务中的及时响应，能够及时与讲师及其他学员进行沟通和互动。

（4）可以解决工作中遇到的实际问题。

传统培训的缺点包括以下几点：

（1）限制了时间、地点等，具有许多约束条件将限制用户的学习。

（2）教学服务的时间有限，信息量较少。

（3）成本昂贵，这种成本不但是学员的成本，还包括培训机构的成本，集团公司中的学员浪费成本、时间成本等。

（4）培训效果难于评估和有效地跟踪，也就是评估成本过高。

一般而言，传统培训课程能够较好地对接能力素质项，企业通过情境化测评得到的测评结果，配套测评短板项选取相应的培训课程。例如可以规划具体培训课程，如表 3-2 所示。

表 3-2　对接能力素质的传统培训课程

能力素质	能力等级	课程名称	课时	培养方式
计划统筹	2	管理中的统筹规划与效能提升	7	课堂培训
策略思考	3	管理者的理性决策与系统思考	7	课堂培训
学习领悟	2	参考书目《高效能人士的七个习惯》	7	自学
团队领导	3	团队凝聚力打造 传统文化与团队管理	14 7	课堂培训
沟通影响	2	沟通与影响力	7	课堂培训

根据情境化测评的结果，发现测评对象在能力素质上的短板，从而针对性地对测评对象制定培训课程的规划与安排，包括短板素质能力的等级数的确定、与之相对应的课程、培训所需的课时数以及培养方式，从而有效提高后备管理干部的各项能力素质。所以，总的来看，情境化测评在公司传统培训课程的培训规划上具有一定的指导意义。

2.新型混合式培训

新型混合式培训的出现是企业培训不断发展的必然趋势。企业的发展很大程度上依赖于企业人力资源的培养与开发，而培训又是人力资源的重要组成部分。世界上很多大公司的成功经验表明，不花时间和金钱去做有效培训，企业很难实现发展目标，培训是企业持续竞争力的"发动机"。越来越多的企业意识到了这一点，培训的形式与方法也趋向多元化，尽量做到在专业领域与时俱进，在成本上节省人力物力。因此，混合式培训就在这样的需求下出现了。

新型混合式培训是传统的课堂式培训和远程培训（e-learning）相结合的培训方式。在一些参加人员分散、互动性比较强的培训课程中，无论是采用单一的课堂培训，还是远程培训，都无法有效进行知识的传递。因此，在这样的情况下，新型混合式培训便充分展现其优势所在了。新型混合式培训与传统的培训方式相比较，弥补了传统培训方式中的无法保证完全地记录下课上老师讲授的每个细节的缺陷，保障了学习的有效性。另外，也能有效节省人力、物力的成本。新型混合式培训通过强大的远程培训平台，学员可在日常的工作中，对知识点进行反复学习，加深记忆。同时，允许学员在不同时间、不同地点自主进行课程学习。这样一来对企业来说，人员既得到了培训又不影响工作进程；对培训机构来说，既能维护好远程培训平台也管理好了培训。因此，新型混合式培训能更好地提高培训质量，节省培训成本。

新型混合式培训的学习方式对接的是情境化测评的测评反馈。测评反馈中对个人发展建议方面重点聚焦在日常行为调整，对后备管理干部的能力发展活动有阅读书籍、观看影视、实践活动三大类。从培训规划的角度可以将这三类活动拓展为新型的培训学习方式。阅读书籍可采用"拆书帮"活动，观看影视可以拓展为"看电影学管理"活动，实践活动可以拓展为"微行动学习"活动，如图3-1、图3-2、图3-3所示。通过公司新型混合式培训学习方式的导入，将后备管理干部培训从被动接受知识技能引向后备管理干部自我提升的转变。

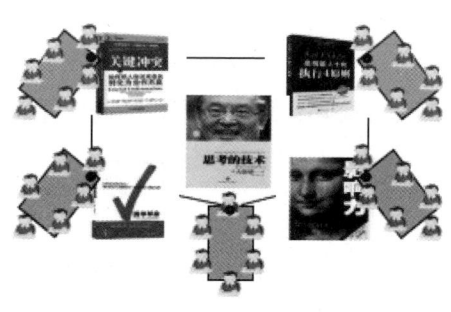

图3-1　"拆书帮"活动

图3-2　"看电影学管理"活动

图3-3 "微行动学习"活动

二、对员工能力提升的指导意义

1. 情境化测评促进自我认知

情境化测评结果的反馈报告具有非常重要的价值，它可以帮助后备管理干部对自身的能力素质进行详细的分析和梳理，刺激后备管理干部在自我认知上的觉醒，从而敢于考察和审视自己目前的状态，主动地探索和挖掘自身能力素质中的优势，正视自身能力素质中的劣势，客观全面地认识自我，正确地评价自己，对自身的能力发展提出建设性的意见。

情境化测评让被试者提前感受将来可能面对的工作环境与工作压力，通过测评者对被试者在模拟工作环境中的工作表现进行观察与分析，了解被试者在核心素质、思考力、凝聚力、执行力上的优势与劣势，并导出情境化测评的反馈结果。被试者根据所得到的反馈结果，可以更清楚地认识到自己在相应的工作环境里的表现如何，从而对自身的工作能力有一个更清晰的认识，进而帮助被试者对自身能力的进一步提高找好方向并做好准备。

2. 情境化测评为个体自我发展提供方向

个体发展是个体的潜在素质变成现实特征的过程。情境化测评为了更好地帮助后备管理干部提升能力与成长，测评关注个人可以改变的行为而非天赋。旨在通过行为的改变实现能力的提升，做到"学以致用、用以促学、学用相长"。因此，更关注如何充分利用好情境化测评的测评反馈，帮助后备管理干部提高自身管理能力及其他各项工作能力。

情境化测评反馈聚焦于"日常行为调整"，测评反馈的结果帮助员工个人对自身的优点、缺点有一个更清楚的认识。同时，为员工进一步完善提升自己，以适应未来的工作环境与压力提供了努力的方向。在后备管理干部进行情境化测评后，通过阅读书籍、观看影视、实践活动"三位一体"的活动为后备管理干部提供清晰而明确的指导。在参加公司组织的新型培训之外，后备管理干部还可以认真自主实践测评反馈中的能力发展活动，以能力素质的进一步发展为目标，通过长期学习积累，养成良好的自主学习习惯，并在公司内弘扬与传承。

第四章

"训战一体化"培训模式
在企业中的运用

CHAPTER4

经济与贸易全球化的迅速发展，企业间的竞争日益激烈，企业以往的发展模式已无法在日益激烈的竞争中生存，企业开始进行战略转型。人才作为实现企业长远发展的重要资源，实现对人才工作潜能的激发，对企业来说不仅能够为战略转型提供帮助，还能够为企业长远的发展提供源源不断的动力。因此，做好人才培养，实现对后备干部领导力的加速培养，成为企业发展的必由之路，也是企业战略转型的必经之路。"训战一体化"的人才培养模式，是企业在人才培养模式上的一种创新，通过将培训与实践相结合，在实践中培训或在培训中实践，提高员工的领导力的同时，也提高了员工的绩效，促进了企业的发展。同时还可以在员工培训的过程中灌输企业战略，并在培训过程中不断实践与落实，促进企业战略的转型。

从 20 世纪 90 年代开始，国外企业就开始进行"训战一体化"人才培养模式的创新，以促进企业战略的转型。1990 年—2000 年，是国外企业"训战一体化"人才培养模式创新的十年，较多的国外企业进行培训模式的创新并取得成功。

国内企业"训战一体化"人才培养模式创新晚于国外，并且在国内是最先开始于民营企业。2000 年—2010 年是国内民营企业人才培养模式创新的十年。2010 年至今，国有企业作为我国社会主义市场经济的重要组成部分，虽得到了蓬勃发展，但国有企业集团的重要地位与治理效率低下之间长期存在着矛盾。以往的国有企业股份制改造过程中大部分国有企业没有从根本上建立完善的公司治理结构，影响了国有企业集团自身的市场化决策效率、经营者的经营积极性，以及参与国际市场竞争的竞争力。

随着十八届三中全会深化国有企业改革目标的确定、2014 年"两会"后混合所有制的加速发展，完善国有企业集团治理已经提升到国家经济体制改革的高度，部分国有企业已经开始进行混合所有制的改革，进行"训战一体化"人才培养模式的创新，并且取得相应的成功。

因此，本书给出部分国外企业、民营企业以及国有企业成功的、各具特色的、"训战一体化"人才培养模式的典型案例。

第一节 跨国企业在"训战一体化"上的典型案例

一、IBM：企业领导力后备军计划

国际商业机器公司（International Business Machines Corporation，简称IBM），1911 年托马斯·沃森创立于美国，总公司位于纽约州阿蒙克市，是全球最大的信息技术和业务解决方案的公司，也是世界上经营管理最成功的公司之一。在《幸福》杂志评选出的美国前 500 家公司中一直名列前茅，目前在全球拥有员工将近40 万人，业务遍及 170 多个国家和地区，也有人将 IBM 称为"蓝色巨人"（Big Blue）。如图 4–1 所示。

图 4–1 "蓝色巨人"IBM

在 IBM 全球总部，有为 IBM 制定发展方向的战略团队。这个团队通常由来自各个业务部门的 10～12 名高级管理人员组成。根据市场变化，人员由董事长亲自挑选出来并进行调整。战略团队每个月都要跟业务部门交流，告知其如何开展业务及想把资金投向何处。畅通的上下沟通机制让每个人都能明白企业目前的发展重点及个人努力方向。

IBM 在做战略规划时，运用了一套被称为"业务领先模型"（Business Leadership Model，简称 BLM）的完整的战略规划方法论。这个模型分为三部分：最上面是领导力，公司的转型和发展归根结底在内部是由企业的领导力来驱动。下面的两部分被称为战略和执行，一个好的战略设计自然会包含两部分，要有好的战略设计，同时要有非常强的执行力。没有好的执行力，再好的战略也会落空；但执行力不是空谈，执行是需要具体内容来支撑的。如图 4-2 所示。

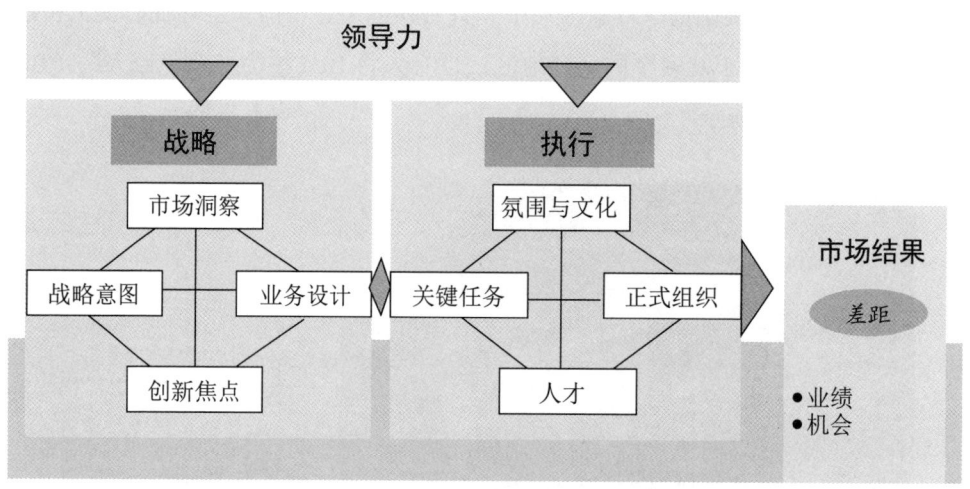

图 4-2　IBM 业务领先模型

IBM 业务领先模型 BLM 认为，企业战略的制定和执行部分包括 8 个相互影响、相互作用的方面，分别是战略意图、市场洞察、创新焦点、业务设计、关键任务、氛围与文化、人才和正式组织，其中人才的培养是至关重要的。

IBM 非常重视员工培训，新员工入职有全套的培训机制，从素质教育与实践相结合的角度出发进行培训，并结合考核结果淘汰制，力求通过培训的人员可立即上岗。同时，IBM 也极其重视领导力的培养，曾被评为全球最具领导发展才能的公司，并且 IBM 的接班人计划——"长板凳计划"也使企业领导人有备无患。

1. 员工培训

IBM 从来不允许一名未经培训或者未经全面培训的员工直接上岗。员工的言行举止直接代表了公司形象,未经培训直接上岗,非专业化的行为会有损公司形象;而且未经专业培训,员工的失误率会增加,有潜力的员工也会因此而夭折,而且人员流动也会加大,由此产生的费用较高,且远高于培训费用。

在 IBM 培训从来都不会停止,不学习的人在 IBM 不可能待下去。从进入 IBM 的第一天起,IBM 就给员工描绘了一个学习的蓝图。员工入职培训、公司内部局域网络自学、总部培训以及到别的国家工作和学习等,庞大而全面的培训系统一直是 IBM 的骄傲。鼓励员工学习和提高,是 IBM 培训文化的精髓。如果哪个员工要求涨薪,IBM 可能会犹豫;但如果哪个员工要求学习,IBM 肯定会非常欢迎。

IBM 非常注重素质教育与实践的结合,力求通过培训提高员工素质,同时提高员工的工作效率,使其培训后可以直接上岗。对于新员工培训,IBM 设置了"师傅"和培训经理这两个角色,将素质教育日常化。每个新员工到 IBM 都会有一个专门带他的"师傅",而培训经理则是 IBM 专门为照顾新员工、提高培训效率而设置的一个职位。同时,IBM 也非常注重实践训练,IBM 的新员工培训被称为"魔鬼训练营",因为其培训过程极其艰辛,除行政管理类人员只有为期两周的培训外,IBM 所有新入职的员工全部要经过三个月的"魔鬼"训练。训练的内容包括:首先是对公司要有一个整体的认识与了解,包括 IBM 内部工作方式、自己的部门职能以及 IBM 的产品和服务;之后是对销售和市场的学习,通过模拟实践的形式学习 IBM 如何做生意,以及团队之间工作和沟通的技能、表达技巧等。这期间,各种形式的考核如同跨栏一样,需要新员工一一跨越。考核内容包括:做讲演,对产品性能的笔试,练习扮演客户和销售市场角色,等等。只有全部考试合格,才可成为 IBM 的一名新员工,才可以有自己正式的职务和责任。之后,负责市场和服务部门的人员还要接受 6~9 个月的业务学习,同样严厉的考核制度,任何一个考核没有通过均不能继续留在 IBM。IBM 的一个培训团队,如图 4-3 所示。

图 4-3　IBM 培训团队

正如一位 IBM 员工描述的那样：

"加入 IBM 后，我被通知参加 IBM 的新员工培训（ELT），ELT 以严格而著称。前面一期培训共有 48 人，有 8 个人没有通过，他们立即结束试用期离开公司。培训总共三周，包括公司介绍、产品介绍和基本销售技巧。培训中有两次笔试和三次模拟客户拜访。平均成绩低于 70 分就不能通过。扮演客户并为我们打分的是公司随机挑选的销售主管们。培训通常在下午 6 点结束，导师开始布置案例，两天以后就有模拟客户拜访和考试。由于白天有培训，分组讨论和做方案就只有在夜里进行，几乎每天晚上都要准备到凌晨两三点钟。

我们在培训的第一天选出了班长，他已经在 IBM 工作了一年，是我们这批人里面在 IBM 时间最长的。他加入公司后，就被直接派到首都机场的项目上，现在已经成为了项目组的骨干。他是天生做技术的材料，不擅长与人交往。他第一次考试的角色扮演就失败了，我们看到他面色阴郁，显得压力很大。到了最后一次考试，他的成绩非常危险。我考完后，立即打听他的成绩，听说他的成绩又不好。

在结业典礼上，他没有出现。但是我们得到一个好消息，由于他在项目组中非常关键，客户写信给IBM，坚决不允许他离开，他应该没事了。培训结束后，我还能见到他上班。

他半年后离开了。其实他当时还是被解雇了，只是按照客户的要求，IBM花了两倍的薪水与他签了半年的合同，直到这个项目结束。在这半年中，他已经不是正式员工。

几个月后，我参加了另外一个培训。这一次，我们部门的一位同事没有通过，IBM从不将没有经过培训的销售代表送到客户那里。"

IBM认为即使通过层层的招聘选拔，仍然有一些员工并不适合公司的岗位，因此新员工培训是找出他们的最后一次机会，一旦他们进入公司岗位，必定会给公司、客户和员工自身带来损失。对于新员工的培训，IBM的淘汰率为4%～7%，而对于升任管理层前的培训和考核，IBM的淘汰率竟达到令人吃惊的30%。这样的考核提高了员工学习的积极性，使得员工在培训中由被动、懒散学习变为主动、认真学习；确保员工是掌握了技能之后才上任的，既是对公司负责，也是对员工本身和客户负责。

2. 企业领导力后备军发展计划

俗话说，不想当元帅的士兵不是好士兵，但是，只有为士兵提供领导力培养平台的军队才有可能使普通士兵从上尉、上校、将军一路上升，最终成为统军的元帅；而IBM就是这样一个能够培养"将军"和"元帅"的地方，企业的"人才新干线"就是为了全方位打造企业领导力的后备军而设的。

IBM后备力量来自两个方面的培养：一是"长板凳计划"，即每个主管级以上人员在上任开始，确定自己的位置在一定时间内由谁可以替代，以此发掘出一批有才能的人；二是"G100"计划，即大中华区内部每年由部门老总选拔100多个管理岗位的精英，组织他们参加一系列的模块化培训，学习领导技能，提升市场动向分析能力、前瞻性判断能力，而"G100"计划历届的毕业生称为"G100+"，是公司的后备领导人才。

IBM认定11项能力或行为，作为IBM包括高层在内的所有领导层所应具有的领导才能，如图4-4所示，其中最核心的是对事业的激情，其他10项总结起来为致力于成功、动员执行以及持续动力。

IBM

IBM的领导能力模型包含了4个方面的11种领导特质

- 致力于成功（Focus to Win）
  - ▶对客户的洞察力　　（Customer Insight）
  - ▶突破性思维　　　　（Breakthrough Thinking）
  - ▶不断追求目标的动力（Drive to Achieve）
- 动员执行　（Mobilize to Execute）
  - ▶团队领导力　　　　（Team Leadership）
  - ▶直言不讳　　　　　（Straight Talk）
  - ▶团队协作　　　　　（Teamwork）
  - ▶决断力和决策能力　（Decisiveness/Decision Making）
- 持续动力　（Sustain Momentum）
  - ▶发展组织的能力　　（Building Organizational Capability）
  - ▶教练/培养人才　　　（Coaching/Developing Talent）
  - ▶个人奉献　　　　　（Personal Dedication）
- 核心　　　（The Core）
  - ▶对事业的激情　　　（Passion for the Business）

图 4-4　IBM 领导能力模型

　　IBM 每年要依据这个领导能力模型对后备力量进行培养，并为后备力量定制针对性的培养计划。培养方法简单概括而言包括"向人学习、从做事中学习，以及从课堂上学习"。"向人学习"即体现在向上级学习，IBM 认为，在员工领导力培养方面，上级的作用很重要，上级对其的言传身教比任何培训都有效。"从做事中学习"即可以将后备人才派到国内外轮岗，通过在不同岗位的学习，可以了解不同的文化、商业环境、市场动态，以及不同领导者处理事情的方式方法，同时又接受了其他国家和地区的文化熏陶，由此具备了全面的思维和意识。"从课堂上学习"则是为各种专业职位而量身定制的技能培训，通过专业化的培训，使其能力与技能得到提升。

　　之后，IBM 会挑选一些高级经理、高级技术人员组成认证资格审查委员会，对关键职位的候选人的资格和技能水平进行评估，保留合格人员，不合格人员则放弃。当职位有空缺时，会基于合格人群，在个人与经理沟通的基础上，基于岗位标准及个人兴趣进行选择，并且当一个人初次被选为经理时，会将依据领导特质设计的问卷发给他的上级、同事以及下级进行回答，以便全方位地了解其领导力，以及处事风格和管理风格。

从人才生命周期规划、识别、吸引到雇用、融入、培育、激励、保留或者不合格的放弃，IBM 企业领导力后备军发展计划是一个超越执行层面的单点计划。全面地应对企业对人才的全盘需求，当企业出现人才晋升或者突然离职而职位空缺时，通过后备人才发展计划，可实现人才的及时替补，保证工作的连贯性。

正如 IBM 内部流传最广的一句话："无论你进 IBM 时是什么颜色，经过培训，最后都变成蓝色。"细看会发现，IBM 人的蓝色深浅不一，职位越高，蓝色越深越纯，人数越少，形成了一个规则分层的"金字塔"。这个塔层结构造成一个自然的竞争机制，工作时间越长，员工和公司都更加了解对方，越往上走，最终使员工的生涯发展与公司的业务发展成为一个互动和优化的状态。IBM 相信员工都要从塔底往上走，其严谨的流程能把不同深浅的人配置到"调色板"最准确的位置上。如图 4-5 所示。

图 4-5　IBM 人员配置"调色板"

IBM 后备军发展计划从人才战略的高度，通过大量的创新实践，打造出人才快速发展的体系架构，为企业持续发展输送源源不断的后备军，提高了企业核心竞争力，促进 IBM 改革和转型。

二、欧莱雅：在线职业之旅

欧莱雅（法国）化妆品集团公司（以下简称"欧莱雅集团"）创立于 1907 年，总部设在法国巴黎，是世界上最大的化妆品公司之一。欧莱雅集团是美妆品行业中的领导者，在全球拥有 26 个国际知名品牌，销售范围涉及 130 多个国家和地区，在全球拥有 283 家分公司、42 家工厂、100 多个代理商，以及 5 万多名的员工，是《财富》全球 500 强之一，也是《财富》"全球 50 家最受赞赏公司"之一。

在当前全球性经济危机下，企业裁员成为常态，然而欧莱雅集团，从创立至今的 100 多年里，只经历过五任首席执行官，员工的平均在职年限达到 14 年。欧莱雅（中国）虽然进入内地只有 10 多年时间，但超过 10 年工龄的员工却非常普遍，因此欧莱雅的人才管理策略可以成为许多企业借鉴的读本。

欧莱雅认为，CEO 源自校园，因此对人才的培养，应该最先从校园招聘开始。欧莱雅拒绝封闭式的思维，强调突破思维框架并开启创新思考。为此，欧莱雅实施创造性的招聘方式：不限专业，不设笔试，面试中不涉及行业专业知识，更关注求职者的个性特点。

欧莱雅在招聘领域一直处于领袖地位。从 1993 年开始，欧莱雅集团就开创了专门针对市场营销、工业、研发、商业等一系列充满活力的国际商业竞赛，以鼓励年轻人释放潜能，发展职业技能，在轻松有趣的过程中发现职业机会。如"校园市场策划大赛""校园创意设计大赛""全球在线商业策略竞赛""创新实验大赛"和源自中国的"工业大赛"五大校园赛事。

除此之外，欧莱雅于 2010 年 10 月 15 日在上海交通大学启动"探索 – 欧莱雅在线职业之旅（REVEAL by L'OREAL）"。这是在 Web2.0 时代背景下，欧莱雅根据新一代的特点，量身定制的一个革命性的招聘工具。为那些渴望了解自己职业选择的年轻人提供了一个 360 度全方位洞察自身能力的在线教育工具。

REVEAL by L'Oreal（欧莱雅在线职业之旅）是由欧莱雅集团开发的面向全球使用的在线职业测评系统。与其说是一个游戏，不如更确切地将其描述为一个测评工具。"欧莱雅在线职业之旅"模拟了欧莱雅产品从创意生产到最终上市的全过程，浓缩了18个月的不同职业领域的场景，整体完成耗时3～4小时。它是面向所有专业的学生，为学生精心设计并模拟了欧莱雅集团充满刺激与挑战、多元文化交融的工作氛围。通过在比赛中扮演管理培训生的角色，让参赛者分别完成包括研发、运营、市场营销、销售、财务五大领域的各项挑战，包括情景分析题、认知问题、专业问题等。每个领域的任务完成后，参赛者会得到一个相应的个性化评估，在完成所有部分后，系统会生成一个综合评分，参赛者可以看到自己在国际上的排名以及各自国家及学校的排名。所有的内容是通过故事情节、情景选择题、逻辑推理题、开放性问答、学习中心等多种方式展示，以此建立公司与应聘者双向沟通的渠道，让学生对欧莱雅集团各个职能部门的工作有更加深入的了解，同时使其对自己的兴趣和各项能力有更为清晰的认识。

2011年秋，欧莱雅推出了REVEAL第二版。与第一版相比，第二版的故事情节更为真实，讲述了欧莱雅的产品从创意生产到制造上市的整个过程。其中涉及市场、销售、财务、研发、运营、人力资源等多个角度；第二版在测评方面也更加人性化，在每个情景的最后都设置有评价中心和学习中心；在整个游戏的最后也会为大家提供更为详细和全面的评估报告，帮助学生了解自身的优势和劣势。如果将它当作是一个任务来完成，不如把它当作了解自我的一个窗口，通过REVEAL开启你的职业之路。

欧莱雅在管理培训生招聘环节中，虽不强制要求大家完成REVEAL，但是建议大家通过REVEAL更加了解欧莱雅，更加了解自己。鉴于REVEAL系统与网络申请系统是相互关联的，所以在网络申请者全部完成REVEAL并提交简历后，在网络申请系统中可以看到网络申请者的评估报告，如果达到6000分的总成绩，并且在所申请职位的学习中心测试（learning center test）中获得B以上的分数，那么将承诺提供给网络申请者第一轮面试的机会。

欧莱雅通过将"欧莱雅在线职业之旅"与招聘相结合，通过模拟真实的欧莱雅产品从生产到上市的全过程，既可以了解学生的能力、兴趣所在，也可以让学生对欧莱雅、对自己有一个更深入的了解，就像是提前在欧莱雅的工作程序中旅行一样，能够更清楚自己是否喜欢、是否适合所应聘的岗位，对企业和个人提供了一个互相了解和选择的机会。这样既有助于学生自身的发展和职业规划，也有助于企业寻找优秀的人才，培养未来的 CEO。

第二节　国内民营企业在"训战一体化"上的典型案例

一、华为：重装旅

华为技术有限公司（以下简称"华为"），成立于 1987 年，是一家生产销售通信设备的民营通信科技公司，总部位于中国广东省深圳市龙岗区坂田华为基地。目前，华为的产品和解决方案已经应用于全球 170 多个国家和地区，服务全球运营商 50 强中的 45 家及全球 1/3 的人口。2016 年华为在《财富》世界 500 强排名中，位居第 129 位。

如何应对互联网时代的作战？华为提出沿用美军"军政 + 军令"的思路，逐步构建出自己的两大平台，即"资源平台（军政）+ 作战平台（军令）"。顾名思义，资源平台是提供"坦克弹药"，供作战平台呼唤"炮火"的，包括集团的职能群、BG 产品群及各能力中心。

作战平台，则更多下沉到各地区部和代表处。目标是以项目为中心来进行资源和人员的配置。作战的模式是"班长的战争"，未来班长（项目负责人）的权力很大，资源和人力的配置全部由他说了算，"炮火"可随时向资源平台要，人员配置非常灵活，少则三五个人，多则采用集团军。为了控制"班长"不顾"炮火"成本的风险，所以华为这些年在不断培养 CFO（目标是 1000 个）并将其配置到项目上去。如图 4-6 所示。

图 4-6 "班长的战争"

在这样的背景下,华为于2014年成立了三大战略预备队,即解决方案重装旅、重大项目部、项目管理资源池。这三大战略预备队,对应销售、解决方案和项目交付,正好构成支撑"班长的战争"的铁三角专业队。

重装旅作为公司三大战略预备队之一,隶属于片联干部管理部,包括HRBP、作战营、集训营和尖刀营。主要职责是建立解决方案人才资源池,促进公司各部门间解决方案人才的循环流动。通过多种场景的训战结合,培养和输出优秀的解决方案主管和专家,总结和传授相关经验,提升公司整体解决方案销售能力。

2014年7月14日,任正非总裁在第一期重装旅第一期学员座谈会上讲话谈到,解决方案重装旅建立的目的,是借用军队"重装旅"这个名词,集中全球优质力量,快速机动响应"战场"呼唤,是华为组织模式在发生一种改变。重装旅有很多重要的解决方案,可以通过网络推送到前方服务器,客户是可以来体验的。此外,重装旅重要工程的技术交付、维护,可以把全球优秀专家统一调配起来,提高效率,及时解决问题。对此,任正非认为:

"重装旅是个作战单位,不是培训单位,要在循环作战过程中把干部锻炼起来。如果重装旅只是两周培训,没有经过实践就回到原来的战壕,不知道能发挥什么作用，也不知道回去后进步有多大？如果说发两本书就算充电，那街上卖那么多书，把书全部读完，有多少领袖可以产生了？仅靠读书是做不了领袖的，还是需要接受指导，然后根据小组沙盘去亲自实践，最后进行总结。

第一，重装旅是循环赋能、循环作战、循环对干部评价，完成整个公司战略的全局性人才循环，让他们直接参加到作战和当地干部任免。所有作战岗位不依据个人和资历来配置，而是根据项目攻克难易和未来战略进行配置。重装旅出来的人可能就是'东西南北一块砖'，服从需要来搬，也不知道会把你们搬到哪里去，谁最合适谁就去。如此灵活调整作战组合，才能增强我们的战斗力。有人说当人才循环流动以后本地化经验会流失，我认为是这个代表处的管理做得不好，调走一个人，经验就被带走了，这叫什么管理？对于这些问题，需要你们自己在改革中去摸索解决。

我们把各地优秀员工循环起来充电，课程学得好不好，只作为一个参考，跟他过去的工作绩效、是不是将军都没有关系。特别是长期在艰苦地区（如阿富汗、伊拉克……）工作的干部要循环起来，让他们去参加 400G 路由器、沙特石油等项目作战，然后派到其他地方，他的能力提高了，这才能体现忠诚的价值。否则你只表扬他忠诚有什么用呢？若他没有能力，还是只有被你安排去做一些低层次工作，所以我们要给忠诚的人充电。

有人问进入重装旅后是否会提升职级，我不知道，但肯定有一部分人会走在前面。公司鼓励大家上'战场'，一定是从'战场'上选拔'将军'。当然，上了'战场'，也不是人人都能当'将军'。这个项目好做，可能你就做成了；那个项目不好做，没做成，你只能抱怨命不好，不要总认为付出了就要有收获。你自己搞到一块蛋糕，切一小块给我，剩下的你拿走；若你眼睛看花了，搞到一大块牛粪，你切一小块给我，我不要，你自己留着吧。机会总是有的，爬起来再战斗，历史上有多少人都是几起几落的。

第二，重装旅也可以像参谋部一样，对公司 68 个战略高地进行规划。比如，俄罗斯代表处这么多年都攻不进莫斯科大环，那么要攻进这个战略高地的组织方案是什么，措施是什么，你们要动手做出战略沙盘，带着沙盘来参加培训，然后回去实践。一代代人都来研究、优化这个沙盘，踏着先辈的足迹前进。

未来5～10年，这些战略高地一定要做出贡献。如果每个国家规划一两个机会点，那么公司就有200多个机会点。地区部和重装旅就来规划，如何调配兵力，后方如何支援前方。这是一个系统工程，不是派几个猛将去甩'手榴弹'的问题。每个代表处都要认真去思考，我们培养重装旅的目的就是要攻下战略机会点。

第三，在学员的技能培训上，训战结合，重装旅和华为大学各尽其责。华为大学要把自己变成能量单位，把业务部门当成客户，按需求去给部队充电。

重装旅在循环赋能,作战需要什么内容,就培训什么。'1+1=2'现在有谁不会？没有人不会。说明已是公司的普遍行为，那么重装旅就没有这个教案。另去赋别的能，例如'1+2=？'。我们不可能综合全面、事无巨细地培训，也不可能让你坐下来好好学几年再上'战场'，谁养活你呀？老师给你大概讲解这个表格如何使用，你自己回去消化，然后在实践中去系统性理解，巩固下来，而且公司内部的学习平台、网络平台越来越开放，所有案例和表格都在网络上，你怎么会成长不了呢？你想想20年前我们的老员工是怎么成长的，他们什么信息都没有，连电脑都没有。

我们会给努力奋斗的人一些启发，提供赋能的机会，但最后你能不能成长起来，全靠自己去学习。你想升到更高级岗位，自己去努力，没有谁能决定你的命运，只有你自己。公司推行的是选拔制，从来没有期望把你们培养成什么，就像给小芽浇水，谁知道你是树苗还是小草，一直给小草浇水，将来能长成大树吗？所以我们也不会管你学得好不好，没学好，你就会被边缘化；只要你有真本事，就会把你提上来。我早就等着你来接我的班呢！"

华为的重装旅培训一个周期为两周加6个月，分为四个阶段，即入营——集训营——作战营——出营。其中培训的重点在为期两周的集训营培训和为期6个月的作战营培训。重装旅作战流程及关键动作，如图4-7所示。

1. 入营

在入营阶段，重装旅作战营会与学员的前任主管沟通其未来的发展方向，就训战方向达成一致，完成训战场景分班，匹配作战项目。训战主要的方向有两类：第一类是副代表/SR类型的岗位，需要向更宽的方向发展；第二类是专家岗位，需要掌握网络设计和咨询的能力。此外，重装旅作战营会要求学员在进入集训营时自行准备案例和作战任务书。

重装旅作战流程及关键动作

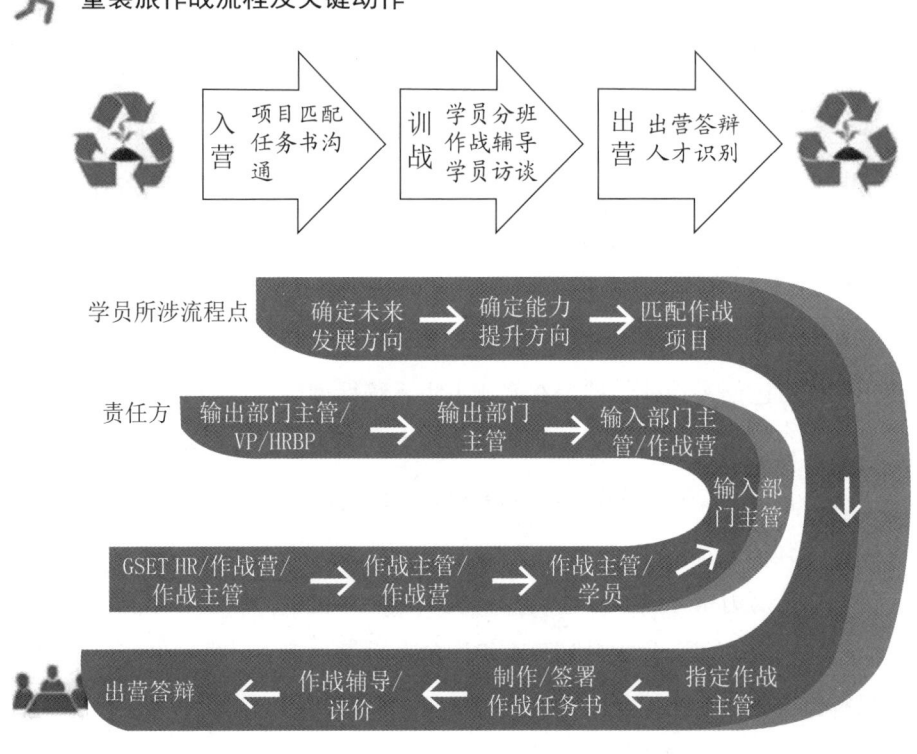

图 4-7　重装旅作战流程

2.集训营

为期两周的集训营培训是在总部进行的，主旨是"碰撞、分享、提升"。集训营的内容包括标准化技能训练、场景化实战演练，依循业务流程，针对一线作战的标准动作和场景、工具和模板，围绕解决方案主体（Solution Topic）选择关键模块，不断地模拟一线，进行课程精讲、案例分享、项目复盘、对抗演练等，身临其境、真枪实弹地反复进行强化训练，补齐能力短板，提升核心作战能力。

集训营的课程具体聚焦在 FBB、MBB、IDC、数字化转型和敏捷网络五个场景。学员按照入营前达成的训战方向选择其中一个场景学习，并且在每一个场景中，学员都会接触"选择目标客户、识别客户痛点、分析存量网络、设计目标网络、网络迁移和商业价值分析"等完整的实战战法。

此外，集训营采取案例式教学方式，还原真实作战场景，两周内有80%的时间会围绕实战项目进行PK研讨。集训期间，学员按要求需要带自己准备的重点案例入营，每个学员参与研讨的项目达40个，并且通过对抗演练、角色互换、专家点评等教学方式，在真枪实弹的环境里帮助学员提升市场洞察能力、客户协同能力、解决方案设计及新产品解决方案等综合能力。

通过两周的训练营实战演练，与公司高级领导讲师、引导员全程互动交流，以及学员带来的来自全球的真实案例倾心分享，学员在增加经验的同时，实践能力也大大提升。

3. 作战营

作战营的培训时间持续6个月，主旨是作战、提升、循环。通过集训营的实战演练后学员进入一线作战营，把在集训营掌握的关键动作应用到一线实战项目，依据一线业务作战地图，带着集训营已制订好的作战计划，参战一线项目。期间，委派的营长会在实战中全程给予学员适时辅导，巩固集训期间的作战打法，优化与客户沟通的方式，切实提高一线作战能力，全力支撑一线销售持续有效地增长。

作战营"实战赋能"阶段是6个月的实战过程。作战营组织收集一线作战项目对专家的需求，与个人训战方向进行匹配，安排其作战任务。每个人要在6个月内完成1~2个训战项目，在实战项目中，承担解决方案组长角色或解决方案专家角色。如果选择做宽的方向，就要弥补综合能力的短板；如果选择做深的方向，就要进一步强化专业能力。实战过程中，项目指挥权在一线，由一线主管和项目PD（项目产品经理）来安排任务。

通过作战营6个月的训练，学员可以迅速将集训营所学到的经验应用于实际的项目中，达到在实践中验证经验的目的。

4. 出营

完成训战任务后，作战营将组织出营答辩和任职资格答辩。学员对比作战任务书，对自己作战的完成情况进行陈述。重装旅依据作战项目总结、集训期间评定、实战过程评定以及出营实战答辩等进行评定。之后依据评定结果推荐岗位，训战评估结果记入学员档案，供 CHR 调用。对于出营评定合格的学员可提出任职升级、复核申请，片联解决方案重装旅组织安排任职答辩，并且重装旅对实战结构、实战能力进行访谈，访谈对象包括一线主管和项目 PD。

对于训战结果优异的个人，重装旅将会启动组织推荐，让其获得更多的发展和晋升机会。

经过 6 个月实战，顺利答辩后出营，这当然不是结束，而只是循环作战的开始。重装旅是解决方案人才的资源池，通过多种场景的训战结合，培养和输出优秀的解决方案主管和专家，提升公司整体解决方案销售能力，同时总结和传授相关经验，促进公司各部门间解决方案人才的循环流动。

经过挑选的解决方案领域的华为人，通过重装旅的严酷洗礼，会变成全球循环作战的钢铁战士，把经验传递到华为在世界的每一个角落。有句名言"每天惊醒我的，是对黎明过于殷切的渴望"。在解决方案重装旅训战过的兄弟姐妹，每天让我们睁开双眼的，是对自己的明天、对公司的未来充满信心的熊熊燃烧的火焰。我们要在烈火中磨炼、传承、绽放，变成凤凰。

重装旅训战是解决方案四级任职资格评定的必要条件。将培训与资格评定相结合，既提高了学员的参与性，同时也有效地提高了学员的学习积极性。

二、京东：互联网思维下的培训

北京京东世纪贸易有限公司（以下简称"京东〈JD〉"）是刘强东创立于 1998 年，是中国最大的自营式电商企业。目前，京东集团旗下设有京东商城、京东金融、拍拍网、京东智能、O2O 及海外事业部。2014 年 5 月，京东在美国纳斯达克证券交易所正式挂牌上市（股票代码：JD），是中国第一个成功赴美上市的大型综合型电商平台，与腾讯、百度等中国互联网巨头共同跻身全球前十大互联网公司排行榜。

（一）互联网思维下的培训

京东目前有 6 万多名员工，有上千名的中高层领导，仅培训 800 名经理层就用了 4 个月的时间，费时费力，有时大家还没空参加，培训效率极低。随着移动互联网时代的到来,如何用互联网思维开创人才培养新模式,成为京东人才培养方式创新的入手点。

互联网思维其实就是一种工具,能让我们用新的思维方式来反思和工作。传统的企业培训"高大上,却听不懂",而互联网思维下的企业培训则追求"接地气、讲干货、说人话"。通过通俗、幽默的话语,使员工愉快地接受,并迅速地记忆。

1. 互联网思维的三个关键点

互联网思维下的三个关键点是痛点、尖叫点、引爆点。痛点指的是用户思维能力,你有没有读懂用户;尖叫点指的是产品思维的能力,你能不能够做出令人尖叫的产品;引爆点需要有市场思维能力,也就是你的产品和服务能不能够引爆,让"粉丝"誓死追随。这三个点体现在人才培训中则是社群运营能力,就是你会不会让"粉丝"玩儿起来;多媒体制作能力,就是将培训内容转化为可听、可视化的声电合一的产品;爆点营销,就是能不能够让一个问题在人群中变火。只有当培训同时具有痛点、尖叫点和引爆点,才能够吸引员工自觉参加培训,才能提高培训的质量和效率。

2. 互联网思维下的培训具有产品的特点

互联网思维下的培训具有产品的特点,就是对于任何人来讲,培训的效果都不会很差;而要想培训成为产品,则需采取如下四种做法,即培训一定要"有用、少花钱、少花时间、心甘情愿"。第一是"有用",即让员工和领导觉得有用。在京东有一半的专业人才想要成为管理者,原因却是管理者有更多的话语权,因此培训可以围绕这一点,给员工更多的舞台和展现的机会。让领导和同事都认识他,让他说话有人听,京东围绕这点做了两个产品,京东 TALK 和京东 TV。京东 TALK 是模仿美国的演讲秀模式,一个铺着红地毯的舞台和两块显示屏,一块显示屏显示倒计时(共 18 分钟),另一块用来放 PPT。这个舞台只允许专业人士上来,管理者一律免来。第二是"少花时间",就是要节约培训进行的时间。京东在设计领导力培训时,发现管理者经常抽不出时间参加,于是设计了一个一对一的情境测试。传统的小组测试,经常出现滥竽充数的人,而这个测试则需要管理者本人参加,一对一面试、考试。因此这个"以考代培"的培训方式,减少了培训时间，提高了培训效率。第三是"少花钱"，尽可能地降低培训成本，让员工在日常的活动中也可以得到应有的培训，可以让培训随时随地地进行，不受成本预算的限制。第四是"心甘情愿"，就是通过建立一种学习生态系统，让学员自动自发地学习，以知识习得为方法，而目的是提升能力。如京东设计了"京东年级"这样的能力等级项目，用一种显性且易操控的方式，鉴别员工的成长与价值，同时也可体现员工的学习任务、知识贡献等，并且"京东年级"使用各个年龄层都喜欢的语言表达和宣传方式，引爆员工的热情，激发员工学习的兴趣。

在互联网思维下，京东尝试搭建了一个"灯笼模型"，底座叫小的 E-Learning，我们把它做成每个岗位、每个层级必修课程的平台，包含相应的考试；中间灯笼身是大的动态知识库，包括京东 TV、京东论坛，包括各部门的知识库，把它变成共享平台；灯笼帽是挖掘，往往是京东大学内或者行业专家，基于业务部门需要，从灯笼身里列出来叫知识列表，当知识列表出来之后，其实就形成了课程初步开发的蓝本。如果没有这个素材库，很多课程开发就都是原创，有了这些积累就是二次开发，更简单，时间更快，这样就变成搜集、挖掘和应用的循环过程。

随着智能终端设备的逐渐增加，培训会越来越快地从学习领域向绩效领域转移，并成功实现培训与绩效的直接对接。

（二）中层人员培训

中层管理者是企业的中流砥柱，可谓是中层强则企业强。在京东这样业务迅速发展的企业，对中层管理者的培养时常会遇到阻力，比如培训时间与业务时间冲突，导致培训覆盖率低；或是培训内容和形式的设计不能满足业务的需要，导致培训效果不好。为此京东采取两种模式的培训：一种是重模式的培训方式——以线下集训为主导；另一种是轻模式的培训方式——就是采用互联网、碎片的方式进行。

1. 重模式培训

对于中层员工的重模式培训，关键是让学员迅速地进入到学习状态，因为中层员工本来就很忙，召集起来有一些困难，所以需要采用一些方法来让他们迅速进入学习状态。

方法一：尽量进行封闭集训，离开工作环境，避免在培训的时候让学员注意力分散去做自己手头的工作。

方法二：如果实在不能封闭集训，就把培训变短，运用LMI的模式，半天就做一个专题，采用教练授课的方式。

方法三：在筛选学员的时候就有一些仪式、一些引起大家重视的流程，让学员感受到学习的机会来之不易。

方法四：高级管理人员介入致词，让学员感受到公司的重视，对培训内容的重视。

方法五：对中层培训的师资建议是，用较高资历的讲师。最安全的方式是请外部讲师资源，邀请实战派、有经验的讲师，这些讲师能够立刻吸引学员、控制场面。如果是用内部讲师，就要挑选比学员层级高、业绩好、让学员信服的讲师来授课。通过这些方法，让学员感觉到培训的重要性、企业的重视，以及培训的来之不易性，从而能够自觉地参与，认真地对待，不敷衍。

具体介绍两种重模式培训方式：

第一种方式：结合"模块学习"的方式。

例如，HAY公司有个经典领导力项目，每个班投入50万元以上的费用，这个项目分为三个模块来进行。第一个模块是围绕领导力模型，进行360度调查，请学员的上级、下级、平级对学员本人进行评价，评价后就会形成评估报告，学员带着报告进入培训。在培训的第一部分就会介绍领导者能力素质，第二部分会带着大家去解读个人的评估报告。第二个模块是3天的现场培训。第三个模块是针对每个学员进行辅导。辅导的形式是顾问专门单独约学员，做个人问卷部分的辅导反馈，一般是30~60分钟谈论学员报告中的优点与不足，找到个人改进方向，形成发展计划。最后把报告转给公司内的HR去持续跟进，推动学员在个人短板方面进行改变。

这种学习项目是效果好、力量大、评价高的培养项目，所以要想获得好的评价就要投入更多的资源，包括外部顾问的资源及费用，内部管理者、HR的投入，以及学员本身的精力投入，等等。总之要将大量的时间投入在学员身上，用一个较长周期去推动学员的行为改变。

第二种方式：结合"行动学习"的方式。

行动学习项目的设计一般分为两条线，一条是课程设计，一条是学习任务设计。例如HIPO训练营，如图4-8所示，针对这些人明显的共性的短板，并结合公司的需要，设计两天的培训。每次培训间隔1～2个月，在间隔的过程中就设计学习任务，可以设计小组的学习任务，也可以设计个人的作业，目的就是让学员将学习内容在自己的工作中加以运用，最后形成结果。

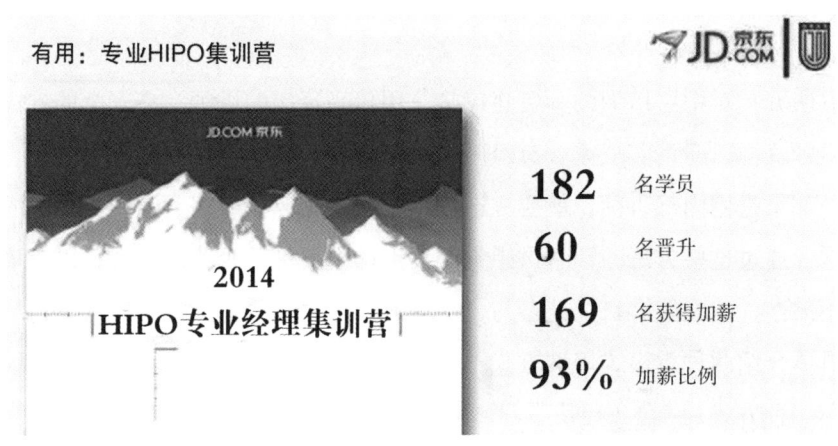

图4-8　专业 HIPO 集训营

以上两种方式，对于京东来说，就是需要创造性地寻找到一些少花钱的方法，尽量用内部讲师资源，由京东大学来认证更多的讲师，最终推动学习项目的发生。

总结一下重模式，重模式就是采用班级运营的方式。要想把重模式做好，就要采用教练模式和行动学习的模式，用2～3个月的时间组织学员边上课边推进项目，以及个人问题的洞察和发现，同时建立学员的关系圈，推动学员行为的改变，从而推动组织的改变。

2. 轻模式培训

轻模式区别于重模式，它的优势在于不用学员面对面进行集中培训，能够减少费用，减少工作量，同时可以融入更多有趣的东西。但同时它也有劣势，就是没有重模式那种面对面教授的体验深度。

案例一：京东大学在总部尝试做的项目"舌尖上的 JD"就是一种轻模式的培训。京东总部有 100 多名总监，他们每天都很忙，很难聚在一起，所以京东大学把培训从一天改成半天，每次请 1～2 个嘉宾，由战略研究部和京东大学共同选定课程话题，而后由战略研究部出师资，京东大学负责协调其他资源。

课程主题选定之后，我们就想把培训从"要我学"变成"我要学"，因此我们为这个项目选择一种元素，就是"吃"的元素，这样每次课程就能营造出一种轻松的氛围，让参加的人边吃、边学、边交流。

运用"吃"的形式有两个好处：第一，吃东西让人放松，参加课程的人吃过东西之后，就更容易融入，愿意提问、愿意发言；第二，吃了东西之后，就不好意思离开了，增加了学员与课程的黏度。操作的时候，提前两周预热主题，同时在微信群中收集大家想吃什么，这样提前就能够把大家带入学习。

学习之后把学习重点在微信群中进行分享，同时还会讨论吃的东西，整个过程都会融入"吃"的文化，这样用一些和学习不相关的话题来推动学习的发生。

案例二："对话京东经理"。运用"押三付一"的模式，录下三个总监的对话，每周发布一个，把它做成一个栏目。这种方式，采用结构性访谈的形式，每周由一个美女主播对话一名总监，每次时长 20 分钟。京东的区域和各配送站都已经有了播放视频的大屏幕，因此采用这种形式去推动学习效果非常好。

案例三：京东 6·18 店庆大促销活动，很多新员工不了解，只知道是个节日，其实京东的老员工都知道，6·18 对于京东来说不只是一个促销，而是将公司推上一个新的台阶。首先通过新员工来收集大家对 6·18 的问题，收集问题后进行同类项合并，最后整理出各方面的问题共 35 条，接着借助总监的培训班，140 多人用 1 个小时的时间来回答关于 6·18 的问题，最后对问题答案进行总结，整理成一个小册子，这就是用轻的模式来收集问题和萃取知识。如图 4-9 所示。

以上就是轻模式，用轻巧的设计，占用很少的时间，解决核心问题。中层管理人员操作轻模式培训的时候，要注意关注用户的感受，同时要努力培养铁杆"粉丝"，"粉丝"可以帮助传播推广，拉动更多的人参与。这些都会推动知识在组织内部的传递。

图 4-9　京东 6·18 问题收集与知识萃取

京东在对中层人员进行培训的过程中，采取轻模式与重模式相结合的思路，依据现实中资源、时间情况的不同，采取不同的模式。轻模式在少投入的情况下，有时也可以取得较高的质量，并且轻模式成本较低，可以经常性地使用；但如果是变革管理，则需要采取重模式，之后再采用轻模式。

在互联网思维指导下的员工培训，将轻模式与重模式相结合，使得在京东的培训如同空气一样，感受不到，却又离不开，并且时时刻刻都在使用。

三、万达：万达学院

大连万达集团股份有限公司（以下简称"万达集团"）创立于 1988 年，形成商业地产、高级酒店、文化旅游和连锁百货四大核心产业。2012 年 5 月 21 日大连万达与全球第二大院线集团 AMC 签署并购协议，万达以 26 亿美元并购 AMC。北京时间 2012 年 9 月 5 日凌晨，万达集团宣布完成对 AMC 娱乐控股公司价值 26 亿美元的收购，成为全球最大影院运营商。

2014 年 12 月 23 日，万达商业地产在港交所挂牌上市。2015 年万达集团资产达到 6340 亿元，年收入 2901.6 亿元。2016 年 8 月，全国工商联发布"2016 中国民营企业 500 强"榜单，大连万达名列第六；同月，大连万达在"2016 中国企业 500 强"中排名第 42 位。

一直以来，万达集团突飞猛进，长期面临人才短板。早在 2009 年万达集团年会上，董事长就强调，万达现阶段的短板是人才问题。要想真正解决人才问题，真正做好培训，就必须创办独具特色的万达学院。如图 4-10 所示。

图 4-10　万达学院培训学员

2011 年 12 月 17 日，万达学院正式开学。万达学院位于河北省廊坊市，占地 200 亩，总建筑面积 12.8 万平方米，可同时容纳 3000 名学员，每年安排万达集团高中层管理人员进行系统培训。万达学院由教学楼、行政楼、室内体育馆、室外运动场、企业展览馆、宿舍、餐厅等组成，并配备一流的教学服务设施。

经过不断地思考和摸索，万达学院形成了一条独具特色的思维路径，就是要做到将"有用"落实在"岗位"上，其中"有用"是通过业绩来衡量的。就像一句熟语所说的那样，"知者为师"。

为此，万达学院进行了以下改革：

第一步：改课件，学以致用。更改课堂所用课件，并且对讲课者的内容、形式不加限制，将各岗位知者的经验进行总结，可通过本人传授或者视频演绎等方式展现出来，替代之前的纯理论解说。

第二步：课堂无眠，上课不打瞌睡。由于学员都是一批思想强大却不太年轻的人，对这个群体，讲课如果都是概念理论，那学员必然瞌睡。为此，学院采取调整教室格局的方式，将学员们进行分组，每个小组的学员围成一个小桌，各组之内要分享、互动，各组之间还要 PK，大家面对面地学习，这样氛围活跃，学员就不会入睡了。

第三步：推出“能量集市”，解决业务主题下的个人工作困惑；用群体的智慧激发创新性解决方案；收集个性信息，发现共性问题，群策群力解决；传播个人经验。

第四步：为组织做诊断。把复盘、评审、审计、法务、客户投诉等各个部门发现的问题收集上来，作为一个个独立课题，界定原因，寻找方案，跟踪解决，让犯过的错不再犯，以此优化组织效率。

第五步：开发岗位宝典，实现快速胜任。通过对学员问题以及解决方案的总结，梳理编辑，可作为岗位宝典供员工阅读。

第六步：传播万达精神，从心智模式的深度对业绩负责。万达是一个英雄的组织，具有英雄情结。有些人是一遇到困难就出现问题，有些人是没有遇到困难他就有问题了，所以万达学院的一个职责就是帮学员认清自己。对组织来说这是知人善任；对个人来讲，就是帮助认清自己。因为只有认清自己，工作才能是快乐的，业绩才会上升；只有自己快乐，才会自主自发地创新。

第七步：借助网络平台，做到随时随地有求必应。新学员的培训时间是 5 天，要想达到“认清自己”这个目的，5 天的时间是不够的，似蜻蜓点水，认识肤浅，看似解决的问题，在实际中还是会出现。因此需要搭建好网络学院，以便后期学习。在网络平台上，万达学院是一个策划者，类似一些经纪人，而真正能够帮助学院的人，可能是那些遇到过同样问题的人，万达学院就是要当“红娘”，搭建平台，把他们连接在一起，让员工找到能够帮解决实际问题的人。万达学院网络学院课程，如表 4-1 所示。

表 4-1　万达学院网络学院课程

课程方向	课程侧重目的	可选的教学方式及工具	
研讨 （无固定答案）	理性分析	·工作逻辑图 ·解决之道 ·能量集市 ·任务树 ·六顶思考帽	·行动后学习 ·世界咖啡 ·开放空间技术 ·ORID
	感性体验	·探索未来 ·冥想 ·图画历史 ·封面故事 ·团队拓展	·拍电影 ·对话技术 ·标杆参观 ·跨界交流
面授 （有固定答案）	实战练习	·模拟测评 ·沙盘模拟 ·课堂游戏	·广场考察 ·角色扮演
	理念传授	·视频学习 ·考试	·传授

此外，万达企业在解决短板进行员工培训时发现两大难题：一是万达工作节奏快，很难挤出专门的时间进行培训，两三天的脱产培训可能一年也只能安排一两次。二是在万达，"能人"可以定义为"能为企业解决问题的人"，万达之所以能快速发展，与万达有很多能快速解决问题的高手是分不开的。但是，在万达快速发展的过程中，很多"高手"解决问题的经验、方法并没有及时得到沉淀，没能转化为企业的"知识资产"，这种宝贵资产的流失非常可惜。

为解决上述难题，万达改变员工培训，努力使培训转变为一种"快学习""快培训"的模式，让员工可以在工作中随时培训、随时学习、随时分享。此外，为了将"能人"的"隐性知识资产"转化为企业的"显性知识资产"，把个人经验智慧转化为组织的经验智慧，让所有人都可以快速学习，让二流的人才也可以干一流的事，万达创新多种活动，让万达"能人"可以把他们的经验方法快速总结并且传播，使得万达能够涌现更多"能人"。

为此，万达创新出一套独具特色的教学方法，具体如下：

1."万达之道"

"万达之道"是一档以现场嘉宾访谈、学员互动为主要表现形式的新型跨界教学形式。万达之道紧紧围绕"生存之道、成功之道、快乐之道"三个主题,通过员工提问、情景解读、图画历史、看图说话、音乐解析、视频解读、嘉宾访谈等多种方式,来共同探讨、分享万达的组织智慧、文化精髓、管理技巧与工作方法。如图 4-11 所示。

图 4-11　"万达之道"

2."我是潜力干部"

"我是潜力干部"是一档干部选拔竞聘实战模拟课程,运用了国内外科学的测评中心技术,如行为风格测评工具 DISC、文件筐、案例分析、情景模拟、角色扮演等,并结合实战模拟节目的制作流程,进行全程跟踪拍摄,全方位综合地来评估、选拔潜力干部。"我是潜力干部"整体由五部分组成:团队融合、实战模拟、视频剪辑、成果汇报与嘉宾点评。如图 4-12 所示。

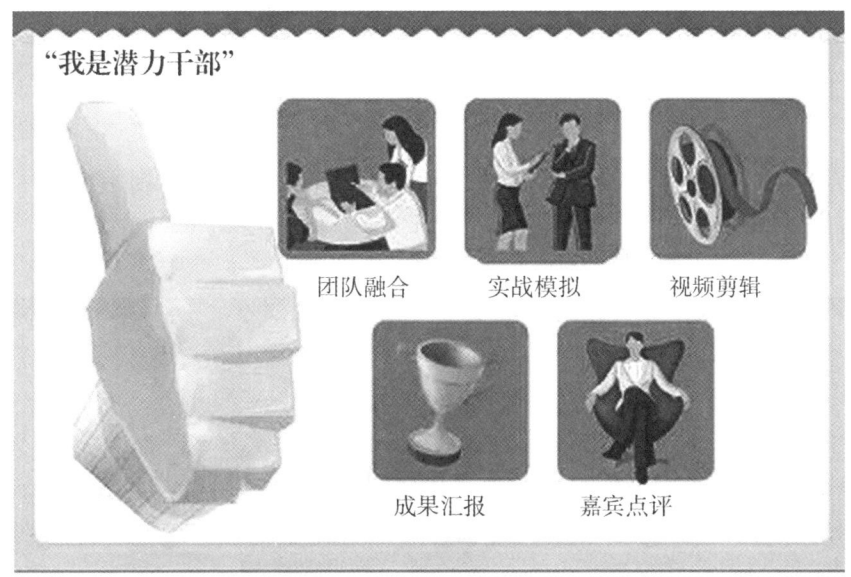

图 4-12　"我是潜力干部"

3. "微电影学管理"

　　"微电影学管理"有两种具体的表现形式：一是将日常工作过程中的实践案例提炼出最佳管理手段和方法，学员结合提炼的最佳管理手段和方法，并通过对人物、场景、管理过程及冲突进行再编写，形成剧本，自导自演成微电影；二是节选与课程主题比较契合的电影片段，通过学员的研讨、讲师对知识点的讲授、最佳实践的分享、学员现场的情境模拟以及讲师的深入点评，从电影中学习管理。如图 4-13 所示。

图 4-13　"微电影学管理"

4."侃大山"

"侃大山"就是通过催化师这种中立的行动学习过程设计者和研讨引导者，通过提问，引领参与者进行思考和总结，迫使参与者进行审视和判断，挖掘问题背后的真实情况，最终利用众人的智慧解决众人的问题，并将学习成果固化进而推广实施。如图4-14所示。

图4-14   "侃大山"

5."任务树"

"任务树"通过综合体项目计划模块化管理，明确集团各部门"要做什么"，万达学院的培训将落脚于"如何做"。从这一目标出发，学院在教学中应用"任务树"方法论，帮助各部门逐级进行任务分解，更好地把握工作中的难点和要点。通过任务树的梳理，学员能够对全年的工作任务"心中有树"，理解年度工作目标，梳理各项工作任务，明确各项工作的关键节点，准确完成工作任务。如图4-15所示。

6."工作逻辑图"

"工作逻辑图"从具体工作案例出发，绘制出完成一项工作的动作流程，理解万达制度在具体工作中的应用，从而解决其中存在的边界不清、缺乏有效指令等业务问题。利用工作逻辑图，让学员理解在万达工作的某一类问题的标准动作和标准打法。如图4-16所示。

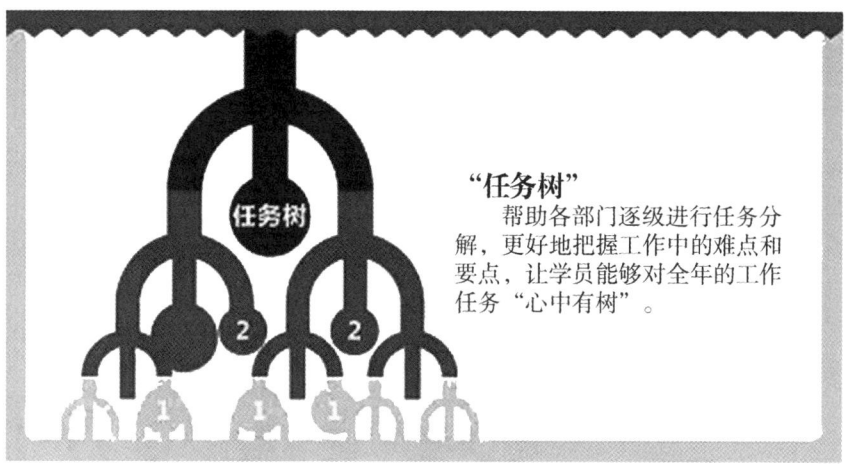

图 4-15 "任务树"

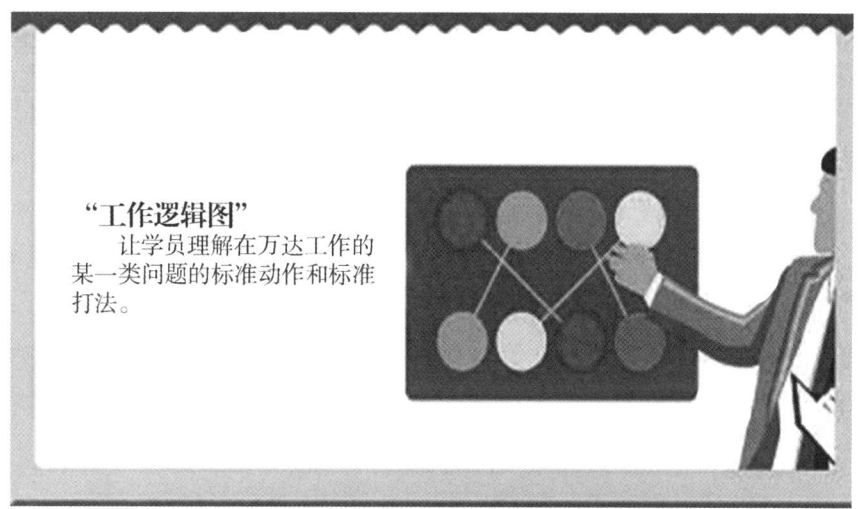

图 4-16 "工作逻辑图"

7. "能量集市"

"能量集市"中，每个学员都提出自己面对的问题、心中的纠结，让所有学员帮助自己寻找解决方案。每个问题都体现个性化，每个问题都绝对精准。在"能量集市"教学法的课堂中，每个学员都是讲师，每个人都充满着能量，而这种能量只有在传递的过程中才能逐步增强。如图 4-17 所示。

图 4-17　　"能量集市"

8."解决之道"

"解决之道"能够激发群体智慧，通过结构化方法，创造性地解决业务部门中影响程度大的、成功经验较少的、普遍的具体的难题。对问题发生原因达成共识，找到根本原因；整合不同利益相关者观点，对解决方案达成共识。如图 4-18 所示。

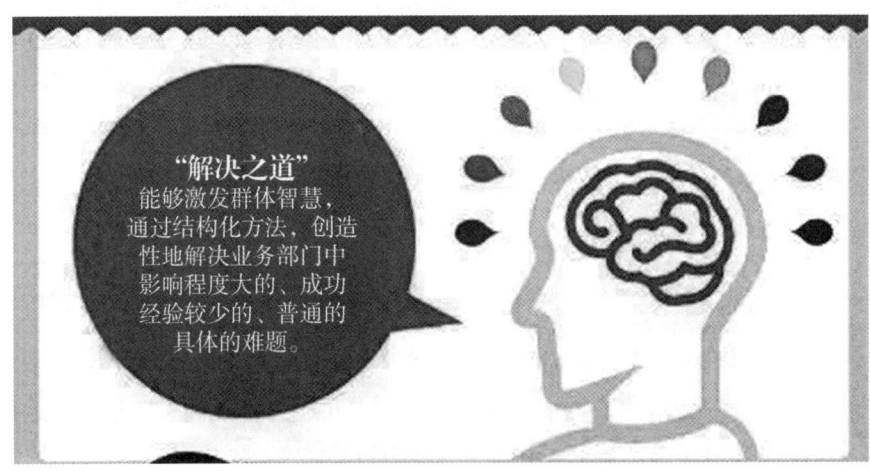

图 4-18　　"解决之道"

9. "荣誉之旅"

"荣誉之旅"课程中，从具体工作问题出发，挖掘问题发生的根本原因，运用集体智慧寻找解决方案，结合自己的工作实际落实具体的行动计划，是万达学院的主要教学方法之一。如图 4-19 所示。

图 4-19　"荣誉之旅"

万达集团就是通过建立万达学员这个平台，并且依据"知者为师"的理念，进行方方面面的改革，并且采取"我是潜力干部""微电影学管理""能量集市"等多种方式进行培训，激发员工兴趣的同时，通过将岗位知者的经验直接传授，提高工作岗位的业绩，通过网络平台，使得培训随时随处都在员工身边。

第三节　国有企业在"训战一体化"上的应用先例

一、华润：行动学习法

华润（集团）有限公司（以下简称"华润"或"华润集团"）是一家在香港注册和运营的多元化控股企业集团，其前身是 1938 年于香港成立的"联和行"。1948 年改组更名为华润公司，隶属于商务部，是一家中央企业。华润集团下设 7

大战略业务单元、19家一级利润中心，有实体企业2300多家，在职员工40万人。华润在香港共有5家上市公司，在内地共有6家上市公司。旗下"蓝筹三杰"——华润创业（现更名为"华润啤酒"）、华润电力、华润置地位列香港的恒生指数成份股。华润燃气、华润水泥位列香港的恒生综合指数成份股和香港的恒生中资企业指数成份股。2016年《财富》杂志公布的世界500强企业，华润集团名列第91位，并且在中国企业500强中名列第17位。

从2003年开始，华润集团就在陈伟兰教授的指导下，在集团层面和部分一级利润中心推动行动学习法，并在集团战略梳理和一级利润中心具体问题的解决中证明行动学习是有效的学习和管理工具。行动学习不仅成了华润集团的学习方法，也成了它们的思维方法，更是它们的工作方法。

作为一家多元化发展的超大型企业集团，华润从老的外贸型企业向实业化的大型企业转变的过程中，并没有盲目确定主营业务方向，而是通过行动学习法，用行动学习推动集团的变革。华润集团陈新华董事长曾说过："行动学习是真正具有华润特色的组织发展方式，是华润核心竞争力的重要组成部分，对于'再造一个新华润'一定会起到巨大的推动作用。"

行动学习法是制定华润战略的工具，到目前为止，华润集团已经进行了多次集团高层的行动学习培训以及一级利润中心和下属企业的行动学习培训。集团高层的行动学习培训大致可划分为三个阶段，如图4-20所示。

第一阶段（2003年9月至2005年10月）：行动学习的导入阶段，也是华润集团开始整体战略探索的阶段。它们提出了"立足香港，面向内地"，"坚决主动地从贸易转向实业"的战略构想，并通过不断地努力和实践，确立了"集团多元化、利润中心专业化"的业务、组织架构模式。

第二阶段（2005年10月至2006年10月）：行动学习的多点探索阶段。主要是推动各利润中心战略的深化、细化和有效执行，实现利润中心专业化的目标。在这一阶段的研讨中，制定了华润的标识和企业精神，这些都同战略紧密相关。

第三阶段（2006年10月至今）：行动学习的全面推广阶段。从第六期高层行动学习培训开始，从一级利润中心战略细化入手，初步用"行动学习法"把"平衡计分卡"和"标杆管理"方法结合起来。

图 4-20 集团高层的行动学习培训

通过以上总结可以发现，华润集团行动学习的培训研讨，从上到下、从集团董事长到一级利润中心总经理，他们心中有一条明确的主线——"战略"。无论是集团层面的培训还是一级利润中心的行动学习培训，始终都是围绕着"战略"这一主线进行的。同时还可以看出，从他们得出"利润中心专业化"这一结论后，各利润中心的行动学习培训都是围绕着实现"利润中心专业化"这个目标而进行的。因为只有利润中心专业化了，集团的多元化才会有坚实的基础和保障。

华润形成了具有自身特点的企业行动学习发展的逻辑，归纳起来有三个原则：一是坚持以推进"利润中心专业化"的实际需要为中心。二是坚持以提高利润中心一把手思想与工作水平为重点。如何提高一把手的认识问题、分析问题的能力，如何提高他们的领导力，这也是他们培训的重点。三是坚持以达到资本市场要求的长期稳定的业绩标准为目标，这一明确的认识，也是他们在实践中逐步形成的。

行动学习法，又称"在实践中学习"。最早由英国学者烈·睿文（Reg Ravens）教授提出，后被国家行政学院副院长陈伟兰教授引进到国内并在一些国家机关和大型企业做试点推广。行动学习试图让人们参与解决实际的而非模拟的工作问题，并在解决问题的过程中通过相互影响而使"学习发生"。

行动学习的强大生命力来源于其作为一个开放的系统,不断吸收来自教育学、心理学、系统学等领域的最新成果,从而不断完善自己的体系。其中对行动学习影响最大,可以作为行动学习主要理论基石的是库博经验学习圈。如图 4-21 所示。

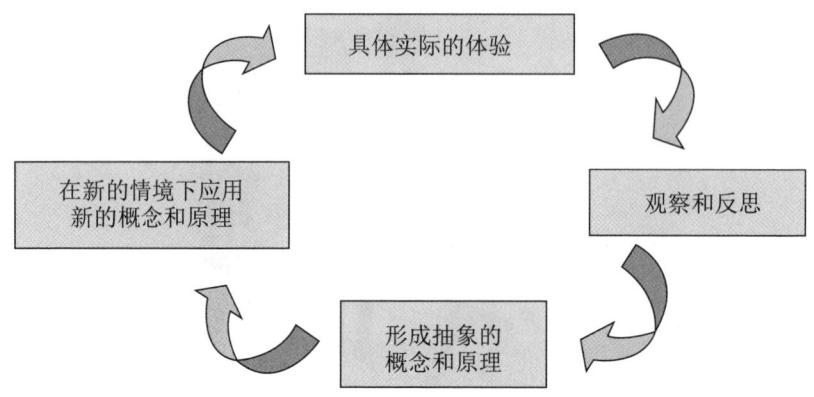

图 4-21 库博的经验学习圈

人在实际行动中会产生实际的体验,通过对这些体验进行系统的反思,可以形成抽象的概念和原理,形成高于具体体验的理论上的认识,学习因此发生了。人在这样一个理论高度上再采取行动,既检验了理论的正确性,也提升了行动的能力。

华润行动学习的本质可以用一个模型来表达,即 MBP 模型,就是心智模式(Mental Model)决定行为(Behavior),行为决定业绩(Performance),行动学习的本质是追求人或者组织的心智模式的根本转变。如图 4-22 所示。

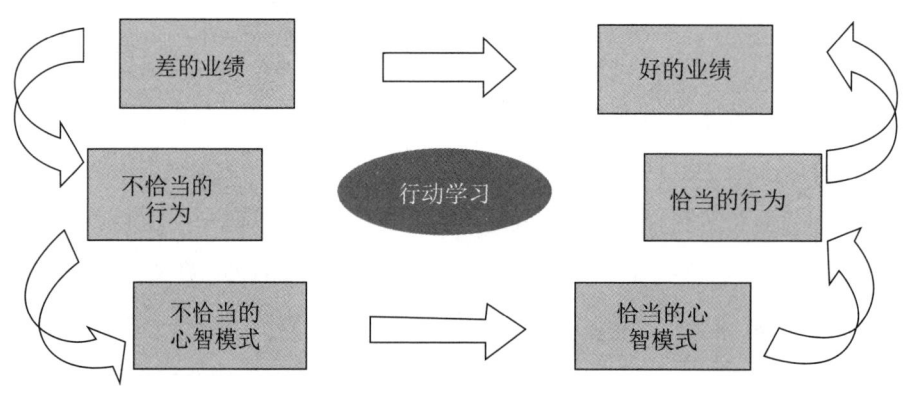

图 4-22 MBP 模型

华润集团的每一次行动学习培训研讨会，都是通过案例介绍、小组研讨与交流，比较系统地总结自己与他人的经验，提高利润中心和服务中心一把手及各级管理人员对实际发生的各类问题进行快速专业化判断和处理的能力。选择研讨的案例大部分是以本集团的为主，并进行反复的论证与提炼，将实际的问题不断进行推敲，并将得到的解决方法进行总结，使其理论化。

行动学习法体系由六个部分构成：一是行动学习法要解决的工作问题；二是依据相关问题制订学习计划；三是行动学习法的作用；四是相关理论基础；五是群策群力；六是研讨方法，包括讨论、头脑风暴、团体列名、六项思考帽与深度会谈五种。如图4-23所示。

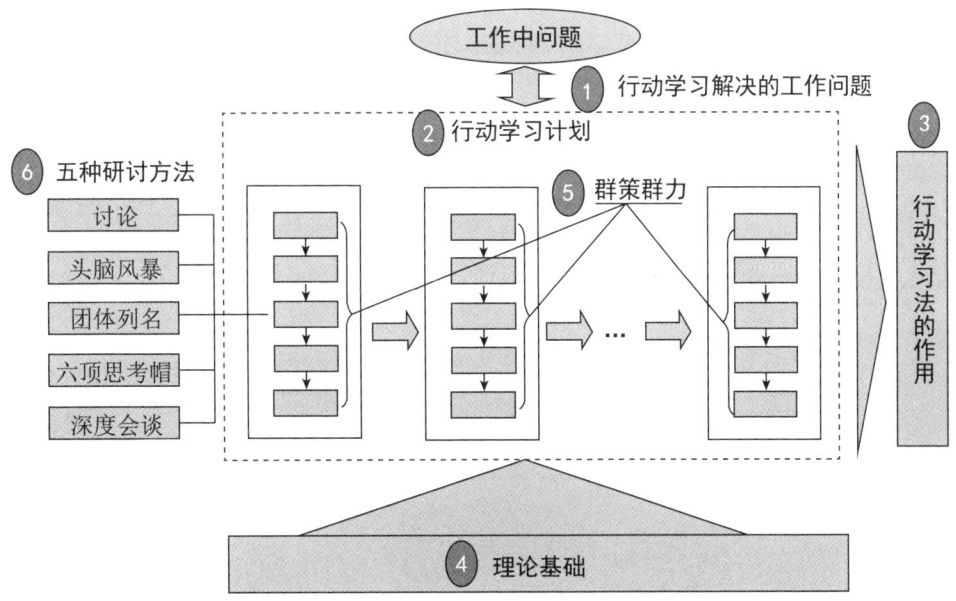

图4-23　行动学习法体系

华润的行动学习是通过团队学习的形式来实现的，行动是一小组人以团队方式来共同解决组织实际存在问题的过程和方法，是一个从自己行动中学习的过程。行动学习通过一套完善的框架，保证小组成员能够在高效解决实际存在问题的过程中实现学习和自我发展。行动学习的力量来源于小组成员对已有知识和经验的相互质疑和在行动基础上的深刻反思。因此，行动学习可以表述为以下公式：

AL=P+Q+R+I，即行动学习＝结构化的知识＋质疑＋反思＋执行。行动学习的实施步骤，如图 4-24 所示。

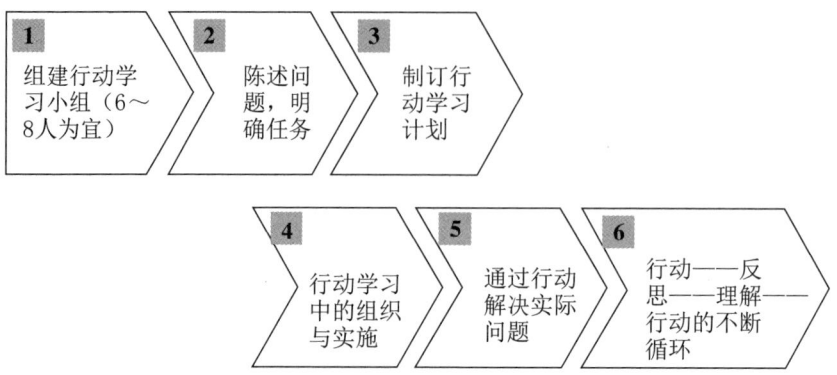

图 4-24　行动学习的实施步骤

在实际工作中，行动学习解决问题的一般模式步骤和原理：首先是行动学习要源于企业实际存在的问题，小组成员在催化师的组织下进行集体质疑和反思，形成解决问题的方案，然后小组成员通过实施方案，来确定方案的有效性，并在行动过程中，形成对问题的更高层次的认识。行动学习小组在此基础上，确定下一步的行动，并提出新的需要解决的问题，开启一个新的学习和解决问题的循环。

行动学习的有效性源于其包含的相互作用又相互依赖的六个核心要素。如图 4-25 所示。

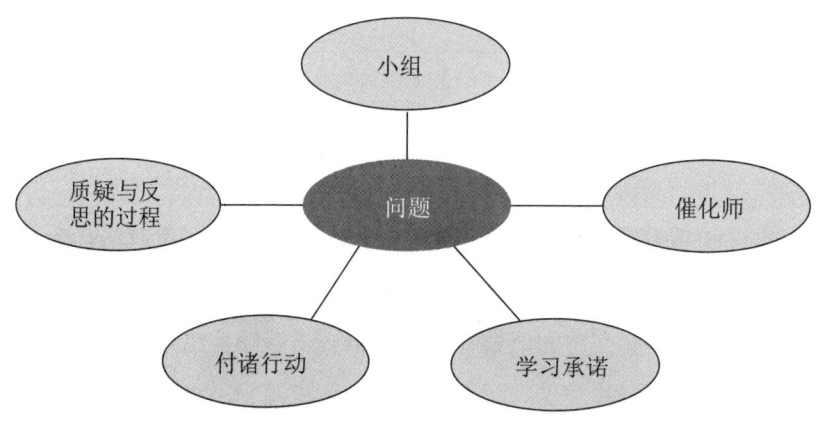

图 4-25　行动学习的六个要素

一是问题。行动学习解决的是组织中现实存在的问题，参与面广，有助于个人与组织能力的提升，并且问题的解决能够给组织带来显著的收益并能给参与者带来学习机会。

二是小组。行动学习的主体是 4～8 人组成的一个小组，小组成员背景不同，最好具有不同的学习风格，如理论型、实干型、反思型、创新型等，但对要解决的问题都必须有一定程度的认识，对解决问题能够有所贡献。

三是质疑与反思的过程。小组成员在解决问题的过程中，按照一定的框架和程序，对自己及其他成员的经验进行质疑，并在行动的基础上不断反思，从而对问题的本质达到更深入的认识，并提出富有创造性的解决方案。质疑与反思是行动学习产生创造力的来源。自我质疑与反思举例，如表 4-2 所示。

表 4-2　自我质疑与反思举例

步骤	内容
第一步：我对周遭事物抱持什么样的看法？	降价是我们这个行业取胜的唯一手段
第二步：这些看法依据的原始资料是什么？	消费者调查显示，价格是影响购买的最重要的因素 过去 5 年采取的降价促销策略一直很成功
第三步：还有没有其他资料可以影响我的看法？	最近我们通过产品和服务质量的提升，在没有降低价格的情况下，实现了销售的大幅度提升
第四步：我原来的看法是否需要修正？	消费者选择性价比高的产品而不是选择低价格的产品

四是付诸行动。行动学习成果必须通过行动的过程才能得到验证，也只有通过行动才能对组织产生实质性的影响；小组成员也只有在行动的过程中，才能进一步反思以加深对问题的认识。付诸行动是行动学习不可分割的有机组成部分。运用戴明循环理论进行反复实践、修正、完善。

五是学习承诺。在行动学习中，学习与行动一样重要。建立在实际问题基础上的行动学习能够提高业绩，但行动学习的更高级目标却是提升个人和组织的能力，改造人的思想方法和工作方法，这个过程就是学习。没有了学习的所谓的"行动学习"，就只是一个任务小组而已。因为行动学习中要求每个小组成员都要有学习的承诺。

六是催化师。行动学习是一个精心设计和控制的过程。催化师负责过程设计和把握过程，他控制研讨的节奏，激发质疑和反思，调节研讨气氛，是行动学习中不可或缺的角色。如图 4-26 所示。

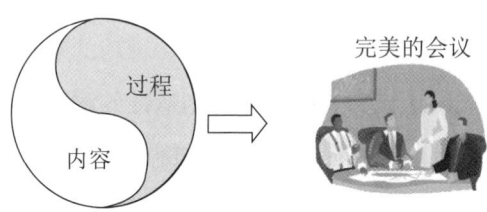

图 4-26 催化师的作用

以上六个要素揭示了行动学习的本质特征，就一个规范的行动学习而言，这六个要素是缺一不可的。

行动学习对于华润而言具有重要作用。解决企业疑难问题的同时，与绩效相结合，有效地激发了参与人员的热情和创造性，也使对结果的评价变得比较直观。此外，行动学习运用团队工作和学习方式进行团队建设，通过行动学习，学员可以掌握团队工作的技巧并形成团队工作的习惯，密切团队成员之间的关系。

行动学习已经成为世界范围内组织培养管理和领导人才的重要途径。行动学习以解决实际问题为导向，在解决问题的过程中使参与者的领导能力得到提升，这使它在提升领导力方面显著优于传统的培训方法；并且学员在行动学习过程中通过反思和学习其他成员的经验，提高自己的认识水平和解决问题的能力，提高业务素质，并具备了自我发展和持续学习的能力，从而有效促进个人专业成长及职业发展。行动学习的五类重要应用，如表 4-3 所示。

表4-3　行动学习的五类重要应用

解决问题，创造业绩	加强团队建设	提升组织领导力	促进个人专业发展	建设学习型组织
·行动学习是解决复杂困难问题的有效方法 ·问题越富有挑战性，行动学习越能发挥作用 ·业绩提升是行动学习必然的副产品	·行动学习采用的就是团队工作和学习方式 ·行动学习过程可以形成非常有效的团队工作技巧和习惯 ·行动学习促进了沟通，密切了感情	·行动学习已经成为培养管理和领导人才的最重要的途径 ·行动学习以解决实际存在的问题为导向，在解决问题的过程中使领导力得到升华 ·行动学习鼓励领导者采用催化技术，能更好地凝聚人的智慧，并增加执行能力	·行动学习将个人成长作为最重要的目标之一 ·行动学习中的质疑和反思使每个人认识问题的能力都产生质的飞跃 ·行动学习促进成员之间相互学习	·行动学习参与性强，持续性好，是组织变革的重要方式 ·行动学习变革组织的文化，使质疑反思和学习成为组织的自觉行为 ·行动学习鼓励系统思维，而这正是学习型组织的核心

因此，华润集团能够不断进行战略转型，推动企业不断做强做大的原因，并不是华润的人比其他企业的人强，专业能力、知识水平比别人高，而是因为华润的战略比较清晰，通过行动学习的方式，能够让职工感受到华润的整体战略，并且通过一次次的研讨，不断地进行实践，推动战略的落实。

二、中粮：领导力模型及团队学习

中粮集团有限公司（COFCO）（以下简称"中粮"或"中粮集团"）成立于1949年，是中国最大的农产品、食品领域多元化产品和服务供应商，致力于利用不断再生的自然资源为人类提供营养健康的食品、高品质的生活空间及生活服务，为民众生活的富足和社会的繁荣稳定做出贡献。中粮主要业务包括农产品贸易、食品加工、地产开发、酒店经营和金融服务。下属企业主要有中粮粮油、中国粮油、中国食品、地产酒店、中国土畜、中粮屯河、中粮包装、中粮肉食、中粮发展、金融事业部等业务板块，并且凭借其良好的经营业绩，中粮持续名列美国《财富》杂志全球企业500强，居中国食品工业百强之首。中粮集团组织架构图，如图 4-27 所示。

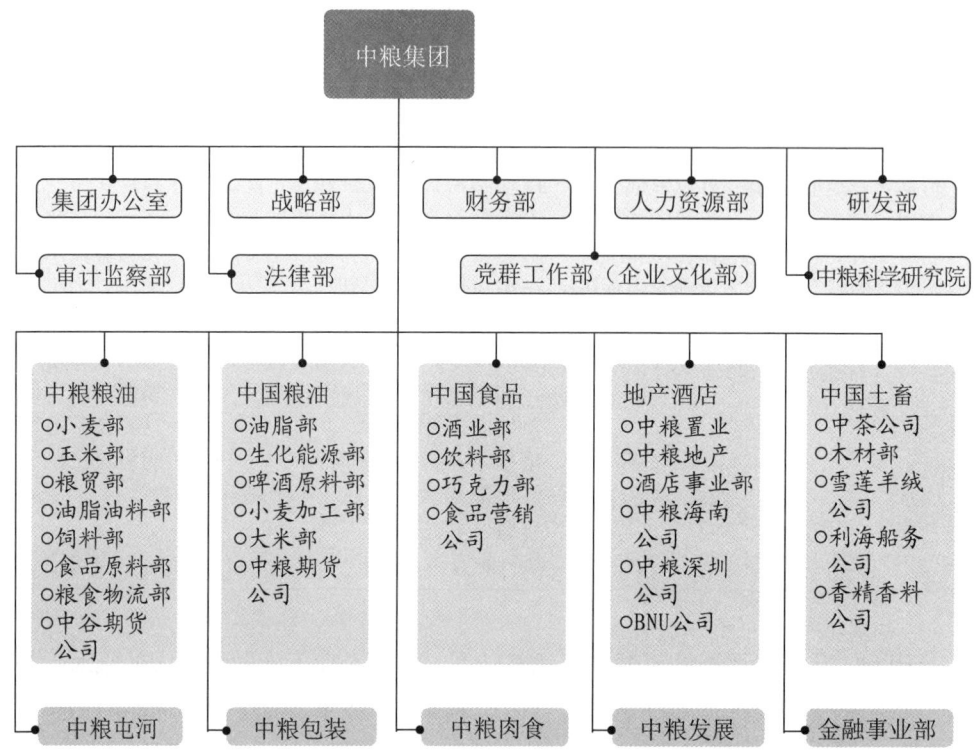

图 4-27　中粮集团组织架构图

作为中国最大的粮油食品进出口公司和实力雄厚的食品生产商，中粮集团近年来不断地拓展业务，探索国有企业的发展与改革方向，并且在我国加入 WTO 后，中粮集团在其商业模式、业务构成与拓展、并购重组等方面取得了巨大的发展与跨越。同时，中粮集团在其公司内部实施的人才队伍培养建设方面也取得了骄人业绩。

如今的中粮集团比以往任何时期都更加深刻地认识到人才的重要性，认识到人才队伍培养与建设的重要性。因为各个部门的员工与各级管理人员不仅是企业每一步发展和每一个规划的执行者，更是这些发展与规划能否真正实现的决定者。因此，让企业拥有合适的人才，让现有员工拥有符合企业未来发展战略的能力便成为落实企业战略的第一要务，而培训正是沟通公司现状和战略的桥梁。

20 世纪 90 年代以前，中粮是一家外贸公司，业务完全垄断，与大多数国有企业一样，盈利较少，整个公司的管理复杂而混乱。2005年，宁高宁加盟中粮集团，任中粮集团董事长，开始将中粮集团向全产业链粮油食品企业转型。此前贸易企业最大的特点就是抓机会但没有战略，宁高宁所做的就是要将一家机会型的贸易公司转型成为战略清晰的产业化经营公司。在实现了产业化经营后，进一步地提出"全产业链"的发展战略，将业务进一步整合，以此确定"全产业链"的核心竞争力。这是一个浩大的工程，不仅涉及业务调整，还有整个商业模式、组织架构、管控模式的调整，甚至人的思维方式、企业文化都将面临巨大的转变，要让这样的一艘巨型航母转身，难度巨大。

宁高宁是个有商业思想的人，他最大的优势在于思想引领，落实到方法上就是把培训作为推动整个企业转型的最好切入点，以此形成中粮团队学习的大背景。宁高宁所强调的培训并不是传统意义上的培训，他将培训定义为一种工作方法和经理人基本具备的工作技能。他提出，要把培训与团队建设和决策逐步结合起来，通过这样一种团队学习的方式，从根本上改善组织的工作氛围和习惯。

中粮的培训体系包括两大模块：一个模块是分层级的领导力体系，这是一个针对经理人能力的发展体系。另一个模块是战略组织团队学习，是一种行动式学习，是为了解决实际问题。以团队学习法为例，这种方法立足于解决问题，通过团队学习来提高整个团队的能力，进而提升解决实际问题的能力。除此之外，中粮还纳入了解决问题六步法、结构化会议等多种培训技术。

1. 分层级的领导力体系

管理团队的素质往往决定了一个公司的实力和战略实现能力，因此，中粮在广泛开展员工培训的同时也对企业各级管理者进行同步培训，在具体的培训方向上，企业牢牢地把握住"领导力"这一重点环节，并把对领导力培养作为公司人才管理的重要组成部分。

领导力模型是在全产业链战略转型的背景下提出和讨论的。"全产业链粮油食品企业"模式是指，以消费者和客户需求为导向，涵盖从田间到餐桌，即从农产品原料到终端消费品，包括种植、采购、贸易和物流、食品原料和饲料生产、养殖与肉类加工、食品加工、食品营销等多个环节，通过对全产业链的系统管理和关键环节的有效控制，形成整体竞争力，为消费者奉献安全放心、营养健康的食品，实现可持续发展。如图 4-28 所示。

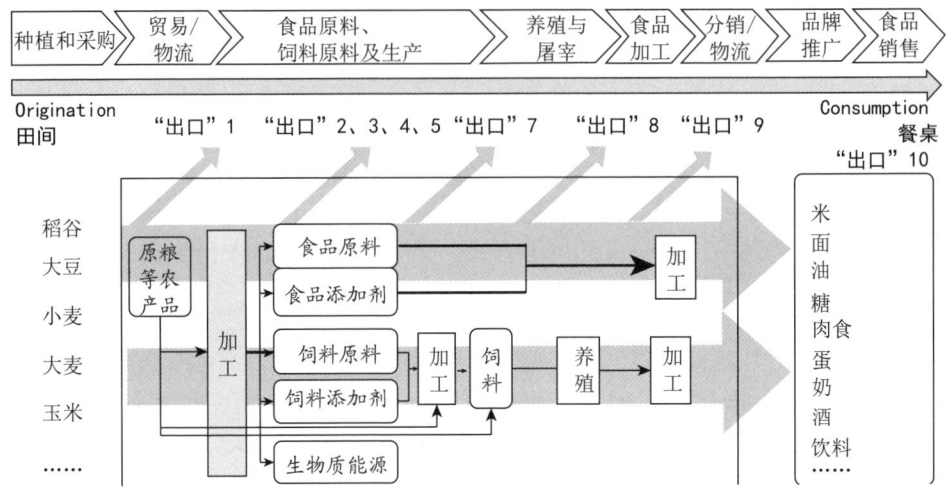

图 4-28　"全产业链粮油食品企业"模式

从 2009 年 2 月到 2010 年 4 月，中粮集团从全产业链战略出发，经过讨论、验证和优化等步骤，推演出中粮集团核心的商业驱动力，包括制定竞争战略；转换商业思维，创建以客户为中心的文化；推动流程、技术、产品创新；培养组织人才；整合组织架构，推进内部协同以及强化品牌，等等，也是中粮集团相关经理人应该具备的核心能力。这种核心能力加上中粮集团企业文化，构成中粮集团的领导力模型。

中粮集团设计了 A、B 两个层级的职能领导力模型和业务领导力模型，如图 4-29 至图 4-32 所示，分别针对集团职能总监以及业务单元总经理、一般职能总监和一般业务经理。模型以商业驱动力和公司核心价值观为基础，绩效为导向，关注"知识""能力""态度"和"个性"。其中，"知识"这一部分关注学识和经验；"能力"关注于人际能力、业务管理能力和领导能力，并针对四个模型有具体的要求："态度"关注业绩导向，关注领导者本身的特质，鼓励差异化，但在宏观层面上，又有基本的要求。最后，整个模型的导向是"业绩表现"即"绩效"，这是模型的评价标准和目的，领导力培养是为了实现卓越的业绩表现，反过来，其结果也是通过个人和部门的业绩来衡量。

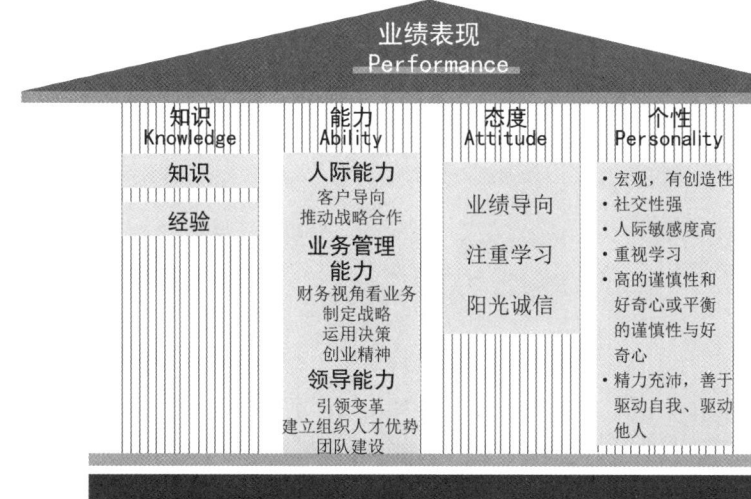

A级职能类领导力模型-集团职能总监

业绩表现
Performance

知识 Knowledge	能力 Ability	态度 Attitude	个性 Personality
知识 经验	**人际能力** 客户导向 文化融合 说服力 **业务管理能力** 财务视角看业务 制定战略 调动资源 **领导能力** 引领变革 建立组织人才优势 团队建设	业绩导向 注重学习 阳光诚信	·宏观，有创造性 ·社交性强 ·人际敏感度高 ·重视学习 ·高的谨慎性和好奇心或平衡的谨慎性与好奇心 ·精力充沛，善于驱动自我、驱动他人

商业驱动力 Business Driver　核心价值观 Core Value

图4-29　A级职能领导力模型

A级业务类领导力模型-业务单元总经理

业绩表现
Performance

知识 Knowledge	能力 Ability	态度 Attitude	个性 Personality
知识 经验	**人际能力** 客户导向 推动战略合作 **业务管理能力** 财务视角看业务 制定战略 运用决策 创业精神 **领导能力** 引领变革 建立组织人才优势 团队建设	业绩导向 注重学习 阳光诚信	·宏观，有创造性 ·社交性强 ·人际敏感度高 ·重视学习 ·高的谨慎性和好奇心或平衡的谨慎性与好奇心 ·精力充沛，善于驱动自我、驱动他人

商业驱动力 Business Driver　核心价值观 Core Value

图4-30　A级业务领导力模型

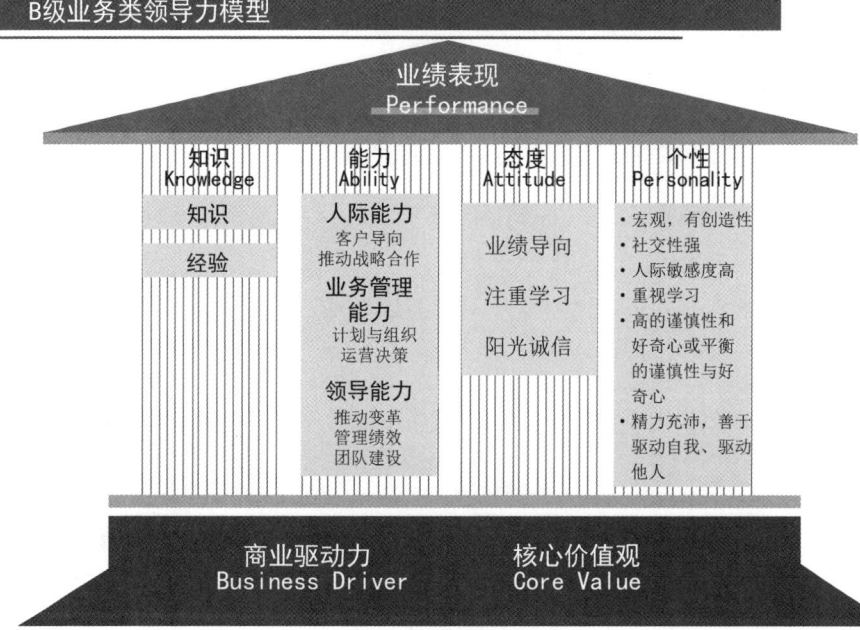

B级职能类领导力模型

业绩表现
Performance

知识 Knowledge	能力 Ability	态度 Attitude	个性 Personality
知识 经验	**人际能力** 客户导向 建立工作伙伴关系 **业务管理能力** 计划与组织 专业知识与技能 **领导能力** 推动变革 管理绩效 团队建设	业绩导向 注重学习 阳光诚信	· 宏观，有创造性 · 社交性强 · 人际敏感度高 · 重视学习 · 高的谨慎性和好奇心或平衡的谨慎性与好奇心 · 精力充沛，善于驱动自我、驱动他人

商业驱动力
Business Driver

核心价值观
Core Value

图 4–31　B 级职能领导力模型

B级业务类领导力模型

业绩表现
Performance

知识 Knowledge	能力 Ability	态度 Attitude	个性 Personality
知识 经验	**人际能力** 客户导向 推动战略合作 **业务管理能力** 计划与组织 运营决策 **领导能力** 推动变革 管理绩效 团队建设	业绩导向 注重学习 阳光诚信	· 宏观，有创造性 · 社交性强 · 人际敏感度高 · 重视学习 · 高的谨慎性和好奇心或平衡的谨慎性与好奇心 · 精力充沛，善于驱动自我、驱动他人

商业驱动力
Business Driver

核心价值观
Core Value

图 4–32　B 级业务领导力模型

基于分层级的领导力模型，中粮设计开展了针对不同领导者的分层级课程。课程体系以五步组合理论为基础，通过集团选择聘任业务单元总经理，业务单元总经理组建管理团队并开展团队建设，业务单元总经理带领管理团队制定行业竞争战略，业务单元管理团队带领员工执行战略并建设核心能力，集团对业务单元总经理及管理团队进行考核评估，决定是否继续聘用五步循环。如图4-33所示。

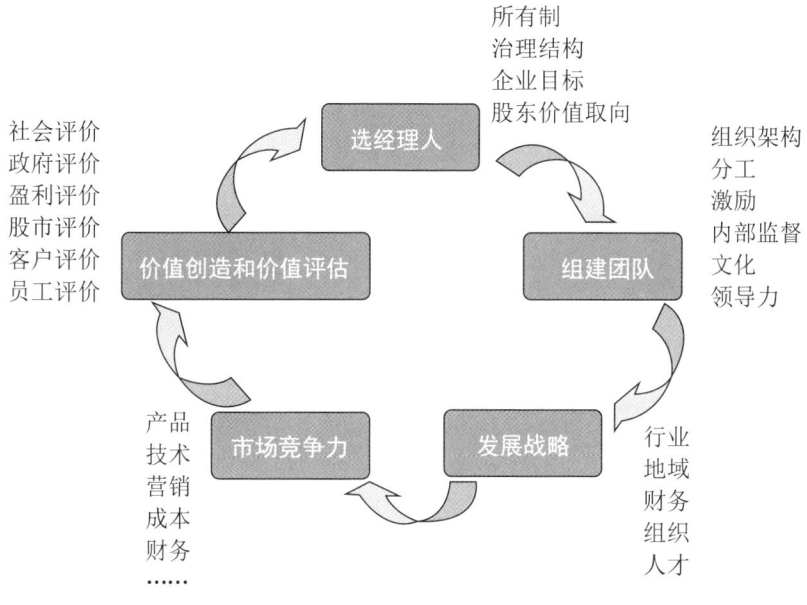

图4-33　五步组合理论

同时依据五步组合理论设立了三个层级（由A至C，成熟度由高到低）、针对四类人群的四种课程项目，分别是：LDP（初级领导力项目，C级），ALDP（运营领导力项目，B级），SLDP（战略领导力项目，B级）和ELDP（高级管理人员领导力项目，A级）。基于五步组合理论的领导力课程体系，如图4-34所示。

2. 团队学习：中粮集团的行动式学习

团队学习是在统一的逻辑结构和思维框架下，通过激发团队成员的智慧达成共识来解决团队发展的重大问题、使团队融合、提升团队能力、塑造团队文化的过程，重在激发团队智慧，并通过组织的改变和组织能力的提高来提升个人能力；在学习过程中重视思维逻辑，采用合理的形式和多样的学习工具，并注重整合多种方式综合运用；在参与上，每个组员的角色明确，能充分发挥自身特长并承担责任。最终通过团队学习来推动企业的转型。团队学习的思维逻辑：解决问题六步法。如图 4-35 所示。

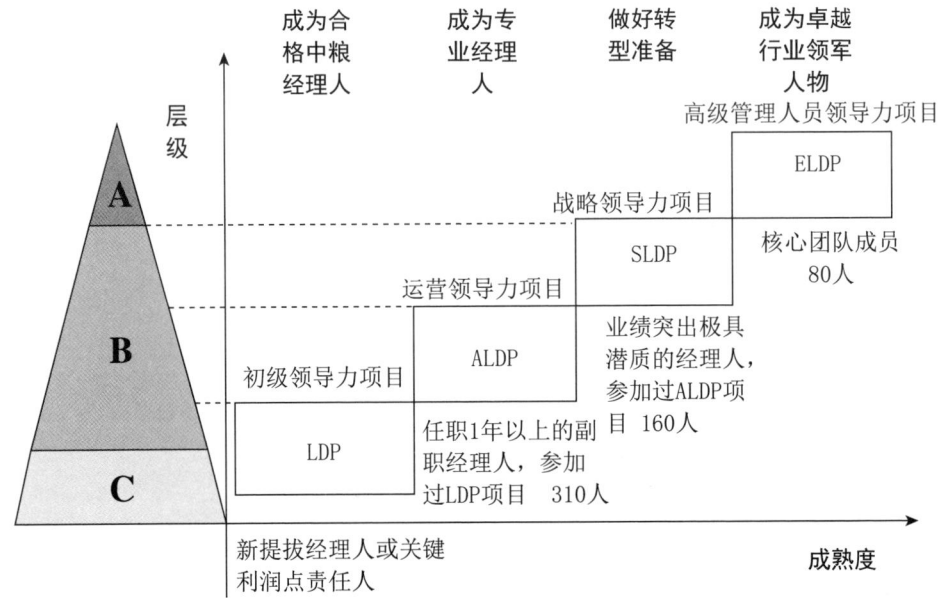

图 4-34　基于五步组合理论的领导力课程体系

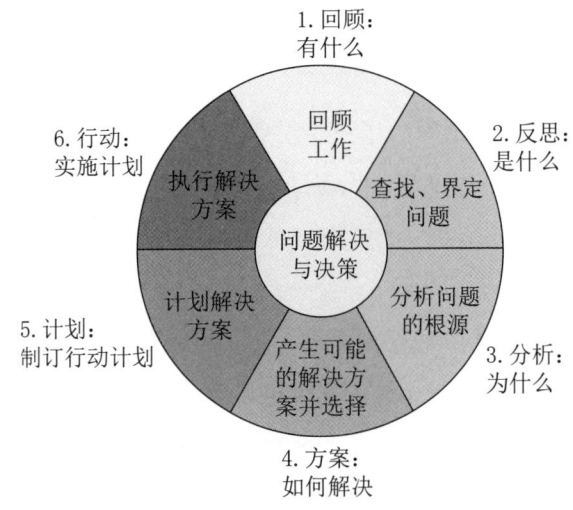

图 4-35　解决问题六步法

团队学习是人类解决问题的一个基本逻辑。团队成员一起反思，分析问题产生的根源，制订解决方案和行动计划，然后实施，这一过程遵循的就是这个基本规律。基于这一逻辑，中粮培训采用"结构化会议"的方式，即将培训和会议结合在一起，分阶段进行。"结构化会议"是培训最常见的形式，如图4-36所示。

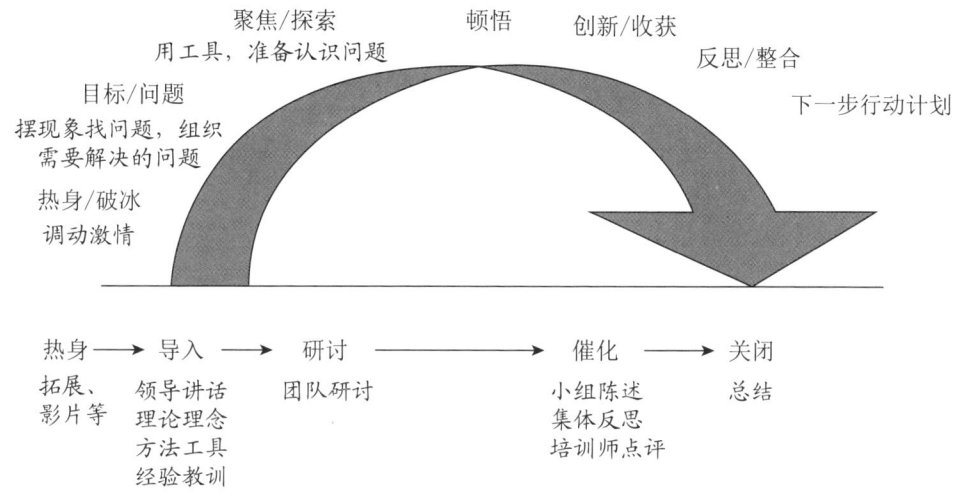

图4-36 结构化会议

在热身阶段过后的导入阶段，导入的内容可谓多种多样，可以是理论理念、领导讲话、方法工具、经验教训等。研讨阶段是由整个团队来进行，研讨是行动学习的催化剂，通过凝聚大家的智慧和共识来提升认识水平，领导则对研讨起催化作用。研讨中，大家需要根据现象找出组织需要解决的问题，准确认识问题，在经历改变思维模式、创新、收获的阶段后，要有一个反思、整合的过程，并且提交下一步的行动计划。

这一工作流程的实质还是从问题出发，集体研讨，制订解决方案，落实方案。结构化会议实际是研讨工作的过程。以训带会，既是一个工作的过程，也是一个解决问题的过程。中粮很多的培训、会议甚至很多研究工作都采用这一结构。中粮在会议中还引入一些重要的行动学习的工具，比如头脑风暴法、活动挂图法、团队列名法、鱼骨图、结构树、帕累托分析、系统思考等。

中粮集团规定，所有一把手都是所在单位的培训师，董事长宁高宁也不例外。

培训师就是催化师，中粮并没有建立一支专门的催化师队伍，而是首先培养一把手的培训技巧和催化技巧。

在团队学习的基础上，中粮建立了一个领导力开发中心——忠良书院。忠良书院（COFCO LDC），占地 200 亩，总建筑面积近 5 万平方米，地处北京生态涵养区——门头沟，2008 年 5 月正式运营。建设有现代化设施齐全的综合教学楼，并且拥有多功能厅、报告厅、会议室、研讨室、多媒体教室、图书阅览室、贵宾接待室等相关设施，可以充分满足各类培训、会议的需求。

忠良书院是智慧和经验的汇集地，是塑造领导英才的地方。作为集团的教学和培训中心，书院建立了自己的课程体系、师资体系和培训学习评估体系，为中粮经理人提供专业化的高端培训，帮助经理人提升领导力和管理能力，打造行业领军人物，推动集团战略发展和业务进步。借此忠良书院成为培养中粮经理人的摇篮，中粮管理思想的发源地，集团经理人学习、研讨和决策的中心，中粮人接受洗礼的地方。

中粮的团队（行动）学习直接服务于集团战略，让其在各级经理人中成为普遍的工作方法，成为一个管理工具。中粮团队学习的特点，如图 4-37 所示。

**中粮团队
学习的特点**

 普遍工作方法

集团各级经理人都把培训作为企业管理一种普遍的工作方法，作为推进战略执行的重要管理工具。各类工作会议和工作研讨都是集团培训工作的组成部分

 重要工作技能

是经理人工作的重要组成部分，是必须掌握的领导技能，是经理人领导力的重要体现。经理人是各单位培训工作的第一责任人，是第一培训师

 直接服务战略

针对业务发展中的关键问题，直接服务于集团的战略，是推进战略转型的切入点

 激发团队智慧

重在激发团队智慧，通过组织的改变和组织能力的提升来提升个人能力

 改善团队氛围

注重改善团队氛围，体现集团企业文化

 质疑反思与系统思考

倡导质疑反思的精神，强调系统思考

图 4-37　中粮团队学习的特点

中粮行动学习项目达成了良好的效果。一是造就了氛围，二是开阔了视野，提升了能力，树立了质疑、反思、系统思考的精神。团队参与的目的是为了避免领导的一言堂或者避免某个人或某个部门的利益主导整个组织的规划。

中粮集团的培训，不是传统的传道授业解惑，也不是学历教育，而是一种解决问题的方法、一种推动组织进步的方法。董事长和普通学员一样参与培训，取消了传统的主席台，在培训中没有领导和下属，只有培训师和学员。中粮正是通过这种培训方法，有效地推动了战略转型，推动了集团文化的传播。

三、海尔："倒三角"组织结构

青岛海尔股份有限公司（以下简称"海尔"或"海尔集团"）1984年创立于青岛，在全球拥有10大研发中心、21个工业园、66个贸易公司、143 330个销售网点，用户遍布全球100多个国家和地区。2015年全球大型家用电器品牌零售量数据显示，海尔大型家电品牌零售量第七次蝉联全球第一，同时，冰箱、洗衣机、酒柜、冷柜也分别以大幅度领先第二名的品牌零售量继续蝉联全球第一。2016年，海尔全球营业额2016亿元，同比增长6.8%，实现利润203亿元，同比增长12.8%，利润增速是收入增速的1.8倍。2016年10月11日，海尔集团入选《财富》，在2016年"最受赞赏的中国公司"榜单中，位居电子电器类第一，并进入榜单前三名。

海尔——中国家电行业的一艘航空母舰，不仅在中国，甚至世界，海尔的名字都是家喻户晓。"学习GE""冲进世界500强"，海尔提出的这些口号曾经令中国企业界为之震动。正如众人所知，作为第一家登上哈佛商学院讲堂的中国企业，海尔集团已成为中国现代企业经营成功的一个典范。

自2009年以来，海尔提出了"人单合一双赢"的商业模式。"人单合一"，"人"就是员工，"单"表面是定单，本质是用户资源。表面是把员工和定单连在一起，但定单的本质是用户，包括用户的需求、用户的价值。人单合一，也就是把员工和他应该为用户创造的价值，以及面对的用户资源"合"在一起。双赢，即员工不是根据上级下达任务完成的多少和好坏拿薪酬，而是以创造的用户价值来体现自己的价值。海尔对管理模式的变革是为了适应互联网时代的要求。传统管理模式与互联网时代管理模式的区别在于，前者是以企业为中心制定的，而后者则是以用户为中心来制定，这是两者本质的区别。

为实现"人单合一"的商业模式落地，海尔进行了组织结构的管理变革，建立了"倒三角"的组织架构，如图4-38所示。通过建立资源的层层倒逼和传递机制，海尔建立了以用户需求为服务的起点和以用户需求的满足作为服务的终点的闭环管理流程；而实现满足用户需求的管理单元就是各种各样的自主经营体。自主经营体的特征是自创造、自驱动、自运转。可以看出，企业给了自主经营体极大的自主性，充分释放了员工的自主性和积极性，大大激发了员工的创造性。自主经营体的组织模式在实现海尔由制造型企业向服务型企业转型的过程中发挥了重大的作用。

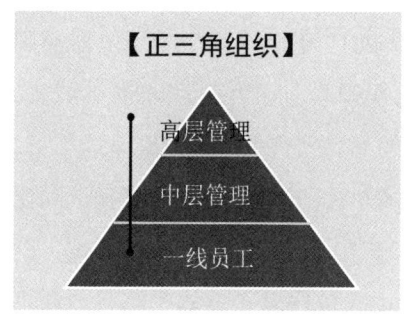

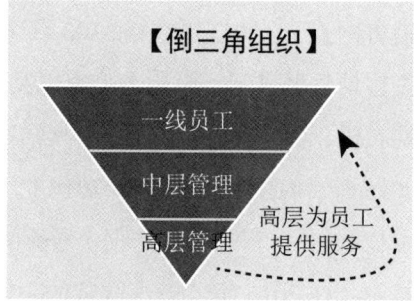

图4-38　海尔组织结构的管理变革

从管理模式变革角度，海尔探索将传统管理模式变为一种适应互联网时代的人单合一双赢模式。

传统的企业组织结构如同一个"正三角"，管理者在最高层，员工在最底层，就像一个金字塔。这种组织形式很稳定，但是缺少活力。员工根据领导的指令感知市场需求的变化，不能适应瞬息万变的用户需求。"倒三角"组织结构中，员工在最上面，直接面对用户需求，突出了"以客户需求为中心"；领导在下面，提供资源和平台，帮助员工去满足用户需求。通过近7年的探索，海尔集团成为全球第一家采用"倒三角"组织结构的大型跨国公司。如图 4-39 所示。

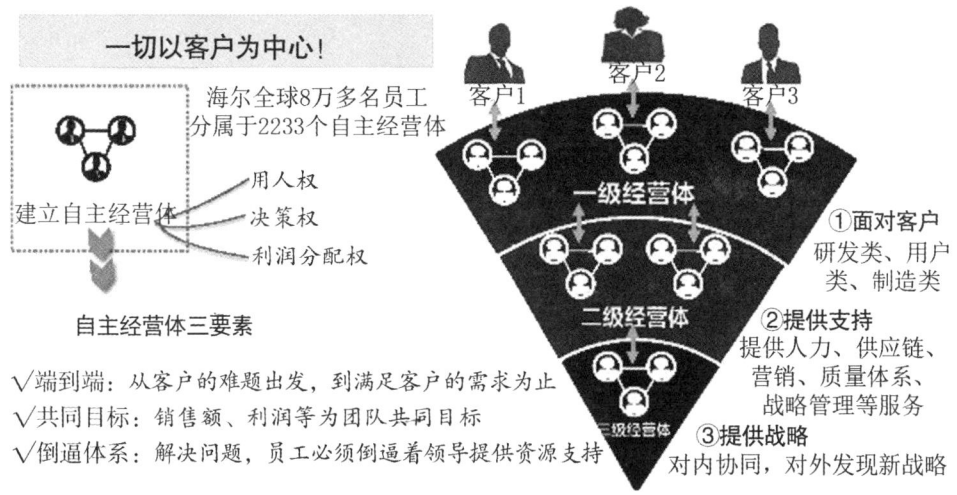

图 4-39　海尔"倒三角"组织结构

相比传统的"正三角形"组织结构，"倒三角形"具有以下较多的好处：

（1）加快内部反应机制，最大限度地满足客户需求。企业管理逐渐回归扁平化，一线人员直接面对客户和市场，管理者则缩短了直面客户和市场的距离。加快内部反应机制，防止企业和市场终端客户之间的脱节，避免由于市场信息不完整、传递速度不及时、资源利用效率低而导致客户需求不能最大限度地得到满足。

（2）将权力赋予一线人员。将更多的权力和决策力赋予了直接面向市场和信息的一线工作人员，他们可以对其分内负责的事情做出决定，有些决定可以不必报告上司。在这种管理构架中，领导只是作为政策的监督者，负责对整体进行观察、监督和推进。在这种构架下，直面市场的一线工作人员将被赋予更多的权力并承担责任，有助于其现场做决策，更及时有效地服务客户，增强竞争力。这样而言，每一个直面市场的人都是一个独立的领导者，可以独立行使一定的权力，这样会激发员工自主学习的积极性，省掉了培训的环节。

（3）以客户和市场为导向。打破原有的多层级疆界，将原来面向企业内部管控的组织结构转变为面向客户和市场的组织结构，以客户和市场为导向。一线人员在服务，所有其他的部门为一线提供服务。

（4）打破部门间的壁垒，共同实现客户价值。在"倒三角形"组织结构下，企业往往进行大的分解，把资源和权力分放到多个单个个体上，仅保留企业中最关键的功能。单个个体都是一个个经营单位，拥有个别的核心专长，分子间可依不同需求彼此整合成整体进行合作，以保持一定的竞争能力；单个个体还可以自由地对外寻求合作伙伴进行整合。各个经营单位独立核算，对市场指标承担完全责任，在创造市场价值的同时实现自身的价值。

美国沃顿商学院是这样评价海尔探索的让员工自主经营的管理模式："这不是方法，是管理的颠覆。""倒三角"不稳定，静态的"倒三角"立不住，就像陀螺，必须转动起来才能不倒，而且要不停地转。让"倒三角"持续不停转动需要两个力，分别是外驱力和内驱力。经过长期的探索和实践，海尔形成了四大核心机制，这四大机制构成了让"倒三角"组织有效运转的外驱力和内驱力。如图4-40所示。

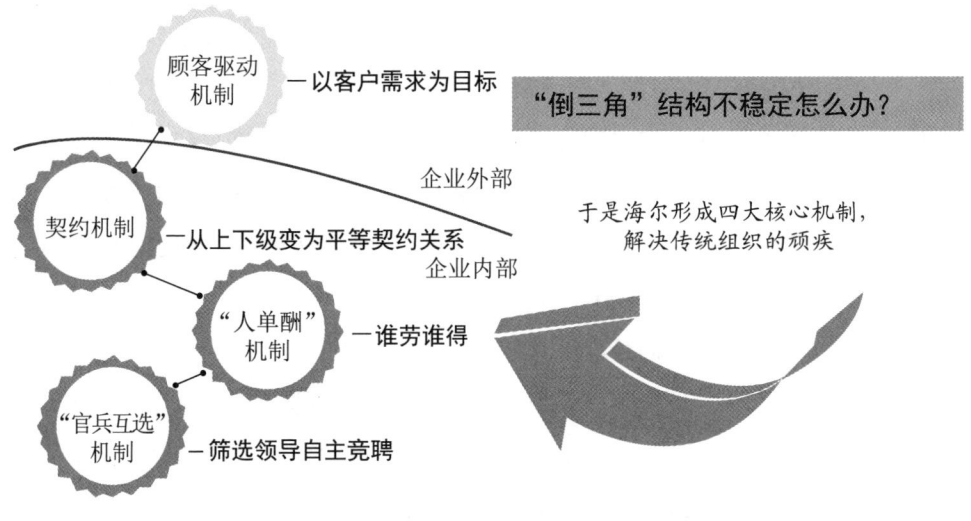

图4-40 让"倒三角"持续运转的四大机制

第一，顾客驱动机制。这一机制是"倒三角"组织的外驱力。在海尔，企业由三类自主经营体组成。一级经营体处于市场一线，知道顾客的需求，并且对于是否开发某项产品或服务拥有决策权。他们可以倒逼二级经营体，让其提供资源和流程支持。同理，二级经营体也可以倒逼三级经营体。三级经营体不再"发号施令",而是要保证不同经营体之间能有效协同,同时要注意大的趋势,发现战略性的机会。因此,通过建立顾客驱动机制,倒逼内部的价值链环节和运营体系,从而实现与顾客零距离,发现甚至创造需求。如图 4-41 所示。

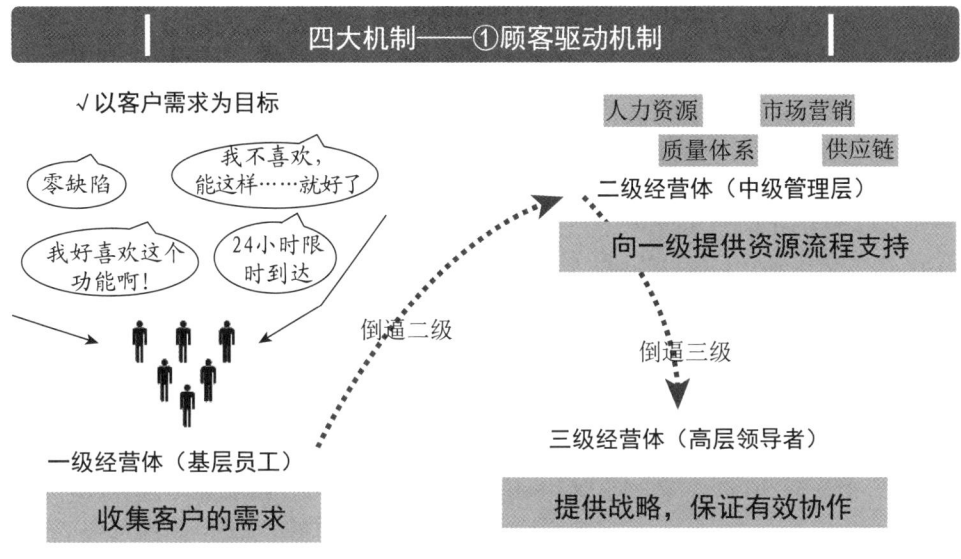

图 4-41 顾客驱动机制

第二,契约机制。这一机制是"倒三角"组织内驱力的重要来源。在大型企业,过多的层级就像一层一层的墙,让合作变得困难,让效率变得低下。契约机制则打破了层级管理,促进了内部协同。在海尔,不同经营体之间互为客户,每个经营体既服务于其他经营体,也享有其他经营体的服务。连接自主经营体之间的关系不是传统意义上的上下级关系,而是契约关系,而这种契约关系的本质是价值的交换和增值。如图 4-42 所示。

在契约关系中,"适者生存"是最高法则。一位员工表示:"在海尔,每个人都必须找到自己的顾客,都必须创造价值。"通过建立契约机制,海尔希望能够实现"内部协同零距离"。

第三,"人单酬"机制。大多数企业采用的是"职位薪酬",这种制度的基础是职位。海尔则采取了一种完全不同的机制——"人单酬"。这一机制和契约机制有机地协同起来,成为"倒三角"的内驱力。在海尔,每个自主经营体和个人都是价值创造过程中的一个节点，节点是高度动态的，其存在的基础是"单"，即目标。每一个节点都需要明确自己的顾客（外部顾客或内部顾客），把顾客需求转化成自己的"单"，然后根据"单"的完成情况获得薪酬，这种报酬被称为"人单酬"。因此，在海尔，有一句很通俗的话：我的用户我创造，我的增值我分享。如图4-43所示。

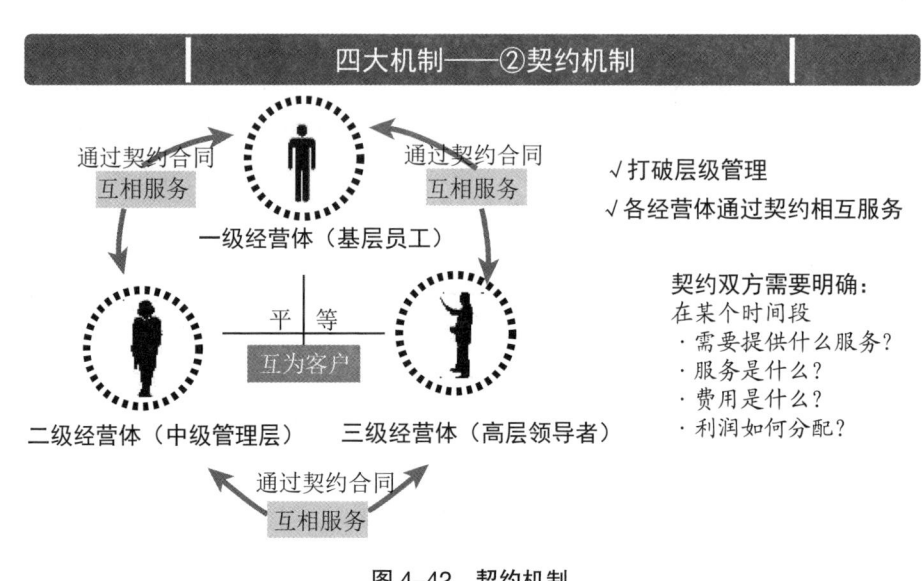

图 4-42　契约机制

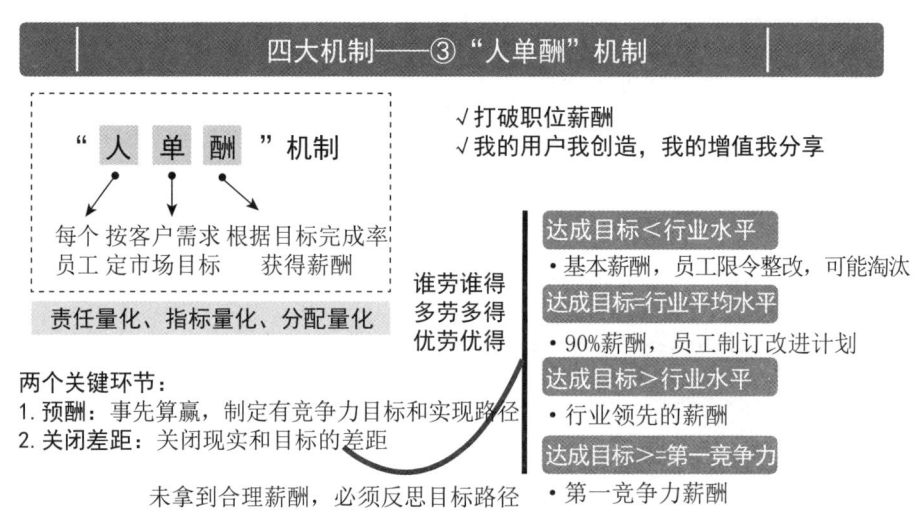

图 4-43　"人单酬"机制

"人单酬"机制包含两个关键的环节：第一个环节是"事先算赢"，即每个自主经营体或员工，都需要事先锁定自己的盈利空间。根据这一原则，他们首先需要明确自己的客户，并且承诺实现第一竞争力的目标。只有目标是第一竞争力的，才能够分享"增值"。第二个环节是"关闭差距"，即关闭现状与目标的差距，关闭差距的本质是闭环优化和持续改进。通过建立"人单酬"机制，海尔希望能够实现"闭环优化"。

第四，"官兵互选"机制。与传统组织相比，"倒三角"最大的变化是颠覆了领导者的位置，将领导从传统的"发号施令者"颠覆为"服务者和支持者"。"去领导化"是海尔组织变革的重要课题，而"官兵互选"则是"去领导化"的重要手段。如图4-44所示。

四大机制——④"官兵互选"机制

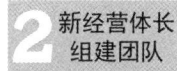

任何员工　公开竞选经营体长

✓打破领导任命制
✓自主筛选领导，让领导成为服务和支持者

拿出实施方案
（预算、预案、预酬等）

新经营体长组建团队

未实现目标可罢免

横向部门、员工、客户

负责筛选经营体长

经营体长　网上发布工作目标
团队员工　根据目标要求制订方案

员工可罢免经营体长

图4-44　"官兵互选"机制

"官兵互选"在"倒三角"组织中建立了上下互动的驱动机制，这是"倒三角"内驱力的另一个重要来源。在海尔，领导者不是由上级来任命，而是采取"官兵互选"来筛选和优化，任何人都可以拿出实施方案，公开竞聘经营体长。经营体长被选出后，可以组建自己的团队。如果自主经营体没有实现预期目标，员工有权力让体长"下课"。通常，如果有超过2/3的员工不认可体长，就可以启动罢免程序，重新选择负责人，并且经营体长无固定任期，可随时接受成果检验和"官兵互选"。

海尔的"倒三角"颠覆了人们对传统组织结构的认知，它让这家传统的家电企业变得日益开放，并向更开放的网络组织发展。

颠覆传统是痛苦的，但是"倒三角"也给海尔带来了丰厚的回报。2007年—2012年，海尔的年度利润复合增长率达到38%，是收入增幅的两倍多，现金周转天数达到负的10天，而同行企业通常在30天左右。此外，"倒三角"组织结构的变更，也进一步促进了"人单合一"模式的形成。

"人单合一"的管理模式是要做每个人的自驱动机制，以不断进行自创新。机会均等的平台机制是自驱动机制的驱动基础。古希腊哲学家柏拉图有一句话说得好，"公平即和谐"，也就是说和谐的前提是公平，我国战国时期的庄子也说过类似的话，"以不平平，其平也不平"，意思是以不公平的机制想得到公平的结果，永远不会得到真正的公平。

海尔在创新实践中以"竞争上岗"和"官兵互选"给每个人以平等的机会体现其自身价值，竞争上岗给每个人平等的参与机会。竞争上岗后并不是固定不变的，在运行过程中还可以进行官兵互选。竞争上岗并不意味着一定能成功，他也可能会懈怠，需要用官兵互选的机制保证动态优化，这又体现了机会的均等。

驱动的基础是机会均等，驱动的目标是为追求动态的一流目标而不断优化人才。市场是动态的，一流的目标也必须是动态的，在目标动态优化过程中，只有不断整合一流人才才能保证一流目标的实现。

在互联网时代要做到这一点，前提一定要是开放的系统。《宏观维基经济学》一书中有一章标题叫作《世界就是你的研发部》，里面有一句话说得非常好："通过一个全球的协作平台，储备大量人才将只会是点几下鼠标就能搞定的事儿。"过去有一些思维误区，一定要把一个外部或者国外非常优秀的人才高薪聘进来，其实未必。目前，海尔在全球各地有5个研发中心，而这些研发人员都是当地人，这些人不一定都是海尔的雇员，海尔与他们之间也可以是一个契约关系。

如果要创造世界一流的目标，却不能整合到一流的人才，那目标的实现就是一句空话；如果要整合一流的人才，就必须是开放的体系。我们创造自主经营体就符合这个要求，因为其具备自组织的两个要素：引进负熵和正反馈循环。引进负熵是为了促进组织从无序到有序，使组织更加充满活力。在自主经营体中，负熵意味着一流的人才。正反馈循环即因果的正相关，"因"就是人，"果"就是市场目标。更高水平的人创造更高的市场目标，更高的市场目标再提高原有人员的能力或整合能力更高的人，能力更高的人再创造更高的市场目标，变成这样一个良性的循环。

随着后互联网时代的到来，企业人才培养，尤其是针对后备干部的"训战一体化"的人才培养模式，成为各个企业战略转型过程中的重中之重。不同的企业所采取的方式不同，但主旨都是通过"训战一体化"的培训模式，让战略在培训中逐步得到落实，促进战略的转型。

第五章

后备管理干部新型培训模式
"训战一体化"的设计

CHAPTER5

第一节 "训战一体化"的前提条件：不同发展层次上的模拟场景开发

后备管理干部新型培训模式"训战一体化"的设计中，开发大量的针对后备干部不同发展阶段的工作模拟场景案例，并将这些场景作为载体，来进行"训战一体化"的具体实施，是培训实施的前提条件。如果没有大量的针对不同发展阶段与层次上的工作场景搜集、整理、归类与提炼，"训战一体化"的开展将是空中楼阁，很容易成为无本之木，无源之水。

在后备管理干部"训战一体化"培训模式中，我们先不要知识、技巧和经验本身，而是转而去寻求形成这种知识、技巧和经验的情境。

根据国外对孩子与成人学习模式的对比研究发现：孩子的学习方式，其有效性和高效性是成人的近 12 倍。除了有效性和高效性外，孩子的学习方式还有不受限制的特点，这往往对创新研究很有价值。

在深入分析了孩子的学习模式后人们发现，孩子的学习方式是模仿学习和反馈学习中得到的直觉学习。这种学习方式与学校教育迥然不同，首先，它源于孩子的天性本能，靠自身启动而非被强加意愿；其次，在孩子获得经验的过程中，他自己并未感觉到在学习，他是在忙于处理并解决问题，甚至处于一种高度投入、忘我的状态；再次，它以效仿为手段，效仿学习的往往是自己未曾经历过的有意思的事情；最后，孩子获得经验的过程，并不依靠某种规则的外力输入，而是靠自身反复尝试，并在第一时间根据反馈结果主动进行调整。

成年后的学习，则开始被框定、被教条与被灌输，逐步丧失真正的思考和质疑，呈现出被动学习状态，对学习缺少自主选择权，更多是消极适应。不像主动学习那样具有很强的内在动机，成年后的学习大多需要外力诱因，需要利益牵引，同时，成年后的学习，传统习惯与既定规则成为了学习的主要内容，而非事物本身的发展与变化，这导致了学习上的刻舟求剑。

后备管理干部人群不同于一般在职人群，他们要起到发动机而非轮胎的作用。对他们的培养，要重新思考如何进入学习的最终目的——解决问题，即通过对他们实施"训战一体化"培训，使他们能够在今后的工作中，运用所学到的知识、经验等，解决遇到的相关问题。

由德雷佛斯兄弟在 20 世纪 70 年代研究提出的德雷佛斯技能模型将人在专业领域的发展过程分为五个阶段，即"新手""高级新手""胜任""精通"和"专家"，并且依据人不同发展阶段的特点和行为方式，将五种发展阶段在总体上分为规则化阶段和场景化阶段，其中"新手""高级新手""胜任"属于规则化阶段，"精通"和"专家"属于场景化阶段。

不同的人才发展层次有需要解决的不同类型和难度的问题，需要不同的模拟场景开发。

第二节　规则化与场景化：对德雷佛斯技能获取模型的延伸思考

"专业级棋手下得好，是因为他们观察到了棋局的模式，记住了一系列的串、形态及其变化，不会允许细枝末节进入自己的短期记忆系统。新棋手则盯住眼下的每一个棋子，因此更加局促和紧张。这两类人看世界的方式显著不同。"

一、德雷佛斯技能获取模型

在诸多反映个人成长规律的理论中，德雷佛斯技能获取模型（Dreyfus Model of Skills Acquisition）受到广泛关注，它将人在专业领域的发展过程分为五个阶段："新手""高级新手""胜任""精通"和"专家"，并且对五个阶段个人发展的主要特征做了如下描述：

1. 新手（Novice）

新手需要详细的指导。新手需要人手把手地教，需要靠入门指导资料提供足够多的图画和充足的可靠信息；而且新手不知道其中的哪些指导在实际中有效，哪些指导更加重要，他会平等均匀地对待这些指导信息。因此，新手需要及时明确的反馈来帮助他获得初始信心。

2. 高级新手（Advanced Beginner）

高级新手对面向单独任务的基本方法已经熟悉，而且可以把它们进行有机组合。虽然高级新手在很大程度上仍然是面向任务而不是面向目标，但他们对目标已经开始有一些理解了。

3. 胜任（Competent）

胜任者已经走到面向目标阶段了。他们可以组合一系列任务以达成某个目标。但是，如果一个人长期处于受训模式，缺乏个人自我价值的追求动力，那么他在大部分技能上很难超越"胜任（competent）"水平，即使他们在每天的日常工作中使用这些技能。这是人的基本特性——在没有真正理解和享受投入带来的独特价值时，对于工作目标，一旦有所收获，个人就不想再投入精力了，这里的收获只不过是把工作做完而已。

4. 精通（Proficient）

达到精通水平时，解决方案开始在人的心目中"慢慢浮现"——而且通常已经基本成型。他们已经具备了形成解决方案主要部分、构件及关键细节的能力，之后就可以根据自己先前的经验积累来对解决方案进行验证和完善。他们仍然会回头，根据接受的基于规则的训练来验证自己行为的正确性，但在这个阶段他们已经相信并有自己的判断了。

在精通阶段，个人已经能够将显性的知识通过在具体情境中的运用转化为自己的宝贵经验和方法论。这是和自我领悟高度相关的，所谓的"师傅领进门，修行靠个人"，精通者绝大部分不是靠师傅教出来的，是个人主动学习、实践、思考总结的结果。

5. 专家（Expert）

想要成为某个领域的专家，需要花费数年的努力才能达成。专家们工作时几乎完全是自觉、自动、自发的状态，他们由于经常沉浸在工作问题的思考和探索之中，他们对要害问题的捕捉和切入很准确，而且很少犯错误。专家靠多年来经验和情境之间的匹配来识别问题的性质，在模糊不确定性的世界中，他们的直觉很准确，并且在专家阶段，个人已经形成了独立解决问题的体系与思想，在复杂多变的世界中，他们可以穿透问题的表象看到本质。他们运用直觉的能力远远超过常人。

二、德雷佛斯技能获取模型的延展思考

通过对五种发展阶段个人的发展特征以及发展需求的分析，可将其分为规则化阶段和场景化阶段，规则化阶段需要按部就班的培训内容，而场景化阶段则需要具体问题具体分析。

"新手"到"高级新手"再到"胜任"阶段基本上是线性量变的过程，需要规则化的训练来实现；而到"精通"和"专家"阶段则是质变，代表了一个台阶的提升，需要场景化的植入来实现。一个人必须有自我主动的积极的选择才能促成这个转变的开始。通过对某件事情重复足够多的次数是可以达到"胜任"的，但要想变得"精通"，则必须要有自我价值实现的追求动力才行。如图 5-1 所示。

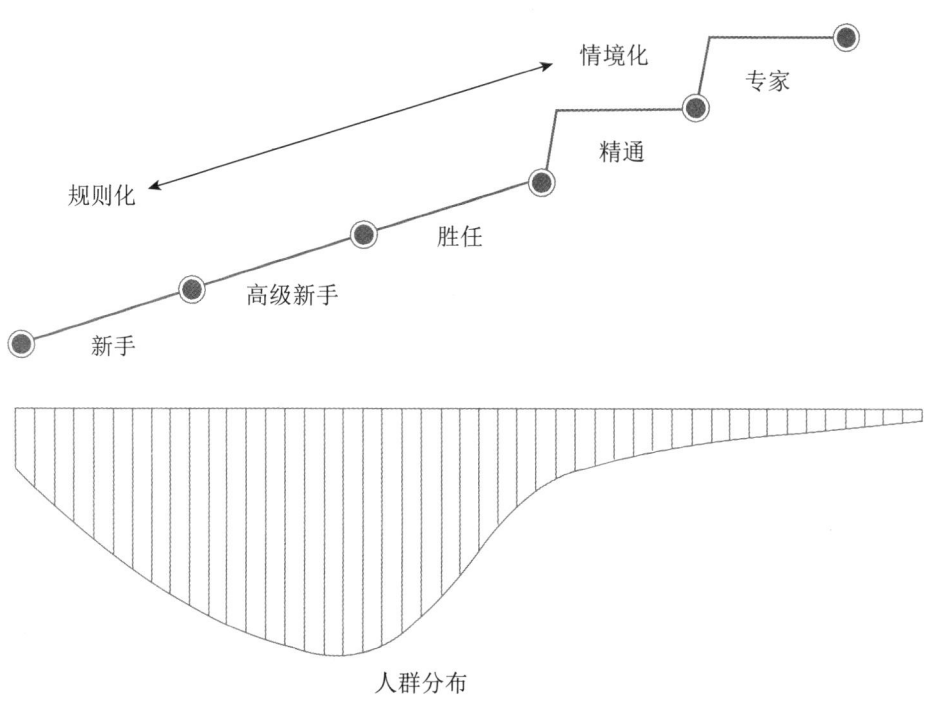

图 5-1　德雷佛斯技能获取模型

规则化阶段的发展过程是线性量变的过程，大量的工作经验的积累可以推动该阶段的人才发展，绝大部分作业型工作人员的成长模式处于规则化阶段。处于该阶段的人员的典型特征是"服从命令听指挥"，他们需要的是明确指令、明确任务和明确目标。对他们的培训方式需要制定任务说明书及操作说明手册。在培训业界，对这类作业型人员可采用"学习路径图"的方式进行训练。通过学习路径图，学员可以快速了解自己所处的阶段以及到下一阶段的一系列工作目标、学习先后次序、学习方法和实践活动，按图索骥地完成各个模块知识技能的训练。

场景化阶段则是一次质变过程，单纯依靠量的积累并不能够实现场景化阶段个人的梯次发展，绝大部分谋略型工作人员的成长模式处于场景化阶段。处于该阶段的人员的典型特征是"主动谋划与思考"，他们需要面对大量的不确定性状况。对他们的培训方式需注重其头脑的运用能力，更要重视其能力素质的提升。在培训业界，对这类谋略型人员可采用"能力素质模型"的方式进行引导式培训、教练式辅导。通过能力素质模型中以关键事件为原型设计的场景化案例，达到测评、培训和工作场景运用的一体化，将素质作为培训的核心，设置针对性的培训课程和学习辅导主题活动，以确保学员可以强化素质、提升短板，并在工作中真正发挥作用。

第三节　作业型－关键任务－学习路径图

一、作业型工作

作业型工作是指为完成某种常规性任务而进行的工作，是一种规则化的、不需要员工灵活应变的工作。员工可通过相关人士的指导或通过一定的教学过程进行学习，学习结束后可以迅速上岗，并掌握相关知识。

绝大部分作业型工作需要的人才发展层次是"新手""高级新手"以及"胜任"，其发展过程是一个线性的过程，通过一定量的积累发展变化。

"新手"在自身专业领域没有经验或者经验很少，他们习惯于等待指令，没有指令之前不敢轻举妄动；"高级新手"在自身专业领域中具有一定经验，开始逐渐摆脱对指令和明确规则的依赖，能够依据过去的经验，在正确的情景或同类的情景下做合理的判断；"胜任"在自身专业领域中已经拥有较为丰富的经验，但还是需要别人给定一个明确的目标，在此前提下他们能够掌握问题的常规处理方法。

对作业型工作人员的培训，应在将目标分解为一系列任务的基础上，着重对其中关键部分（对目标影响较大且多次反复出现的任务）进行加强。

对于作业型员工的中长期培养，则可通过学习路径图进行。

二、学习路径图

学习路径图起源于 GE 金融。当时通用电气公司（以下简称"GE"）要把公司可以外包的职能部门，包括财务、项目管理等外包到人力成本较低的印度，提供外包服务的员工有 12 000 多名，分布在 400 个岗位上，其中包括客户服务、呼叫中心、会计等。如何能够确保印度员工的工作质量和美国本部的员工一样？在史蒂夫·罗森伯姆（学习路径图国际 LPI 创始人、GE 全球学习顾问）的建议下，双方开始了"学习路径图"的合作项目。GE 给每个岗位设计了学习路径图，员工按照学习路径图参与培训，最终职能部门的新员工培养周期缩短至少 30% 的时间。

这一方法被推广到 GE 公司的其他业务部门，缩短的时间甚至更多。随后不到几年时间，学习路径图被迅速推广到 IBM、拜耳医药、汇丰银行、迪士尼、西门子等跨国公司。近年来，中国很多企业，例如中国电信学院、中兴通讯、山东电力集团、中广核、中国银联、广东发展银行、淘宝集团、太平洋保险等都开始引入学习路径图的做法。

学习路径图是以认知心理学为主要理论基础，结合企业岗位特征和员工实际学习成长经验，由组织学习专家编写并通过审核。这是一种在一段时间内相对稳定、有效的员工学习发展方式。学习路径图的搭建基于岗位所对应的关键任务，它的主要功能在于缩短员工达到胜任标准的时间，提高员工成材率。具体来说，学习路径图是员工在企业内阶梯式学习轨迹的动态记载，描绘了基于关键任务的专业技能发展轨迹，设计了从开始培训到员工达到工作胜任标准期间的一系列学习目标、学习先后次序、学习方法和实践活动，以及由此组成的员工发展方案。

在企业中，根据专业分工的不同，可以设立不同的学习路径图，如销售人员学习路径图、生产人员学习路径图等；根据岗位任务的不同，员工可以只跟随一个专业的学习路径图，也可以同时跟随多个专业的学习路径图。

学习路径图有高度、角度、尺度的主要功能。高度功能可以使员工在混沌蒙昧的现状中发现解决之道；角度功能可以使员工从不同的角度看待不同的问题，并为所有培训的管理者和参与者在确定培训策略、开发课程资源、担任讲师和教练、评估培训效果等诸多方面提供统一的视角；尺度功能可以作为企业选、任、用、留、培的标尺，选拔招聘和甄选新员工时，人力资源部和业务部门可以分别根据管理类和专业类的学习路径图精确识别候选人的学习和实践历程，从而判断是否聘用，或者聘用后应补习学习的内容。

一名新员工从入职开始到独立胜任工作可分成以下三个阶段：

第一阶段，员工需要接受培训和适应环境，暂时不能胜任工作任务，不能为企业创造价值。此时，员工对企业的贡献减去企业给他的待遇，结果是负数。另外，如果员工已经上岗，不但不能创造价值，由于其工作的低效以及决策的失误，还增加了时间、人工和物料的成本，抵消了其他员工创造的价值。可以说，此时员工在为企业做"负贡献"，这种状态持续的时间越长，企业的损失越大。

第二阶段，员工能够胜任一部分工作或者熟练水平达到了一定程度。此时，员工的贡献与企业的人力资源投资持平，达到了盈亏平衡点。同时，由于员工的贡献从负数变成 0，因此不再抵消其他员工的贡献，或者拖别人的后腿，从这个角度来看，员工开始有了"贡献"。

第三阶段，员工胜任工作任务，个人贡献大于个人所得，企业的人力资源投资开始有了回报。

学习路径图的作用，是通过针对工作任务开展学习，以员工在学习后能否执行工作任务为学习目标和评估标准的任务模型进行培训，来压缩第一阶段所占的时间，尽早迈入回报期。

学习路径图的要素，可通过国内著名学习路径图专家朱春雷的一个关于孩子学习乐器的例子来说明。

◆ 案　例

我的儿子想学习萨克斯管，于是我带他去上海音乐附中面见老师。老师的建议是：学习萨克斯不如学习单簧管，因为后者的能力覆盖前者，而前者不能覆盖后者。就是说，会吹单簧管的人一定会吹萨克斯，而会吹萨克斯的人则不一定能吹单簧管。同时，对于如何学习单簧管，老师也给出了具体的描述：每周日在音乐附中学习一次，时间是45分钟，其中5分钟练习气息，20分钟考核和纠正上星期练习的曲目，20分钟学习下一星期要练习的曲目；从周一到周六，每天练习10分钟，其中5分钟练习气息，5分钟练习老师布置的曲目。如果学员按照老师的要求进行训练，一年半的时间可以考到3级，三年可考到6级，四年考到8级，五年则可考取10级。如果考取了10级证书，上海的部分高校在学生达到录取分数线后可以给学生加10分。最后，为了证明自己所言无虚，老师拿出了历年来弟子的名单和电话，供家长查证。老师还补充说，所有这些取得10级证书的孩子，都是从零开始学习的，如果你的孩子想学的话，五年时间达到10级水平完全没有问题。

在培训管理员听来，该教师给出的是一条学习路径图的基本要素：

（1）能力定义：演奏单簧管无疑是一种能力。

（2）培训课程：学员需参加每周一次45分钟的培训，有既定的培训教材。

（3）练习强度：练习10分钟。

（4）练习频率：每天1次。

（5）周期：5年。

（6）里程碑分别是3级、6级、8级和10级。

（7）能力的兼容性和培养顺序，即学习单簧管可以兼容萨克斯，反之则不可以，先学习单簧管，后学习萨克斯。

（8）学习动机：获得吹奏单簧管的能力，还可以在升学中得到加分。

（9）准入水平：任何从零开始的孩子。

在生活中，我们可以找到很多类似的例子，特别是在乐器、体育、棋类、舞蹈等领域。当家长送孩子去学习时，都会跟老师交流学习的成果和学习过程，而老师给出的满意答案就是能力培养的学习路径图。

通过正确定义能力内容、设置准入水平、激发学习动机、结合典型工作流程和任务，以及设置能力培养顺序、训练强度、频率、周期、能力稳定点和里程碑等要素，来绘制出更精确的学习路径图。

学习路径图的绘制流程：首先确定战略所需要的职类与职种的划分；其次通过工作分析获得的信息，梳理各职类、职种的工作职责，撰写或完善岗位说明书；然后结合公司业务流程和发展规划，设计不同类别、不同层级人员的胜任力标准；之后根据胜任力标准，推导整理知识、技能和能力等方面的学习要点；最后整理并绘制学习路径图。

1. 职类、职种划分

根据战略与经营模式划分业务功能模块，然后划分支撑各业务模块的子模块，分析现有职位，根据职业性质的相近性分门别类，即职类、职种。最后根据每个职种员工任职资格的不同，划分为不同的层级。职类、职种划分的目的是在公司内部开辟多重员工职业生涯发展通道，明确员工职业发展前景与目标，为建立分层分类的人力资源管理体系奠定基础。

2. 工作分析

通过结构化访谈、工作流程分析、跟岗观察等方法，进行工作内容汇总整理工作。通过鱼骨图分解法逐条分解工作模块和行为要项，获得岗位的工作职责与任职资格体系。

3. 胜任力模型的设计

胜任力模型的构建是学习地图的关键支撑，以职类、职种和职级为基础，明确不同职类、职种的员工在不同成长阶段的胜任力要素和主要行为表现，反映职业发展不同阶段的胜任力要求。

可以通过与公司中高层领导，各职类、职种高绩效任职者，专家的访谈和验证，在此基础上运用工作流程分析、跟岗观察等多种分析手段，进行工作内容汇总整理，建立胜任力模型，确保这个模型紧密围绕公司战略并具备以下四个特点：可衡量或可观察的、全面的、独立的并且具有清晰的描述。胜任力模型开发主要流程，如图5-2所示。

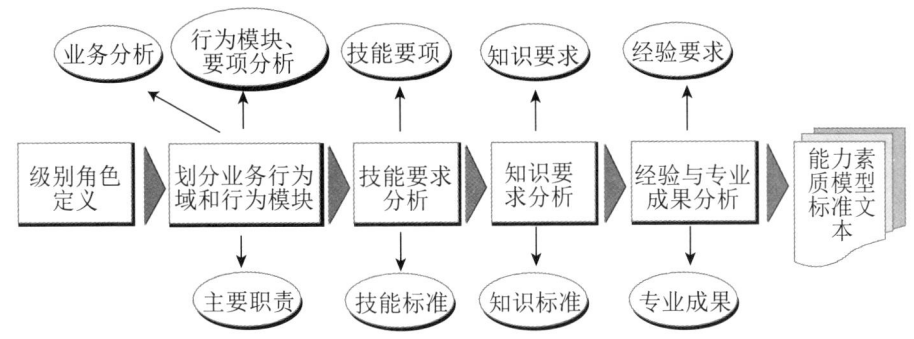

图 5-2 胜任力模型开发主要流程

通过分析行为要项和胜任力标准所对应的知识点，获得员工胜任某岗位所应具备的知识、技能、能力的知识点，进而汇总成学习路径图。其中专业技能课程是完成简单操作工作所具备的课程，专业能力课程是提升潜在胜任力的课程。

4. 基于胜任力的学习资源库建设

绘制员工学习路径图的一个重要环节，是按照胜任力需求为员工确定和开发相应的学习课程与培养方案。针对不同职类、职种和职级，基于胜任力的匹配，明确每个能力及能力等级对应提升的学习内容、学习形式和受众群体，梳理建立适用于各职类、职种和胜任力标准的核心课程体系。

5. 绘制学习路径图

根据不同职类、职种的成长路径要求，将学习资源整理形成相应的晋级包，至此可形成清晰完整的学习路径图，它展示了不同职类与职种、不同阶段胜任力要求及对应的学习资源。员工可以同时关注本专业族群和其他职类、职种的成长路径图与核心课程。

学习路径图既是针对企业自身的，也是针对员工的。对于企业自身而言，学习路径图是从员工实际工作内容中提炼整合而来的，因此是培训管理的指南针，提供管理统一视角，有助于胜任力模型的有效落地；而对于员工来说，学习路径图能清晰地告知员工，岗位任职资格与胜任力的要求、每个阶段的学习内容、努力方向和目标，既有助于员工自身胜任力的提升，也对员工未来的职业发展规划有很大好处。

第四节 谋略型 – 关键事件 – 能力素质模型

一、知识型员工的出现

管理大师彼得·德鲁克早在 1969 年就预言将有一种新的类型的劳动者出现，即知识工作者，他们的职业将由自己所学到的知识来决定，不再依靠出卖体力来养家糊口。他认为，知识工作者是指那些受过教育、掌握和运用理论与概念、利用知识和信息工作的人。他在 1999 年出版的《21 世纪的管理挑战》一书中将"新型经济"的挑战清楚地定义为：提高知识工作者的生产率。

彼得·德鲁克所指的"新型经济"即知识经济，他最初提到的知识工作者主要指管理者，经理人。现代的知识经济环境中"知识工作者"的概念已经被扩大到所有的知识型员工。知识型员工是知识的所有者和运用者，是那些在工作中把知识变为能力、用知识丰富想象、不断推出新的创意、善于灵活运用所掌握的知识去参与竞争的员工。知识型员工与普通员工相比，具有明显的特殊性，表现为：自主性更强，有强烈的学习和创新知识的意愿，有较强的创新能力，有强烈的自我价值实现愿望，工作过程难以监控，工作成果难以评估。

在知识经济时代，知识和信息是生产经营和企业发展的重要资源，而这一资源掌握在知识型员工手中，从这一意义上说，知识型员工是企业的核心员工。按照"二八原则"，企业核心员工会占到企业总人数的 20%～30%，却创造了企业 80% 的财富和利润，企业绩效的主要来源就是知识型员工的绩效。因此，管理和提升知识型员工的绩效和绩效能力已成为管理活动的重要任务和目的。

二、谋略型工作

谋略型工作则是指在多重压力下，运用谋略得到事先形成的定性方案的工作，是指在工作中针对具体的情景，运用谋略使其出现相对应的结果，以达到自己的预期目的，并且情景不同，谋略和方法也不同。

谋略型工作的人才所处阶段是"精通"和"专家",其发展过程是阶梯状质变的过程,通过场景化的训练,以实现不同台阶间的飞跃。"精通"阶段,经验的作用弱化,模式思考占据主要位置;"专家"阶段,专家可以在恰当的情景中选取和应用经验、知识和信息,同时,他们总是不断地寻找更好的方式方法来完成工作,更深入透彻地思考,探求事物的本质、精髓与规律。

因此,以关键事件为基础构建的能力素质模型,有助于谋略型工作特点的人员培养。

三、关键事件

关键事件法是指确定关键的工作任务以获得工作上的成功。关键事件是使工作成功或失败的行为特征或事件(如成功与失败、盈利与亏损、高效与低产等)。关键事件法是一种要求分析人员、管理人员、本岗位人员将工作过程中的"关键事件"详细地加以记录,并在大量收集信息后,对岗位的特征和要求进行分析研究的方法。

关键事件法是由美国学者福莱·诺格(Flanagan)和伯恩斯(Baras)在1954年共同创立的,它是由上级主管记录员工平时工作中的关键事件:一种是做得特别好的,一种是做得不好的。在预定的时间,通常是半年或一年之后,利用积累的记录,由主管与被测评的员工讨论相关事件,为测评提供依据。

关键事件法包含了三个重点:第一,观察;第二,书面记录员工所做的事情;第三,有关工作成败的关键性事实。其主要原则是认定员工与职务有关的行为,并选择其中最重要、最关键的部分来评定其结果。它首先从领导、员工或其他熟悉职务的人那里收集一系列职务行为的事件,然后描述"特别好"或"特别坏"的职务绩效。这种方法考虑了职务的动态特点和静态特点。对每一事件的描述内容,包括:第一,导致事件发生的原因和背景;第二,员工的特别有效或多余的行为;第三,关键行为的后果;第四,员工自己能否支配或控制上述后果。

在大量收集这些关键事件以后,可以对它们做出分类,并总结出职务的关键特征和行为要求。关键事件法既能获得有关职务的静态信息,也可以了解职务的动态特点。

基于上述理论基础，进一步提出区分性关键事件，为能力素质建模提供了行为搜集的规范标准，同时区分性关键事件的提出，在人才评鉴和发展领域具有重要价值。

区分性关键事件评鉴技术是指通过对实际工作情景中关键事件的精心加工和再设计，运用关键事件诱发能力素质（Competency）、捕捉能力素质的一种高端人才评鉴技术。它以工作情景中的区分性关键事件作为测验的基础，选取合适的事件是其关键。

区分性关键事件评鉴对事件的选取有四个方面的要求：

（1）结构要素。必须包括事件背景、事件内容、实际行为和事件结果四个关键要素。

（2）有效性。必须是绩效关联事件，能区分优秀绩效和普通绩效。

（3）目标性。事件包含一个或若干个能力素质（Competency）元素，能激活、诱发能力素质。

（4）选取条件。通常是工作和组织情景中的两难性、复杂性或突发性事件。

四、能力素质模型

能力素质模型是为了完成某项工作，达成某一绩效目标，要求任职者具备的一系列不同素质的组合。能力素质模型是以"行为"来阐释与描述能力素质的工具。

著名的心理学家、哈佛大学教授大卫·麦克里兰（David McClelland）博士是国际上公认的能力素质方法的创始人。他所领导的研究小组经过大量深入研究发现，传统的学术能力与知识技能并不能预测工作绩效的高低和个人生涯的成功，相反，从根本上影响个人绩效的是诸如"成就导向""人际理解""团队领导""影响能力"等一些基于个人内在深层动机表现出来的思维和行为模式，他们称之为领导力。小组又进一步将其明确定义为："在特定的工作岗位和组织环境中，能区分杰出绩效水平和一般绩效水平的个人行为特征。"

行为事件访谈法（Behavioral Event Interview，简称 BEI），是哈佛大学心理学教授麦克里兰最早创造出来的，是一种开放式的行为回归式调查技术，类似于绩效考核中的关键事件法。

应用这种方法，先找出杰出绩效的优秀人员和一般绩效的普通人员，分为优秀组和普通组两组，通过挖掘其个人经历中的关键事件，采用对比分析思维、行为的方法，总结出优秀组和普通组在思维方式和行为模式上的差异。如图 5-3 所示。

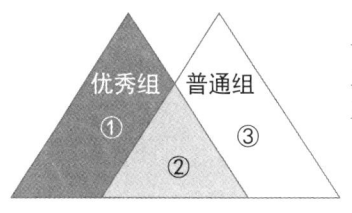

以"行为"提炼区分要素

一、选取从事同类工作的两组人员，分为优秀组和普通组
二、分别对优秀组和普通组人员进行行为事件访谈（BEI）
三、根据访谈结果得出的大量行为素材进行归类整理，得出三类能力素质
　1. 优秀组特有的区分要素
　2. 优秀组和普通组共有的基本要素
　3. 普通组特有的无关要素或负向要素
四、根据优秀组特有的区分要素确定能力素质，并进一步确定能力素质模型

图 5-3　行为事件的访谈法

一般而言，优秀者所表现出来的思维和行为在普通者身上是找不到的，这恰恰是研究小组所需要的称之为可"编码"的信息。将这类思维和行为按照不同的特质单元进行归类，并根据难度划分层级，最终研究小组就得到了体现优秀组与普通组之间差异的整套体系，逐步积累形成能力素质模型。如图 5-4 所示。

按不同的特质　　　　　按不同的难度　　　　　形成整套体系
单元分类　　　　　　　划分层级　　　　　　　能力素质模型

图 5-4　能力素质模型的形式

能力素质模型的具体构建流程如下：

（1）定义绩效标准。绩效标准一般采用工作分析和专家小组讨论的办法来确定，即采用工作分析的各种工具和方法明确工作的具体要求，提炼出鉴别优秀员工与一般员工的标准。专家小组讨论则是由优秀的领导者、人力资源管理者和研究人员组成专家小组，就此岗位的任务、责任和绩效标准以及期望优秀者表现

的行为和领导力模型特点进行讨论。

（2）选取分析绩效的样本。根据岗位要求，在从事该岗位的员工中，分别从绩效优秀和绩效普通的员工中随机抽取一定数量的员工进行调查。

（3）获取样本有关能力素质的数据资料。可以采用行为事件访谈法获取。

（4）建立能力素质模型。通过行为访谈报告提炼能力素质，对行为事件访谈报告进行内容分析，记录各种领导力在报告中出现的频次。然后对优秀组和普通组的要素指标发生频次和相关的程度统计指标进行比较，找出两组的共性和差异。根据不同的主题进行能力素质归类，并根据频次的集中程度估计各类能力素质组的大致权重。

（5）验证能力素质模型。验证能力素质模型可以采用回归法或者其他相关的验证方法。

能力素质模型的构建，有助于帮助学员明确培训需求，按照能力素质模型中涉及的能力素质要求设置培训课程，在最大程度上确保学员学到技能，而且在实际工作中能够真正发挥作用，提高同等培训的综合收益，降低培训成本，增强人力资本培训的有效性。

第五节 提出一个好问题：问题的搜集、澄清与归类

在后备管理干部新型培训模式"训战一体化"的设计中，提出一个好问题扮演着重要角色。首先员工提出一个好的问题，然后通过对员工所有问题的搜集、分类，在培训过程中集中分析解决，并对解决方案进行总结归类，使得员工通过培训解决他们带来的问题，并带走相应的解决方案，由此提高员工工作绩效，达到"训战一体化"的目的。

在企业员工培训中，问题的搜集、澄清与归类，主要是落实在培训的前期准备阶段。要求学员提出问题，并对学员的问题进行搜集、澄清与归类。

一、问题的搜集

在培训前搜集两类问题：一是自身工作中的问题，主要指学员在工作中亲身经历或遇到的问题（个人工作职责范围内的问题）；二是学员认为需要在培训中待集中研讨的问题，主要指待改善优化的问题（跨部门流程、公司管理机制等非个人工作职责上的问题）。如图 5-5 所示。

自身工作问题

主要指自己在工作中亲身经历或遇到的问题（个人工作职责范围内的问题）

待集中研讨问题

主要指待改善优化的问题（跨部门流程、公司管理机制等非个人工作职责上的问题）

个人行动学习

绩效指标落实　当年工作重点　自身职责权限范围内的问题　团队管理　部门内工作优化

团队行动学习

跨部门协同　组织流程优化　整体协同创新　落实战略主题　改革创新探索

图 5-5　问题的搜集

其中自身工作问题包括现在的问题和过去的问题，现在的问题是"正在困扰我的"问题，而过去的问题则是"我当时没有处理好的"问题。针对这些问题，展开描述。譬如"如何处理员工在接受新工作时存在的抵触情绪问题？""如何在超出我工作范围内安排工作，遇到需要协调的问题没有人接应，或者互相推诿怎么办？""对于大龄、老资格员工或偏重家庭的女职工，有哪些实用手段调动其工作积极性？""针对部门或单位各类具体工作，如何掌控全局并预测结果？"

在问题搜集的过程中，要求员工对于自身问题进行描述。现在的问题可以从问题的背景（S），即这个问题是在什么样的背景下产生的（时间、地点、起因），以及面临的任务（T）与最大的困难这三个方面进行描述；而对于过去的问题则是从（目前已经/准备）采取的行动（A）和（目前已取得/可能取得的）结果与影响（R）两个方面进行描述。对于这两类问题的描述，英文简称 STAR。如图 5-6 所示。

现在的问题

过去的问题

问题具体情况

S 问题背景
这个问题是在什么样的背景下产生的？（时间、地点、起因）

T 面临的任务
当时面临的任务是什么？最大困难是什么？

A（目前已经/准备）采取的行动
为了应对问题，你已经采取了哪些行动？
还准备采取哪些行动？

R（目前已取得/可能取得的）结果与影响
目前已取得的结果是什么？你有哪些不满意的地方？

图 5-6 自身工作问题的描述

待集中研讨问题的描述则可参考如下例子："你认为公司在哪些方面还存在问题或面临挑战？""你认为你所在部门或单位在哪些方面还存在问题或需要进一步提升？""你今年的工作重点有哪些？重点要解决哪些问题？""请描述一个你希望在培训中与大家集中研讨的问题。"

◆ 案　例

某培训班在开班前对学员进行课前问题搜集，学员带来两个问题，一个是自身工作问题，另一个是待集中研讨问题。

（一）自身工作问题

1.问题简要描述

请简要描述一个你近期自身工作中遇到的较为棘手的问题。

我所在的部室人员结构不太合理，老员工居多，年轻的员工还在成长锻炼和培养之中，同时女员工比例占到了半数，在众多而且繁重的任务面前，部室的员工感到了较大压力，我也常常感到人手紧缺，每天处于加班状态，甚至周末都不能正常休息，这种状况已经持续了很长时间。如何既好又快、保质保量地完成任务，同时缓解员工的工作压力并保持身体健康，是目前部室员工管理中较为棘手的问题。

2. 问题具体情况

S 问题背景：

（1）这个问题是在什么样的背景下产生的？（时间、地点、起因）

2016年是全面实施"十三五"规划的开局之年，省公司已经明确了"十三五"电网和公司发展目标，要求全面加强人力资源核心支撑能力，并开展了一系列强化管理的工作，确保出色完成省市公司人力资源管理的各项重点工作是我们部门紧迫而又艰巨的任务，也是我们义不容辞的责任。各项工作的全面铺开，时间紧、任务重，涉及的层面多，在具体工作中遇到的困难也多；同时部室的人员欠缺，对出色完成各项任务，面临着人力资源匮乏的问题，需要尽快有效解决。

T 面临的任务：

（2）当时面临的任务是什么？最大困难是什么？

当前，按照计划安排，有多项重点工作同时开展，都需要按照时间高质量地完成。但是在多个岗位上出现了人员出差、员工培训和有事请假的情况，目前在岗的员工需要同时开展两项以上的工作，工作时间有叠加，还存在对替代的工作不熟悉、背景资料缺乏、精力不足和新员工培养未到位等难以应付的状况，员工工作压力和精神压力都很大，极易出现疲惫或者影响工作质量的情况。

A（目前已经／准备）采取的行动：

（3）为了应对问题，你已经采取了哪些行动？

目前，我采取了下列具体的措施：

一是召开部门会议，学习贯彻省市公司有关工作要求，统一思想，明确任务，使员工认识到2016年工作在"十三五"开局之年的重要性，人力资源工作在公司管理中的核心支撑作用，树立员工的责任感和使命感，提高大家克服当前困难的信心。

二是组织部门人员梳理近期工作重点，对各项工作制订计划，引入多项目管理的理念，合理安排工作程序，把握工作节奏，使大家工作忙而不乱。

三是重新完善了部门工作制度，明确了各岗位的职责分工，强调岗位职责的第一责任制以及沟通协调的有关要求，保持工作的连续性和相互配合，提高工作质量和效率。

（4）还准备采取哪些行动？

下一步，准备采取的措施有：开展部门文化培养活动，凝聚部门的团队意识，增聚合力，进一步提高员工的工作配合度、参与度和工作效率。同时，还要借助部门会议或者休息的时候，增添有益的小活动，如开心一刻座谈、绕湖健步走等，调节员工的情绪，缓解压力，合理安排工作节奏，使员工保持饱满的工作状态。给新员工压担子、给机会，并发挥老员工经验丰富的优点，进行师带徒活动，尽快提高新员工的工作能力，早日培养成才，胜任重要的工作任务，从根本上改善人力资源紧张的局面。

R（目前已取得/可能取得的）结果与影响：

（5）目前已取得的结果是什么？你有哪些不满意的地方？

经过一系列强化管理和培训的措施，部门紧张的工作状况一定程度上得到了缓解，重点工作已经逐步按照计划进行，员工的工作热情得到了提高。不足的是，新员工的培训需要一个过程，同时，如何做到在繁重的工作中确保不出疏漏，确保工作成效，还需要采取进一步的措施。

（二）待集中研讨问题

（1）你认为公司在哪些方面还存在问题或面临挑战？

在人力资源方面，公司目前存在着整体超员和结构性缺员并存的问题。一方面人员数量多，按照公司的规模、售电量、营业收入等核算的定额，还存在着超员问题；但是另一方面，在生产和营销的一线单位和班组，有能力开展工作、胜任目前公司发展各项管理要求的人员却存在着匮乏现象，也就是说，干活的人少，吃饭的人多。这是阻碍公司高速发展、跨越式发展的较大的问题。

（2）你认为你所在部门或单位在哪些方面还存在问题或需要进一步提升？

创新是引领发展的第一动力，人力资源管理更需要创新变革，破解发展难题，突破瓶颈制约，提高发展能力。需要破解队伍配置结构失衡难题，建立吸引员工从超员岗位向缺员岗位流动的良性机制，实现人员均衡配置，同时还要研究制定富余人员的转待岗和培训机制，以及对超缺员部门的激励约束机制，实现岗位的能上能下，调动员工的积极性；同时要研业务外包等办法，多措并举，解决难题。

（3）你今年的工作重点有哪些？重点要解决哪些问题？

今年的工作重点和重点解决的问题主要是：深化三全、三定、三考管理，认真研究人力资源管理工作存在的问题，重点解决公司用工总量多但人才当量密度低、员工队伍配置失衡、机构设置和职责界面优化调整不能满足快速发展的需要、绩效管理的激励导向作用发挥不充分等问题。

（4）请描述一个你希望在培训中与大家集中研讨的问题。

目前，各单位的绩效管理工作开展效果不太理想，主要是如何解决部门管理的指标量化和班组工作积分化存在的问题，如何在基层有效开展绩效管理，并得到职工的认可、接受和学习执行，需要更多的研究和讨论。

二、问题的澄清与归类

针对学员提交的自身工作问题以及待集中研讨问题，进行问题的澄清与分类，为行动学习主题的确定提供依据。

学员在行动学习阶段需完成两种行动学习任务：第一种是个人行动学习，是在自己的职责范围内运用所学解决自身工作难题；第二种是团队行动学习，是以团队为单位认领公司部署的战略主题，通过团队群策群力和策略研讨形成初步解决方案，分配任务后在后续岗位实践环节中操作执行，形成阶段性或最终性的团队攻坚汇报成果。

个人行动学习主题源于集训前学员自己带来的个人问题，学员通过集训前期的学习所得，进行对下沟通和团队管理、部门内工作优化、当年工作重点及工作问题以及绩效指标落实，解决自身职责权限范围内的问题，提高自身工作绩效。

团队行动学习的主题源于集训前学员带来的待解决问题，通过落实战略主题、改革创新探索、组织流程优化以及跨部门协同，促进团队整体协同创新，以促进公司战略的实施。如图5-7所示。

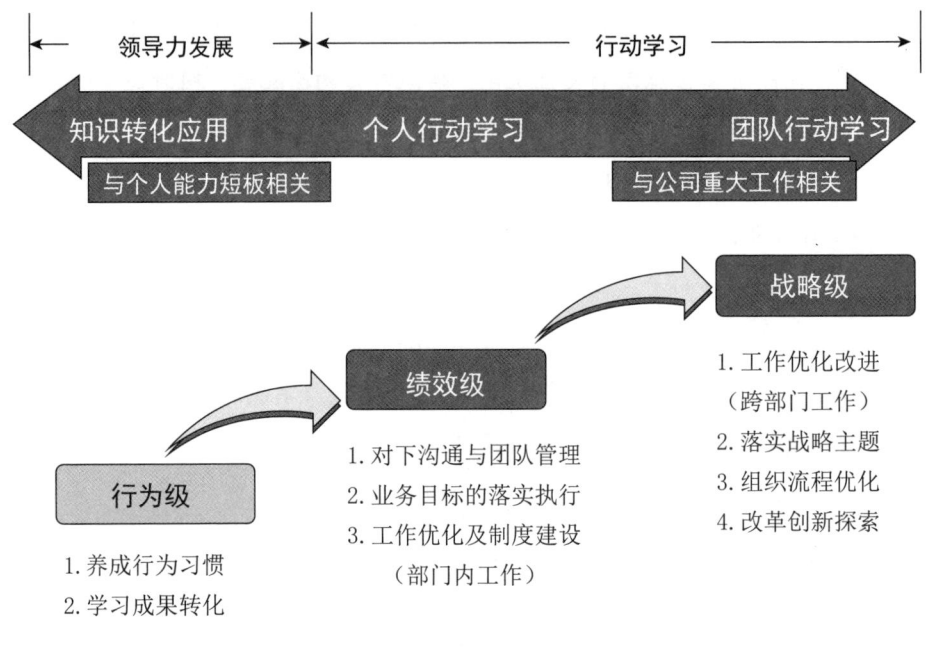

图 5-7　问题的澄清与归类

　　通过问题的搜集、澄清与归类，使得学员将问题带入到培训中，通过将问题归类进而对学员进行有针对性的理论方面以及实践方面的培训，并通过团队研讨的方式，针对待解决问题进行研讨，从多角度寻求最佳解决方案，最终实现学员带着问题来，带着解决方案走。

　　此外，问题的搜集、澄清和归类过程中，尤其是自身工作问题和待解决问题的区分，对于后期问题树的搭建具有极其重要的作用，是问题树主干部分和枝叶部分划分的主要依据。

第六节　问题树搭建：职责内问题与跨领域问题

　　后备管理干部新型培训模式"训战一体化"的设计中，在针对问题的搜集、澄清和归类后，应将问题按照一定层次搭建起完整的架构，形成一个树状结构。这个过程我们称之为"问题树的搭建"。

问题树的搭建所需要的问题可分为职责内问题和跨领域问题。其中，职责内问题属于个性问题，即树的各部分枝条叶片，需要通过课程外学习来解决；跨领域问题属于共性问题，即树主干上的关键问题，需要通过培训课程、组团讨论解决。

在问题树的搭建过程中，各种丰富的以调动学员表层兴趣与内生动力的活动形式与课程相结合，采用仿真类模拟活动对学员进行针对性的触发感受、引发思考、联系实际的培训，在培训中提供机会，让学员在与其工作环境相似的条件下实践学到的知识与技能，掌握好循序渐进的节奏，强化后备管理干部主动学习的内生动力。如图5-8所示。

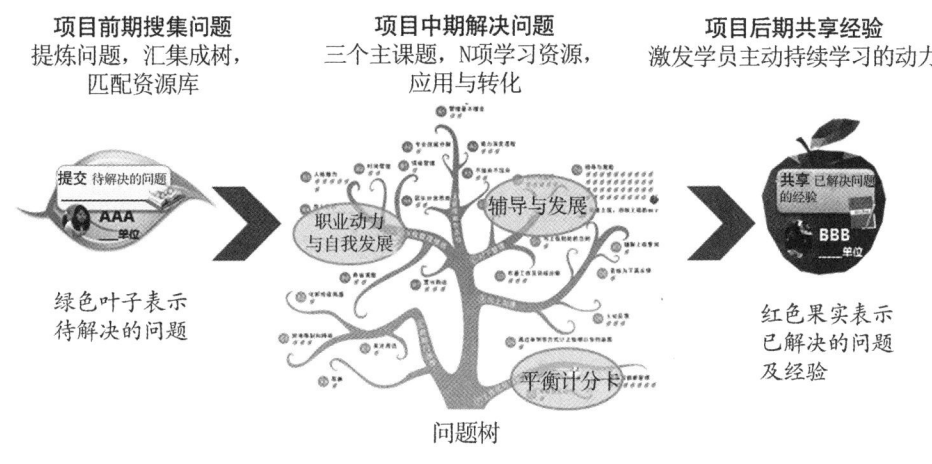

图 5-8　问题树

后备管理干部新型培训模式中问题树的搭建过程分为三个阶段，即前期、中期和后期。前期是搜集问题、提炼问题、汇集成树以及匹配资源库；中期则是解决问题并进行相关课程的学习、多项学习资源的分享以及应用和转化；后期是共享经验，激发学员主动持续学习的动力。如图5-9所示。

一、前期阶段

前期阶段主要是搜集问题，包括调研与问题收集、问题树的搭建以及问题的提炼和归类、依据问题树匹配设计学习资源三个环节。

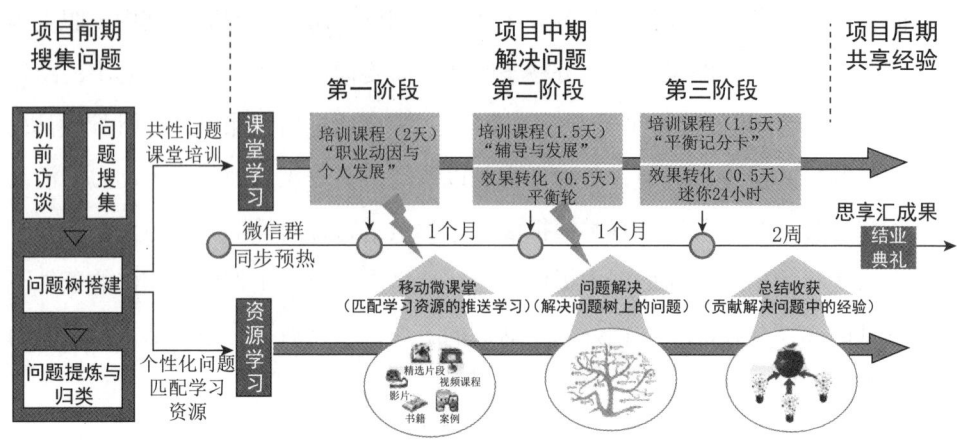

图 5-9　问题树搭建的三个阶段

1. 训前调研（访谈）+ 问题搜集

在前期阶段，需要进行调研和问题搜集工作。调研访谈可以采取面对面进行的方式，从公司发展对后备管理干部的要求、直接上级期望、学员自身发展等方面来确定待解决的问题。其中，面对面访谈人数抽样人数应为培训学员总人数的20%。之后对搜集的问题进行整理，并形成问卷形式，对全部学员进行调研。最后对调研结果进行分析，将共性问题放到课程内容设计中，个性化问题则放到学习资源设计中。如图 5-10 所示。

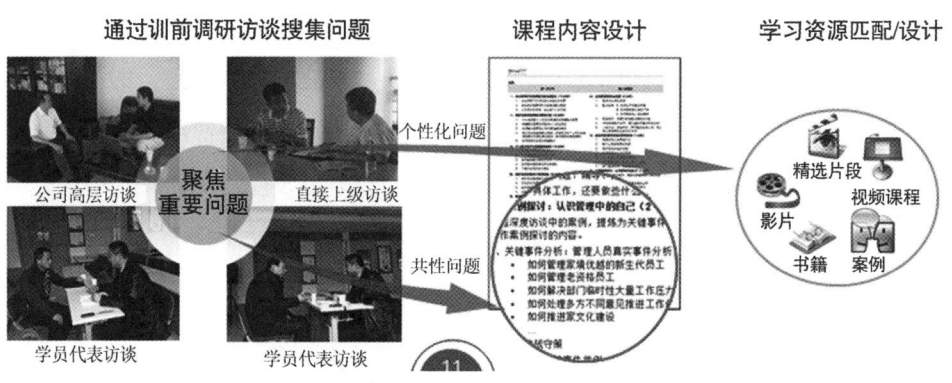

图 5-10　调研与问题搜集

2. 问题树的搭建、问题提炼与归类

针对搜集到的问题，按相似度进行提炼和分类，并且依据对问题的共性和个性的判断搭建问题树，共性问题作为问题树主干的关键问题，个性问题则作为问题树各部分的枝条叶片。如图 5-11 所示。

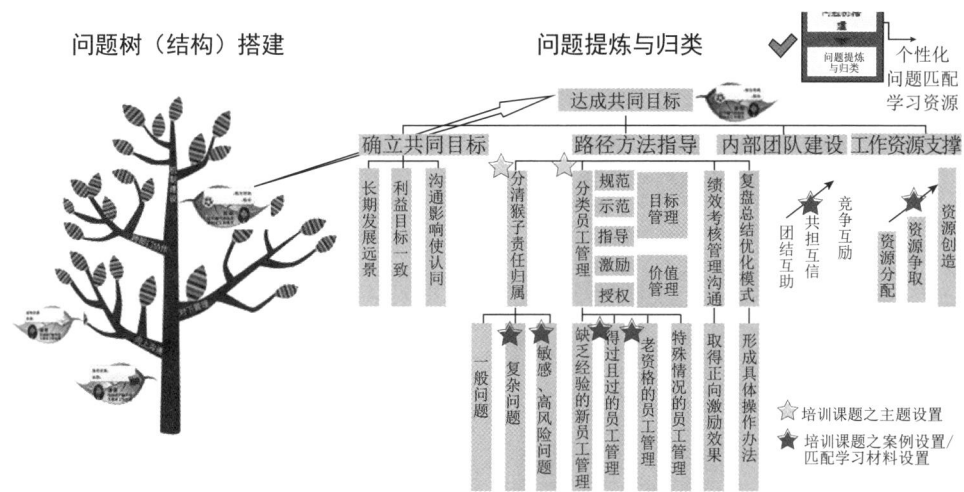

图 5-11　问题树的搭建及问题的提炼与归类

3. 据问题树匹配设计学习资源

通过对问题的归纳和分类，针对共性问题，将其纳入课堂培训内容设计中，而个性问题则是相应地匹配学习资源。图 5-12 为深圳供电局科级干部培训班问题树及匹配学习资源。

二、中期阶段

中期阶段主要是解决问题阶段，同时进行课堂学习和资源学习，将二者紧密结合、互相融合，共同解决学员的共性问题和个性问题。其中，在课堂学习中，通过聘请相关专业的讲师进行授课，解决学员的共性问题，提高团队合作能力。对于前期搜集到的问题，由学员按原问题认领的形式，在接下来的时间内通过两人小组"结对"进行。

在资源学习中，则可采取移动微课堂形式，线上线下联动，帮助解决学员个

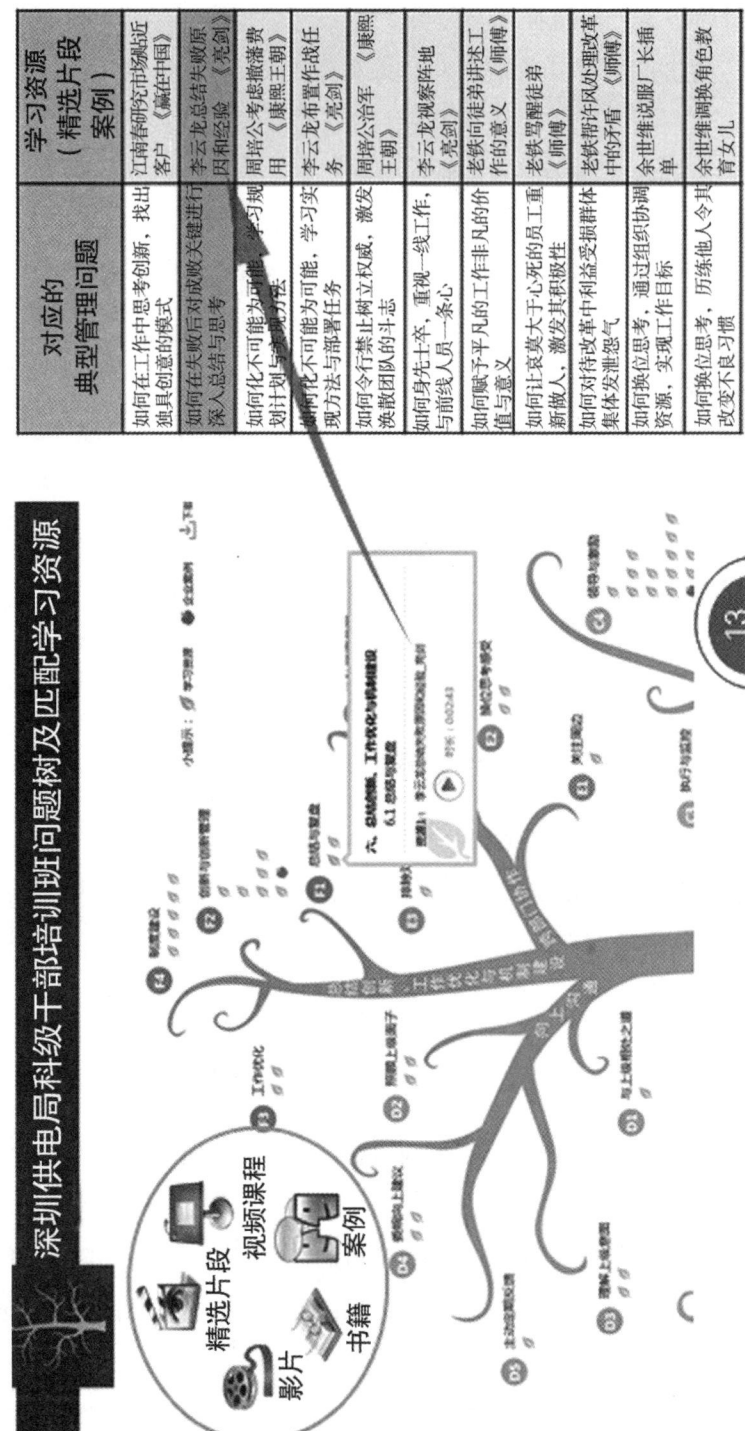

对应的 典型管理问题	学习资源 （精选片段 案例）
如何在工作中思考创新，找出独具创意的模式	江南春研究市场贴近客户《巅峰中国》
如何在失败后对成败天键进行深入总结与思考	李云龙总结失败原因简经验《亮剑》
如何化不可能为可能，学习规划计划与实现的方法	周培公考虑撤潘费用《康熙王朝》
如何化不可能为可能，学习实现方法与部署任务	李云龙布置作战任务《亮剑》
如何令行禁止树立权威、激发涣散团队的斗志	周培公治军《康熙王朝》
如何身先士卒、重视一线工作，与前线人员一条心	李云龙视察阵地《亮剑》
如何赋予平凡的工作非凡的价值与意义	老秩向徒弟讲述工作的意义《师傅》
如何让灰意灰大于心死的员工重新做人、激发其积极性	老秩骂醒徒弟《师傅》
如何对待改革中利益受损群体集体发泄怨气	老秩所许风处理改革中的矛盾《师傅》
如何换位思考，通过组织协调资源，实现工作目标	余世维说服厂长埋单
如何换位思考，历练他人令数育改变不良习惯	余世维调换角色教育女儿

图 5-12　深圳供电局科级干部培训班问题树及匹配学习资源

性问题，并相应进行效果转化，以促进学员个人能力的提升。

移动微课堂通过对匹配性学习资源的微信推送，帮助学员在离开课堂后进行持续学习。微信推送内容为热门影视解析、经典案例、课程补充材料等高关联主题，持续周期可以为一个月。如图5-13所示。

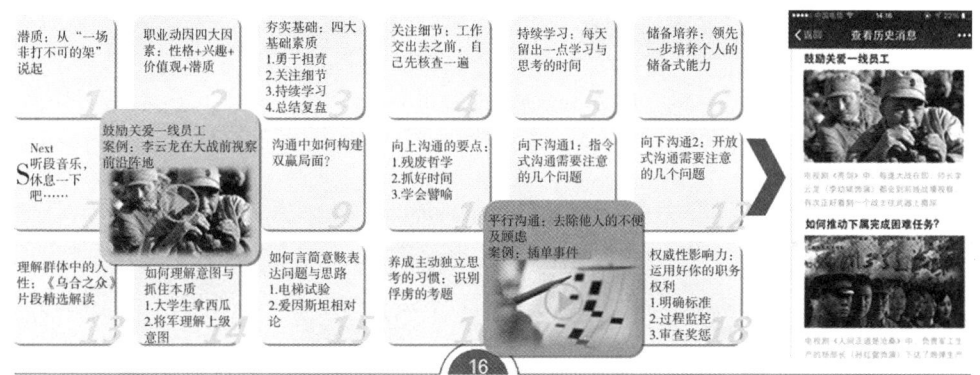

图5-13　移动微课堂

三、后期阶段

后期阶段主要是共享经验暨结业典礼。

共享经验主要是通过思享汇这一形式进行，思享汇主要将每个两人小组所解决问题的经验进行提炼总结，并将每个人的经验整合到一个公共平台进行分享汇集。思享汇成果如图5-14、图5-15所示，分为线下成果和线上成果。线下成果，问题解决评奖仪式；线上成果，将问题解决的成果形成经验，在微信公众号上进行发布。

最后通过结业典礼，一方面对聚集问题解决成果的问题树进行展示和总结，另一方面对培训期间表现优异的学员进行表扬，以激励学员的积极性。

问题树搭建过程中，作为枝叶的个性问题可以通过个人行动学习解决，顾及个人的能力短板，提高个人的综合能力和素质，提升个人绩效；而作为主干的共性问题则可以通过团队行动学习解决，提高整个团队的工作效率。

因此，搭建问题树，可以调动学员的积极性，增强学员自主学习能力，也能够提高其应用知识、解决问题的能力。

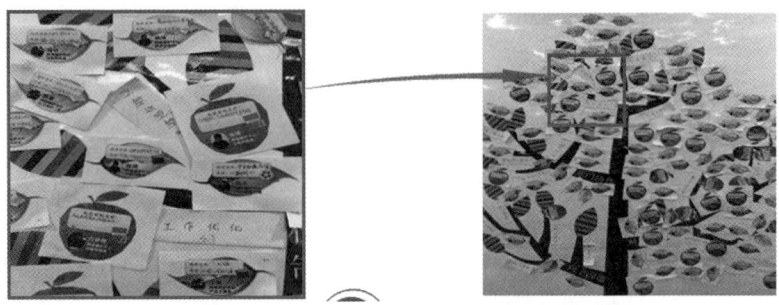

图 5-14　思享汇成果（一）

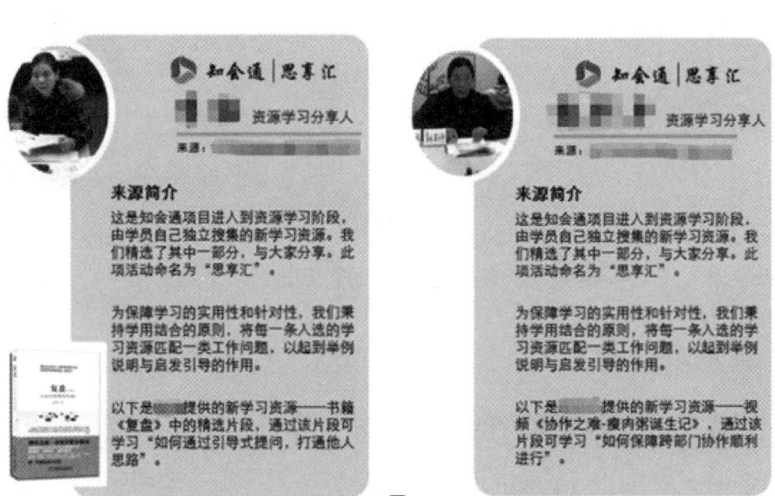

图 5-15　思享汇成果（二）

后备管理干部新型培训模式
"训战一体化"的运作模式

CHAPTER6

第一节 "训战一体化"开展形式之一：互帮互助式教学

一、"学员教学员：百年管理史"简介

（一）定义

管理学基础主体采用"学员教学员"的新型培训方式进行。"学员教学员"是从"学习关系上（师生、生生）"的角度进行定义的，与之相区别的是在培训课程中导师的"独角戏"。"学员教学员：百年管理史"主要是指学员在管理学基础知识的学习活动过程中具有双重身份，即学习者和"小老师"。在分组、合作的学习过程中，每个学员既向其他学员学习，又成为其他学员的小老师，因而他们之间是相互教学、相互学习的关系。

"学员教学员：百年管理史"的教学模式倡导学员之间相互学习和彼此交流，小组互动合作学习就是一个有效的尝试，在小组成员间的互探、互学、互帮、互促的过程中，将个人对管理学的发现、理解与经验转化为共同的财富，这样就提高了学员学习的主动性，帮助学员快速消化吸收知识，提高自身能力。"学员教学员：百年管理史"的模式在培养学员对管理学认知和合作学习方面有重要的作用。在该培训模式的环境下，导师扮演的是管理员、教练员和裁判员的角色，指导课程的顺利开展；而学员扮演着双重身份，共同研讨，加深对问题的理解。"学员教学员：百年管理史"培训模式具有以下优点：

（1）互动性强。"学员教学员"培训模式可以调动学员的积极性，鼓励学员分享自己的见解与知识，让全体学员都参与进来，让学员和讲师之间互动起来，甚至让全班的所有学员之间互动起来。

（2）打破"一言堂"。"学员教学员"的培训课程中，对管理学的认识没有所谓的"标准答案"。导师会适时地将学员引导至预期的结果方向，但不是靠自己去一步一步演绎、归纳。

（3）学员为主角。导师扮演的是引导者的角色，整个培训的主角是学员自身，从其参与学习、分享自己对管理学的理解，到积极地发言探讨、得出成果等，这些都是以学员为主角的。

（4）趣味性强。这种教学方式是不会让学员昏昏欲睡的，它可以将枯燥无味的管理学理论、抽象的内容，通过这种互动性强的模式变得趣味盎然。

（二）实施方法

该课程流程包括趣味导入、呈现任务，分组合作、任务分解，探究分析、组内交流，资源整理、结论汇报，组间协作讨论，导师补充评价、深化学知，反思总结、成果展示这七个步骤。在前五个步骤中，学员具有双重身份，既是学习者，又是小老师，学员既要对自己的任务部分进行学习，接受来自其他学员的提问，还需要以小老师的身份向其他学员进行讲述和提问，并且是在合作、对话的环境中完成学习内容。

1. 趣味导入、呈现任务

导师在动员时首先对百年管理历史画卷进行简单的描述，同时提出适合于学员的任务，调动学员的积极性。此时，学员应迅速进入学习情境。

2. 分组合作、任务分解

导师根据学员的年龄、学历、工作经历、职位因素等，将学员划分为一个个由3~7人组成的小组，小组成员要多样化，这样他们在学习和讨论管理学基础知识时，表达不同意见的机会就多些，学员对管理学理论的理解也就更深刻。学员在组内选出一名负责人，以小老师的身份，根据成员的学习兴趣和能力等综合因素，对任务进行恰当的分解，分配给各个组员。

3. 探究分析、组内交流

主要是针对组内成员而言，该阶段是组内每个成员依据自己的任务搜集资料后，将近百年的管理发展史各阶段的代表理论、代表人物、理论的承前启后、同时代理论流派间的争论博弈进行系统化梳理，以小老师的身份在组内讲述和交流，同时以学习者的身份听取同组成员的讲述。在此过程中，每个人都需要做好笔记，并且提出自己的理解和质疑，继而完善资料。由此便形成一个小型"学员教学员"的小班级。

4.资源整理、结论汇报

各组内成员以 Word、PPT 等方式整理好资料后，每组选择负责人担任小老师在班内进行讲述和演示本组的成果，其余各组成员和本组其他成员认真听小老师的汇报，并做好相关笔记。各个"学员教学员"的小班级聚集成了原有的班级，此时的每个学员仍是具有双重身份。

5.组间协作讨论

各组进行汇报后，其他组所有的成员以小老师的身份对其汇报的内容进行评价并提出意见，深度探讨、分享交流管理学基础理论知识。在此过程中，每个人都需要做好相关意见的记录。这时的每个学员都是学习者，也是小老师。

6.导师补充评价、深化学知

指出学员忽略的知识点，也可以引导学员讨论仍存在的问题，共同研究，深化对管理学相关知识的认识和了解，以拓宽知识面，提高思维能力。

7.反思总结、成果展示

主要是根据上两个环节中针对其他组和导师提出的意见和评价，组内再进行交流和协商，对已有成果进行修改、补充和完善，并最好以 Word 或 PPT 等方式展示成果。此时，组内在进行交流和协商时，每个成员依然具有双重身份。

◆ **企业实例**

2016 年以来，江苏省南通市崇川区人民检察院试行"检察官互教互学"业务培训模式，并逐渐以"互教大讲堂"的方式固定下来。据介绍，"互教大讲堂"的授课老师都是该院的干警，来自各个业务部门，讲授的主题有实务有理论，紧紧围绕该院执法办案工作实际，具有极强的针对性。为将"互教大讲堂"自主培训活动制度化下常态化，该院出台了关于《开展检察官全员专题业务讲座的实施方案》，对"互教大讲堂"的原则、培训范围、培训内容、评估反馈等多个方面做了规定。

资溪供电公司饶桥 35KV 变电站也开展过互教互学。一群从事变电运行的员工正围着一位检修变压器的师傅学习，听他给大家讲解变压器维修原理及技术，不同专业的人员"互教互学"在资溪供电公司随处可见。资溪供电公司结构性缺员非常严重，以前大部分员工对自己岗位的专业知识较为熟悉，对其他专业的知识知之甚少，员工综合素质和技能普遍不高，员工岗位间流动非常困难。近年来，资溪供电公司采取以你之长、补我所短，现场培训，互教互学的方式，成为改变员工现状的有效途径。目前，有助于员工"一岗多能"的互教互学活动在资溪公司呈现出前所未有的活力。资溪公司为克服结构性缺员的现状，积极开展学习型企业、学习型员工创建活动，采取"走出去、请进来"等方法，对员工进行专业技能培训，以提高员工的业务水平。但由于种种原因，员工的受训面、受训率不尽如人意，特别是由于受岗位、专业的限制，接受培训的员工所学的知识往往比较单一。为使员工变成"一岗多能"的复合型技术能手，2016年以来，该公司结合创建学习型企业活动，着力引导员工开展互教互学活动。一是已参加本岗位、本专业培训的员工向尚未参加培训的员工传授知识，以便为下一步接受培训打下基础；二是在本单位的不同专业、不同工种之间互相交叉学习，取长补短。生产人员学习营销知识，台区管理员学习配电运行工知识，窗口人员学习安全知识。这种互教互学的学习方法，可根据各单位的工作时间随时安排，灵活掌握，简单易行且"师生"之间很容易平等沟通，提问有针对性，回答切合实际，易于及时融会贯通。互教互学活动激发了员工浓厚的学习兴趣。员工反映："隔行如隔山，以前尽管在一个单位，但对本专业以外的知识了解得不多，这种学习方法可以使我们对其他专业的知识有所了解，拿起来都能干。"

在华中电业管理局举办的会计工作达标升级现场会上，郑州电力机械厂财务科向与会代表介绍了他们在专业知识学习中的互教互学经验，引起了与会者的极大兴趣。他们的主要做法是，根据现有在职人员，结合会计专业，本着"谁干什么，就讲什么"的原则，人人是教员，人人是学生。如出纳员讲货币资金核算，材料员讲材料稽核与核算，销售员讲产成品、发出商品、销含核算和托收承付的办理等业务。讲解中要求理论实际相结合，既讲出会计原理和财政部制定的现行会计制度，又结合本厂具体情况讲出自己岗位在这方面是如何做的。在时间安排上，他们采取每月讲解一个部分，即前二至三周讲课，最后一周考试。这种互教互学的办法，能够保证财务人员在相对稳定的前提下，熟练掌握本岗位的理论知识和实际工作规范，也为今后财务人员有计划地进行岗位轮换提供了有效途径，值得推广。

"我与大家共同学习一下离心水泵构造原理……"这是塔山煤矿公司机电管理部"学习与实践工作室"正在开展离心水泵现场教学的一个场景。为全面提高员工的业务素质和综合能力，塔山煤矿公司机电管理部按照"人人备课、人人授课、互相学习、共同提高"的原则，推出了"互教互学"的新举措，倡导人人上讲台当老师，并制订了"课程表"，落实授课人员，每周轮流由员工讲解自己熟悉的专业知识。据悉，"互教互学"培训新方法不仅为员工相互学习交流搭建了平台，也为员工展示自己、提升语言表达能力创造了条件。

建设街道千城社区商铺多，居民多，流动人口多，是汉族、维吾尔族、哈萨克族等多民族的社区。"双语"是汉族与少数民族之间交流的媒介、沟通的桥梁、联系的纽带。自2013年成立以来，社区开展"四知四清"活动，就开展了"双语互教互学"活动，社区书记自己带头学习维吾尔语，还组织社区全体干部认真学习维吾尔语，精通维吾尔语的社区干部主动帮助汉族干部学习维吾尔语，汉族的社区干部帮助维吾尔族同事学习汉语。每天利用上班空余时间为大家讲授维吾尔语日常用语和汉语日常用语，从每日一句话到每日两句话，大家学得都很认真。通过社区开展"双语互教互学"活动，增进了汉族干部和少数民族干部之间的团结，同时也方便了和社区少数民族居民之间的交流，为构建平安、和谐社区拓宽了服务内容。

二、能量集市：互帮型问题研讨

（一）定义

能量集市主要指的是在"能量集市"中，每个学员都提出自己面对的问题、心中的纠结，让所有学员帮助自己寻找解决方案。这些人在能量集市上只做一件事，就是用"认可另一个自己"的方式激活他人爱的能量源，当然也可以互相激活；而学员提出的每个问题都要体现个性化，每个问题都绝对精准。在"能量集市"教学法的课堂中，每个学员都是讲师，每个人自身都充满能量，而这种能量只有在传递的过程中才能逐步壮大。

"能量集市"互助学习的前提是个体学习，然后才是帮学、群学，这就对培训过程中的学习规则有很高的要求，规则可使互帮合作学习更有序和高效。学员在工作中遇到问题时最好可以独立解决，能两个人完成的就不在四人小组完成，能在本组解决的就不要拿到团队中去展示。互助型学习应控制优生霸语权，但是鼓励优秀案例的分享探讨，确保互助型学习人人参与，机会均等，最后在成果总结展示时，每个人的能力都能获得提升。

能量集市培训应具备以下几个特征：

（1）前瞻性。企业应根据自己的战略及同行业发展的趋势安排员工进行互帮型培训工作，从企业的实际出发，因人而异、因岗而异、因部门而异地进行培训。

（2）长期性。互帮型培训不是一蹴而就的，企业应做好长期的工作，有频率地实施，只有长期性的培训才能使员工的综合素质得到提高。

（3）系统性。企业对员工进行互帮型培训应该有系统、有计划、有步骤地进行。

（4）实用性。企业对员工的互帮型培训应符合企业自身情况和需求，强调针对性、实践性，企业发展需要什么，员工缺少什么理论和技术，企业就应在互帮型培训中列出相应的主题进行探讨。

（二）实施方法

"能量集市"活动一般以半年为一个周期，循环推进。活动主要按以下步骤进行。

第一阶段：广泛动员阶段。

企业管理者应高度重视，精心组织实施，号召员工积极主动地投入到"能量集市"活动中来，结合工作岗位和具体职责，学习先进典型，查找自身不足，制订翔实的活动计划，明确活动具体目标和措施，同时应及时掌握并通报活动进展情况。

第二阶段：组织实施阶段。

（1）认真组织各部门开展实地调研、交流探讨、集中学习等活动，将"能量集市"培训活动与实际工作中的需求紧密结合起来。学员应深入分析自己的工作水平、工作能力等方面的差距和不足，引导学员确定对标对象和赶超目标，分别制定《对标赶超方案》和《对标赶超计划》。通过互帮互学不断缩小与能力强的员工的差距，提高自身能力，同时应做到每月有小结，半年有总结，切实增强活动实效。

（2）"学会提问，解决问题"是一种重要能力，在"能量集市"互帮互学平台中，学员们可以提出问题，解答其他学员的问题，还可以获得很多学员、导师的帮助，并且共享答案，让学员们在学习交流中提高解决问题的能力。小组讨论的原则是，在学员独立思考后，先是一帮一两人之间的讨论，如还有困难导致问题没有解决，再扩展为小组讨论。如遇到较难的问题记录下来，团队讨论或寻求导师给予解决。在倾听其他学员发言的前提下，努力思考，提出个人的见解、质疑。

（3）扎实开展岗位大练兵活动，评选"业务能手"和"行业标兵"，引导企业全体员工争先进、创一流。同步开展"三个一"活动，即管理层抓一个典型、各部门抓一个亮点、各部门员工办一件实事，努力营造比学赶超的争创氛围，做到自身能力的提升。

（4）学员将自己的问题和已经收集到的回复整理分析，集中探讨时分享自己的成功经验和处理方法。导师促成最优解决方案的评选，形成解决关键问题的小册子以便传阅学习。

第三阶段：总结宣传阶段。

（1）组织员工代表对"能量集市"活动成效进行测评，通过问卷调查、召开座谈会、个人书面总结等形式开展员工集中评议，广泛听取群众意见。结合评议结果，扎实开展"回头看"，查找不足，完善措施，总结经验，启动新一轮的"能量集市"互学互助活动。

（2）将培训中经典的问题与大家分享，积极宣传活动中涌现的新理念、好方法。积极培育和挖掘学员中的先进典型，大力宣传特色做法和成功经验。对活动进行跟踪报道时应抓住活动亮点，充分利用企业门户网站、宣传栏、展示台等多角度、全方位大力宣传先进典型、优秀个人和方案。充分发挥高能力员工的引领示范效应，进行成果的宣传展示，提升活动的影响力。

◆ **企业实例**

"学会提问"是学习的一种重要能力，在北京市第四中学网校"能量集市"平台中，同学们可以提出问题、解答其他同学的问题，还可以获得很多同学、老师的帮助，并且共享答案，让同学们在学习交流中提高解决问题的能力。平台自建立以来，就受到广大学生的支持与喜爱。为了方便同学们提问和交流，"能量集市"平台推出互帮互学栏目的三大全新功能，让参与的同学不仅可以手写提问、请老师点评问题，还可将网校的测评题目提交到互帮互学中，将自己认为的经典习题与大家分享。

某市经信局召开"能量集市"专题组织生活会，该局全体党员干部参加了会议。据悉，本次"能量集市"专题组织生活会是经信局党组研究制定的一项重要举措，旨在结合七一活动的契机，在群众路线教育实践活动当中形成自我批评、互相学习的工作氛围，清除负能量，凝聚正能量，通过会上发言、各自剖析、欣赏先进等形式，使党员干部自我鞭策、互相监督，从而达到取长补短以及自省、自警、自励的目的。会上，各在职党员就前期认真反思总结出的个人庸懒散奢方面存在的问题以及改正措施做了深入而全面的剖析发言。随后，各股（室）、中心结合自身职能及工作开展情况，列举了各自有激情、敢担当的一系列工作案例，供大家互相学习分享。

青海海南供电公司本着"因材施教、因地制宜"的原则，创新培训形式，把培训重心转向一线班组与工作现场，推出了员工"互帮互助讲堂"，组织培训人员就地开设"临时课堂""一线课堂"。员工"互帮互助讲堂"一开课，就受到员工的欢迎。活动中，一线员工轮流担当授课讲师，以自己的经验总结和好的建议想法为课题内容，提升了员工的实用业务技能。现场授课期间，还穿插了互动交流环节，重点对ERP等系统的应用进行探讨。

襄阳市国地税办税服务厅干部利用工作之余开展"一窗式"联合办税业务互帮互助培训活动。重点学习新房契税资料审核和办理流程、增量房销售信息采集等新房交易常见政策，熟练掌握个体工商户缴纳定税、企业申报税款、增值税申报、财务资料报送等日常涉税业务，大力提升实际操作能力。截至2016年年底，双方已开展"互帮互助"培训活动2期，培训国地税工作人员50余人次。双方还将从政策学习转向实际操作，采取业务骨干讲解与上机操练相结合的方式，全面掌握国地税业务后台处理流程，熟练操作国地税各系统模块，最终实现全员轮训。

三、学员大讲堂

（一）定义

学员大讲堂，主要是培训班的学员分享各自职业发展经历中的重要经验，做到通过别人的经历，来积累经验"行万里路"。具体指的是，为了打造学习型团队，形成一种开放、探究、反思的学习氛围，以个体的分享带动自主学习和合作学习，凝聚团队，借鉴《百家讲坛》和《世纪大讲堂》的教育模式，结合学员阅历丰富、见解独到等特点，因材施教开设了"学员大讲堂"。鼓励学员走上讲台，结合个人的职业成长经历分享对于团队管理的感悟，以及在企业发展过程中和个人成长经历中所总结出的"庖丁解牛"的手段和技巧，在坦诚交流中取长补短、相互借鉴、整合资源、共建平台、共同进步，帮助学员学习到课堂讲授和书本上很难学到的真知灼见，收到"借他山之石攻玉"的效果。

"学员大讲堂"这一新型的管理培训方式，解决了传统会议宣讲培训"以事为主导"学员被动反应的问题，有助于激发学员主动学习的兴趣，紧密结合工作与能力提升之间的关系，解决工学矛盾。学员自己充当"培训师"，将自身独特的经验优势和业务特长分享给团队其他成员，提升团队整体业务水平。学员自己作为"培训师"不仅要看他们讲得好不好，更主要的是要在团队中提倡、培养这种意识和氛围，让传、学、帮、带成为团队文化的一部分。学员讲授的主题主要包括以下几点：

（1）个人成长经历中的重要工作开展落实经验。

（2）个人成长经历中的重大事件应对处理经验。

（3）个人成长经历中的工作难题破解经验。

（4）个人擅长领域中的具有优势经验的主题。

（5）组织重大成果在实现过程中个人所起到的作用及典型案例。

（二）实施方法

为充分调动各方参与积极性，提高学员大讲堂效果，可参照"甄选——约稿——垫场——主讲——点评——统筹——宣传"模式推行学员大讲堂。

1. 甄选与主讲

与社会大讲堂不同，在公司内部的管理培训中推行大讲堂主要是就地取材，充分挖掘团队学员本身的资源，在团队内部遴选主讲人。主讲人的甄选是顺利推行学员大讲堂的关键，主讲效果的好坏直接决定着学员大讲堂能否顺利推行。因此，选择合适的主讲人尤为重要。合格的主讲人，不仅需要有丰富的工作阅历，良好的口头表达能力，还需要有乐于分享的精神。因为只有主讲人幽默风趣、栩栩如生、深入浅出的阐述，才能充分调动团队学员的积极性，为后续推进学员大讲堂活动进行有效铺垫。否则，会适得其反，进一步推进大讲堂会举步维艰。

主讲一般要求阅历丰富，善于总结思考，有较强的口头表达能力，同时还要求具有一定的书面表达能力。当然，如果主讲阅历丰富、口头表达能力强而书面表达能力有所欠缺，也可以采用边演讲边录音的方式，事后请写作能力强的学员加以整理归档，对团队内其他学员的进步提高都是一种有效的尝试。

鉴于主讲人对推行班级大讲堂的重要性，可采用关键事件法（Critical Incident Method）遴选大讲堂主讲人。团队学员档案资料、在破冰演讲中的表现、拓展训练中的状态、工作中的表现等都是甄选优秀主讲人的关键事件。

2. 主题与垫场

敲定主讲人后，下一步就是约稿。稿件一般要求主讲人简要阐述自己的学习工作经历，着重分享心得感悟。之所以选定与主讲人密切相关的主题，一方面是方便主讲人信手拈来，另一方面是增进团队的了解，帮助学员实现团队的经验交流，同时也可以学到新知识、融入强大的关系网络、获得职业的快速发展和自我能力的提升。学员大讲堂发起者应进行充分的事前准备，修改调整主讲人的演讲稿，总结提炼演讲稿中的知识体系，使其观点尽可能地与职业发展与团队管理相统一，把学员朴素的经验总结上升为知识理论体系。在分享学员的人生感悟的同时提升思想高度，获得职业能力的持续提升。

3. 点评与参与

学员大讲堂作为团队管理培训的特色活动，只有保证广泛的参与性才能持续推进，否则只会是昙花一现。鼓励学员解读主讲人和主讲内容，充分调动团队学员参与的积极性，激发团队成员的参与意识。对于初涉职场的学员，可以请经验丰富且职业成长较为快速的学员点评职业之路应该注意的事项，栏目可取名为《职场箴言》或者《职场人点评职场人》。当然，点评还可以涉及"同业点评同业，同乡点评同乡，基于管理活动的点评"。

4. 宣传与监督

对于学员大讲堂的开展，都应通过 QQ 群、微博和网站等方式进行报道宣传。第一，可以宣传学员个人和企业；第二，通过网站报道可以在更大范围内分享学员的经验和思考；第三，宣传其实是一把双刃剑，也是借助网站监督等方式提高学员大讲堂质量的手段。

学员大讲堂活动可以凭借头脑风暴激活，依托交流分享唱响，进一步集结归纳成学员讲堂实现路径的 ABC 模型（Activated by Brainstorming & Benefited by Communicating），即头脑风暴——激活思想——交流分享——唱响讲堂，最终以嫁接网络大宣传和能力提升大讲堂。

◆ 企业实例

怀柔区第 22 期处级干部进修班举办"学员大讲堂"，培训班上 3 名学员结合工作实际，围绕"机关文化建设中的实践与思考"进行了专题讲课。课堂上，学员介绍了开展机关文化建设的重要意义、作用以及具体工作方法等内容，还结合自身工作中对机关建设的新思路、新方法、新举措等进行交流。比如，为什么要加强机关文化建设，如何增强机关文化建设的导向作用、凝聚作用、约束作用、激励作用、调节作用、辐射作用，如何利用当地满族文化加强机关建设，等等。学员走上讲台分享工作中成功的经验，有效打破了培训中教师"一言堂"式教学模式。通过举办学员大讲堂，使上讲台的学员进一步总结工作、思考工作，提高了应变、表达等能力，也让全体学员学习到更好的工作思路、方法和技巧，为开展好本职工作提供了借鉴和帮助。

国网青州市供电公司开展了班组"事故分析大讲堂"，"一人分析、多人点评、举一反三"的新模式变传统的"一人讲"为"人人讲"，最终达到"人人上讲台、个个当专家"的目标。在"大讲堂"中，大家既是学员又是老师，通过相互授课、相互交流，取长补短，促进学员的综合素质和专业水平的共同提高，加强了各专业间的技术融合。大家纷纷表示，变枯燥、抽象的技术培训为"人人讲、大家谈"的互动"大讲堂"，让具有专业性、实用性、针对性的培训变得更加生动易懂，大大激发了员工学习的兴趣和热情，切实解决了工作中的疑点盲点，提高了大家分析和解决问题的能力。

某市委党校 2015 年春季学期开展了"学员党性大讲堂"，来自党校第 46 期市管领导干部进修班、第 47 期中青年干部培训班的 6 名优秀学员代表紧密结合自身实际，分别以"讲规矩勇担责，当好参谋助手""远离职务犯罪，坚守规矩底线"等为主题做了宣讲，从不同角度深化了学员对"讲纪律、讲规矩、讲党性"的感悟和认识。"学员党性大讲堂"活动是市委党校为加强干部党性修养、丰富党性教育形式、彰显党校教育鲜明特点而推出的一项党性教育的重要活动。

第二节　"训战一体化"开展形式之二：真实案例式练习

一、综合案例分析推演

（一）定义

综合案例分析推演是指通过一系列科学的手段和方法，对人才的知识、能力、技能、个性特征、职业倾向、动机等特定素质进行测试与评价，以判定个人在应对综合复杂局面时表现出来的综合成熟度，它主要体现在对复杂问题的思考广度、深度、准确度、原则性与变通性上。综合案例分析推演是为招聘、定岗与晋升、培训开发、绩效管理等人力资源管理活动提供服务的一种技术手段，是提升企业人力资源管理水平的一种有效的工具。

综合案例分析推演是多种评价技术方法的综合。通过可观察的、具有普遍意义的管理行为和关键行为，审视测评对象的管理能力和发展潜力，使定性和定量达到有机的统一。它使用各种不同的技术对多个管理能力维度进行评定，是一种为组织判断和预测那些与组织的工作绩效目标相关联的个体行为，以评价被测评者操作能力及管理能力素质为中心所进行的一种标准化活动程序，是一种比较全面的测评方法。它的核心部分就是通过试卷形式的情境模拟测评，情境模拟就是依职务分析，编制一套与该职务实际情况相似的测试题，将被测评对象安排在模拟的工作环境中，要求测评对象处理各种可能出现的问题，依此来对其各种能力做现场考核，进而用以确定被测评对象的素质特征及其适宜的工作岗位。综合案例分析推演具有以下特点：

1. 针对性

综合案例分析推演中的案例选择模拟特定的工作条件和环境，并在特定的工作情景和压力下实施测评。根据不同层次人员的岗位要求和必备能力，设计不同的案例情境，具有很强的针对性，避免"高分低能"倾向。

2. 动态性

将参与评价人员置于动态的模拟工作情景中，模拟实际管理工作中瞬息万变的情况，要求参评人员在一定时间和一定情景压力下做出决策，在动态环境中充分展示自己的能力和素质。

3. 预测性

综合案例分析推演具有识才于未显之时的功能，模拟的工作环境为尚未进入这一层次的人员提供了一个发挥其才能与潜力的机会，对于测评人员的素质和能力具有一定的预测作用。同时，综合案例分析推演集测评与培训功能于一体，为准确预测被试人的发展前途，并有重点地进行培养训练提供了较为有效的手段和途径。

4. 全面性

综合案例分析推演突出的特点之一是多种测评技术与手段综合运用，不仅能很好地反映参评人员的实际工作能力，还可以测评其他方面的各种能力和素质。

综合案例分析推演主要针对被测者外显的行为及实际操作进行考察，也考察测评对象在他人影响下的表现。综合案例分析推演评价因其运作规范、预测有效而具有很高的应用价值。

（二）实施方法

综合案例分析培训的程序大致如下：

（1）选择案例。案例的选择，既要典型又要贴近工作实际。在综合案例分析推演评价中，试卷案例的内容应真实还原管理人员在不同发展阶段遇到的管理情境问题，是对未来工作场景的一次预演。

综合案例分析推演评价成功的关键是案例情境的选择，一个好的案例情境应该具有以下特征：

其一，真实可信。案例是为评价目标服务的，它应该具有典型性、针对性，而且它一定是经过深入调查研究，来源于实践，绝不可由培训设计者主观臆测，虚构而作，尤其面对有实践经验的学员，一旦被他们发现是假的，虚拟的，便以假对假，把角色扮演变成角色游戏，那时客观评价就无从谈起了。案例一定要注意真实的细节，让学员有身临其境之感。这样学员才能认真地对待案例中的人和事，认真地分析各种数据和错综复杂的案情，才有可能搜寻知识、启迪智慧、训练能力。为此，评价体系设计者一定要亲身经历，深入实践，采集真实案例。

其二，客观生动。真实固然是前提，但案例不能是一堆事例、数据的罗列。案例设计者要摆脱乏味教科书的编写方式，尽可能调动些文学手法，如采用场景描写、情节叙述、心理刻画、人物对白等手法，甚至可以加些议论，边议边叙，作用是加重气氛、提示细节。但这些议论不可暴露案例编写者的意图，更不能由议论而产生导引结论的效果。案例可随带附件，诸如该企业的有关规章制度、文件决议、合同摘要等，还可以有报表、台账、照片、曲线、资料、图纸、当事人档案等一些与案例分析有关的图文资料。这里所说的生动，是建立在客观真实基础上的旨在引发学员兴趣的描写，应更多地体现在形象和细节的具体描写上。这与文学上的感动效应并非一回事，生动与具体要服从于教学的目的，舍此即为喧宾夺主了。

其三，应无答案。案例应只有情况没有结果，有激烈的矛盾冲突，没有处理办法和结论。未完成的部分，应该由学员去决策、去处理，而且不同的办法会产生不同的结果。如果一眼便可望穿，或只有一好一坏两种结局，这样的案例就不会引起争论，学员会失去兴趣。从这个意义上讲，案例的结果越复杂，越多样性，就越有价值。

（2）客户公司应在评价开始前一天简要介绍一下综合案例推演评价的程序

和安排，说明测评中的注意事项和要求，为正式开展测评做准备。同时客户公司对参与评价人员进行编号，保留人员信息并与编号对应（不对咨询公司公开）。

（3）导师通过与被测试者的交谈、问答、观察，了解并掌握参与评价人员的言谈、举止、气质、风度等外部行为特征和表达能力、应变能力、自信心和控制力等智能要素以及工作动机、工作和学习经历、个性与追求等内容，对参与评价人员进行初步测评，防止只是有书面测评的片面性。

（4）参与人员进行以试卷形式的书面测评，试卷的设置是AB卷的平行测试，仅在试卷上填写编号，不写姓名，进行现场笔试。

（5）以试题为单位划分测评项目的专家组成员，各评价小组专家集中在一起，研究、讨论、核实自己负责的试题，对所有试卷进行批改打分，同时保证每题由两名以上专家审阅，减少因被测评人水平发挥不正常或个别评价专家的评价偏差而导致的测评结果失真。

（6）对于每一名参与测评人员，其每一项测评内容的最终评价结果小组专家应形成一致意见，整理形成分数表并写出书面报告，对参与评价人员各方面素质和发展潜力进行综合评价。印证不同专家对同一份试卷的同一题目评分是否存在较大差距，如差距较大需进行讨论进而统一观点。

（7）客户公司根据编号匹配人员姓名与分数，做最后的测评总结，同时根据综合案例分析推演的测评结果，设计培训课程体系和培训方案。

◆ 企业实例

风华电力投资集团科研院，是中国能源产业多学科、综合性科研机构。该科研院是集团决策支持、咨询服务、科技成果转化与人才聚焦平台。作为集团新技术研发中心、新兴科技产业孵化中心、高端人才引进培养中心，集团对该科研院专业技术与管理人员的素质、能力、知识水准等都提出了更高的要求。科研院刚刚成立不久，如何在最短的时间面向社会招聘到最适合的关键人才，对人力资源部门提出了最大挑战。基于此，我们充分了解科研院的发展历程及现状，科研院的企业文化、未来战略发展目标以及各部室发展计划对人才引进的需求，梳理岗位素质模型，明确招聘标准。界定相关工作行为要求，定制化设计招聘测评解决方案，主要包括个性风格测试、价值观测试、能力测试、结构化面试及无领导小组讨论等考察形式。根据科研院的实际情况，设计了初、复试招聘测评各环节操作规划细则、人才评价操作指导手册、综合结果考察标准说明书等，各环节与科研院人力资源部门紧密配合，考核后提供用人建议和可能的行为风险，为人才招聘录用决策提供了重要的参考依据。

蓟州建筑实业有限公司一直专注于建筑材料的研发、生产和销售，是国内行业排名前十的供应商之一。公司经营管理方式比较粗放，随着竞争加剧，企业利润下降，成本上升。为降低成本，公司降低了员工招聘数量，因此每个员工工作量增加，许多管理人员为此离职，公司董事长为此非常着急，期望能够加强对中高层管理人员的了解和培养，一方面提升员工的领导力与管理水平，另一方面发现和提升员工对组织的忠诚度水平。基于上述项目需求和期望，我们为客户定制设计了具体详细的工作方案，包括如下几个方面：第一，建构领导力模型，明确公司的用人标准。第二，综合运用心理测验、面试和公文筐测验等多种人才测评技术。第三，根据团体测评结果，设计培训课程体系和培训方案。通过对公司高级管理人员的访问以及公司业务情况的整体分析，我们为客户设计了有针对性的领导力素质模型，并根据该模型为30位中层管理人才进行了3天的测评与互动，通过观察和记录，并综合对心理测评结果的分析，我们对每个管理者的优势和劣势、性格特点和职业动机进行了深入的点评，并设计了具有针对性的培训方案，为公司领导和管理能力的长期发展奠定了扎实的基础。

二、标杆行为演示练习

（一）定义

标杆行为演示就是寻找一个具体的先进榜样解剖其各个先进指标，研究它背后的成功要素，向其对标学习，发现并解决自身的问题，最终赶上和超越它的一个持续渐进的学习、变革和创新的过程。标杆行为演示是模仿、学习和创新的持续改进过程，它的本质是不断寻找最佳实践，以此为基准不断地"测量分析与持续改进"。标杆行为演示培训是创造模版的工具，它可以帮助企业创造自身的人事管理模式或工作模版，是实现企业管理创新并获得竞争优势的最佳工具。

标杆行为演示培训具体实施的各个环节又称"标杆环"，它的实施由立标、对标、达标、创标四个环节构成，前后衔接，形成持续改进的围绕"创建规则"和"标准本身"不断超越、螺旋上升的良性循环。

（1）立标——有两重含义：其一为选择行业内的优秀员工案例，以此为基准、为学习对象。其二是在企业内部培养、塑造最佳学习样板，可以是先进个人，也可以是具体方法、某个流程、某个管理模式，成为企业内部其他部门或个人的榜样，即试点工作。

（2）对标——对照标杆测量分析，发现自身的短板，寻找差距，并分析与尝试自身的改进方法，探索达到或超越标杆水平的方法与途径。

（3）达标——改进落实，在实践中达到标杆水平或实现改进成效。

（4）创标——运用标杆四法创新并实施知识沉淀，形成超越最初选定的标杆对象，形成新的、更先进的实践方法，进入标杆环，直至成为行业标杆。

（二）实施方法

任何管理培训方法的成功实施，都需要主观因素和客观条件的良好配合，标杆行为演示也不例外。标杆学习能否取得理想效果，规范的流程极其关键。

1. 明确标杆行为演示的主题与方向

标杆行为演示的主题必须对企业的经营活动有重大的影响，也就是一般所称的"关键成功因素"（Critical Success Factors, CSF）。企业进行标杆行为演示培训的起点，就是让员工透彻了解自己，发现问题，解决问题，从而提升员工的工作能力。同时，企业可以对现有的作业流程和已有的绩效衡量标准进行检讨，然后在众多的关键因素中找出企业自身的弱项。深刻理解和把握企业优秀员工成功的关键因素以及员工自身的差距所在，是标杆行为演示的主要内容。

2. 锁定"标杆"对象

企业在选择优秀员工作为最佳典范时，应当明确三个基本的原则：一是被学习的优秀员工应该具有卓越的绩效；二是被学习的优秀员工应该符合本企业各部门共有的一些特性；三是如果本企业内部员工中缺乏典型模范，可从其他企业选取可以模仿示范的案例，但最好从本企业选取优秀员工案例。

3. 收集资料和数据

确定标杆行为演示的对象与目标之后，就可以进行资料与数据的收集工作。资料收集工作应该从两方面进行：一方面是企业所有参与培训的员工自身的工作业绩与成效；另一方面是标杆员工的关键成功因素、岗位核心胜任力的相关数据与资料，即标杆员工在企业实现成功经营的管理方法、措施与技巧等。收集资料的方式有"管理者关键行为深度分析""心理实验活动""仿真竞争模拟游戏""观察员记录材料分析反馈"等互动性的体验活动。

4. 分析并给出学习措施

在充分了解学员自身情况与典范员工的关键成功因素信息后，将数据资料进行分析比较，由导师引导、学员之间相互探讨等方式找出学员自身的差距所在。在分析差距的基础上，确定标杆行为演示培训所要追赶的目标，了解自己作为管理者的优势与不足，给出改进的具体方法。同时通过亲身经历回顾，实现管理行为的调整。

5. 采取变革行动

标杆行为演示培训的最后成果绝非是一纸空文，而是实实在在的行动。根据具体的行动方案，包括计划、实施方法以及阶段性的评估等，明确追赶方向，反复刺激个人的管理低效的心理盲区，根据各人不同情况分别制订改善计划，改变其个人不利于优秀管理绩效的行为习惯。采取切实的行动，推进学员的自我变革，提升自身能力。

6. 评估与反馈

企业在标杆行为演示培训推行后的一段时间内，必须及时跟进企业员工的绩效评估，以检查实施的效果。标杆行为演示应该作为企业人事管理的一项职能活动，融合到日常工作中去，从而成为一项固定的制度以持续进行。

◆ **企业实例**

兴安电业局本质安全专家组一行三人到该局送电工区，对工区班组长、专责及资料管理人员进行了标杆管理培训。专家组首先针对工区专业线路巡视工作列举了一个"巡视中发现线路下方有违章建筑，巡视人员通知拆除后，当事人没有及时拆除，造成当事人家的孩子意外触电身亡"的事故案例，让大家积极参与讨论，分析责任，形成互动，从而引出了"做所有的事情都需要有一个共同的标准和措施"（陈泓冰教授的标杆管理理念）。通过培训，使大家了解标杆四法：剪刀思维法、责任层级法、要素建模法及协同创标法。了解了标杆环的四个要素：立标、对标、达标、创标。掌握了标杆管理要做好的三件事：标杆标准、要素指标分解、要素保障系统。专家组详细讲解了标杆管理的理念，即"不断地寻找最佳实践，以此为标准，最终成为行业标杆，行业最好的那一个"。举例来说，送电工区是兴安电业局本质安全建设的第一个标杆，这是立标；大家都来向你们学习，这是对标；学完回去，按照你的标准去做，这是达标；人家超越你，就是创标。标杆管理就是通过竞争，不断对标，反向对标，使行业管理水平实现不断提升。培训中，本质安全专家组现场指导大家做了标准化基准创建方案，兴安电业局副局长协同安监部人员来到送电工区进行了现场辅导。此次标杆管理培训，让兴安送电员工感受到了作为行业"领跑人"的那份责任，兴安送电人将在不断学习中创新理念，反向对标，博采众长，努力当好兴安电业局本质安全建设的排头兵。

陕煤神南产业发展公司，通过研修班学习邀请专家团队老师亲临企业现场调研辅导，下属各单位针对生产工作，结合所学的标杆管理知识，建指标、找问题、创方法、找标杆、速改进。共计梳理200多项改进课题，达到降本增效3000多万元。桂林机场，通过研修班学习，回去后组织标杆管理工作，通过"立标（自我否定，找问题）——对标（自我纠偏，定方案）——达标（自我完善，抓落实）——创标（自我提升，重创新）"等步骤，解决安全管理等诸多难题。中国南车集团公司通过几天学习及老师的辅导，结合公司情况，组织开展标杆管理工作。讲标杆、教方法、开辩论赛、找短板、寻标杆、速改进、创标准、建模板等，标杆管理成果已经全厂开花。

三、情景剧设计

（一）定义

情景剧，来自美国的一种轻喜剧。必须是室内戏，一般不用外景。早期一个人或几个人，在一个小戏园子里演，很多人坐那儿看，边看边笑，边看边演边笑，后来发明了电视，笑声是后期添上去的，作为观摩笑声。情景剧设计就是按设定的整体情景风格并依据故事情节的需要，给每一个镜头的角色提供具有特定情境下的剧情效果的表演活动。以情景剧作为一种培训手段，可以根据企业自身需要设计相应场景，针对关注的业务或者问题进行场景设计，同时在情景剧中提供解决方案，并进行拍摄以供事后观摩学习。情景剧表演有助于增强对角色的理解力，提高观看人员的共情能力，情景剧可以为观众提供一种发现、思考及解决自身问题的思维方式。

情景剧的最大特点是来源于真实生活，突破传统模式，根据企业培训内容及案例，安排专业导演和演员，拍摄制作出与培训相吻合的视频案例片断和应用说明。情景剧设计应遵循以下原则：

1. 直观性

通过情景剧短片的呈现，会更加直观地传递给观看人员，而且通过演绎，再结合专业点评，更能触动新员工的神经，让员工自己在接受培训的时候主动去思考。因为只有员工思考了，才会去关注，当员工被动学习的时候，效果是非常差的，是不会有非常强的工作欲望的。只有思考，才能促使进步，才会使员工有深入工作的想法。

2. 贴近性

情景剧的话题，一定是与大众的生活相关的，也是大众关心和关注的，与其说在演戏，不如说在演绎百姓自己的生活。

3. 反差性

情景剧的拍摄也可以设计反面的场景，让学员去挑刺，通过挑刺找毛病，员工在参加培训时的主动性和参与积极性会更高。通过正反两方面的反差教学产生的共情效果，使学员的感触会更深刻。

（二）实施方法

为了使情景剧培训更生动，在体现常规教学培训特点的基础上，借鉴了宣传片、故事片的表现手法，融合了舞台剧等时尚元素，提高情景剧设计的观赏性、实效性，从而使情景剧设计具有独特的风格和品位。情景剧设计可按照以下步骤实施：

1. 提出问题

情景剧设计所需要的剧本，需要由一线有经验的职工编写，这样剧本更具专业性，经得起实际业务的检验且演出效果更加有效。

剧本开端的任务：交代故事发生的时间、地点、背景、时代特点等，交代人物之间的关系，引出全剧的主要矛盾和问题。

情景剧表演开端的形式：旁白（可以录音，也可以演员自己完成）。

情节引出：通过演员一连串的动作来暗示时间、地点和事件的起因。

2. 分析问题

问题提出以后，就要分析造成这些问题的原因和各个事件的影响程度及相互关系。通过对企业或者员工自身存在的问题的相关事件和人物关系的精心演绎，使问题层层展开，不断深化，从而探讨这些问题对个人心理产生的影响程度以及他人如何看待这些问题。

这部分情节讲究曲折有致，起伏跌宕。

3. 解决问题

解决问题是指当事人对自身情况有所领悟或者对企业发展有了自己的见解，找到了问题的原因和解决问题的方法。

情景剧的结局要有深意，能够引起观众的回味与反思，要通过内心冲突与斗争，使观众有所体验和领悟，改变一些不恰当的行为，获得自身能力的提升。

4. 分享总结

全体成员分享观看情景剧的感受、想法以及对自我的启发。情景剧的拍摄，可以作为电子化教材，至少一年内可以持续应用。情景剧短片，不需要大而全的场景，不需要对每个业务进行拍摄，可选择最关键的几大业务。

情景剧设计的准备和演出应注意以下几点：

（1）根据某一贴近企业生活的冲突或矛盾（可由真实例子改编）构思剧本，设计情节，对剧中各个角色进行深入的揣摩，最终形成整个剧本。

（2）提供相应的设备，包括圆形舞台、音响、观众席和必要的道具。

（3）选择好表演者，表演者提前进入舞台角色，在舞台上真实地演绎心理冲突。

（4）培训师对情景剧的演出和开展进行指导，使之往正确的方向发展。

严谨的情节编排、合理的角色分配、多场景的切换、精彩的台词是构成一幕好的情景剧的四要素。情景剧的设计和表演应注意以下几点：

（1）坚持一剧一主题原则。

（2）突出培训主题、行为冲突和心理矛盾。

（3）场景切换频率适当，重视旁白。

（4）演员不宜过多，表演要尽量夸张。

◆ 企业实例

安徽省邮政公司马鞍山市分公司组织的代办车险业务培训上的一幕，幽默的情景剧吸引了参加培训人员的关注，通过这种现场互动式的培训，大家对邮政代办车险业务的优势及营销点有了更深层次的认知。

情景再现整个服务过程，让参训学员进行点评，指出优劣所在。这是日前市供电公司举办的供电营销规范服务培训的一项内容。在当日的培训现场，针对营业厅工作中的电费缴纳，欠费、滞纳金收缴等业务，先由参训学员演示了一次收费过程中，由于客服人员的"不规范服务"，外加客户的"偏激情绪"造成的矛盾冲突场景。随后由参训学员指出情景剧中的不当之处，并说出正确窗口人员服务的处理方法。通过生动形象、直观的表演，让学员们活学活用。为更好地服务聋哑人这个弱势群体，培训中还引入手语教学，帮助学员们掌握一些类似"您好""请坐"等日常用语。学员们还观看了相关规范服务电视宣传片，了解着装、语言、待客礼仪、服务规范以及特殊事件的处理方法等知识。这是该公司规范营业窗口服务行为的又一举措，旨在通过此次培训能进一步提高窗口人员的服务质量。

河南省邮政企业举办以情景剧为形式的主题培训。本次主题培训推出的6个培训情景剧内容丰富、形式新颖，寓教于乐，涉及代理金融、函件、集邮、物流、服务规范等方面，他们以春节业务营销为切入点，结合实际工作中成功的营销案例，真实再现了营销场景，传授了极具实用性、实战性的营销方法及营销术语。其中，由洛阳市邮政局选送的《小贺卡大市场》以客户经理为中小企业推广应用函件数据库商函，为著名书画家设计小批量个性化贺卡为重点，为函件专业客户经理春节营销提供广阔思路。由安阳市邮政局选送的《非邮莫属》以一名集邮访销业绩突出的投递员为轴线，用倒叙方式将其在访销邮品过程中的场景进行重现，帮助投递员在访销集邮品过程中理清思路,掌握方法。由南阳市邮政局选送的《邮爱进行曲》通过实战模拟营销演练,融入风采展示、营销术语、团队建设等帮助投递员在提高投递服务质量的基础上实现身份转换并提高收入水平。此次企业培训情景剧的成功展示,拉开了培训情景剧的序幕,是崭新培训模式的尝试和探索,有效支撑了全员素质提升工程的实施,积极推动了以培训促进业务发展的进程,为河南邮政"十二五"战略发展做出了积极贡献。

第三节 "训战一体化"开展形式之三：自我提升式引导

一、拆书帮

（一）定义

"拆书帮"是关于成人学习的方法论,一种有效的学习方法,这种方法可以培养"通过读书创造价值的能力"或者"把知识转化为能力的能力"。它可以在企业内部或部门内部随时根据主题开展,更为重要的是,它是一种和工作直接连接的学习方法,达到"学以致用"的目的。拆书帮提倡通过学习改变行为,践行把图书的知识转化为你自己的能力。

关于"拆书帮"的培训专门指有点像培训又有点像读书会的拆书帮现场学习,以一本书为主题,时长2～3小时,10～30人参加。一位拆书家引导多位学习者,而且学习者之间应互相帮助和促进,给一本书的片段加工成自己的案例,从而把这本书的知识转化为自己的能力。拆书帮要致力于让学习者的收获最大化,拆书家是拆书帮的灵魂,拆书家每一步做什么、怎么做,都会影响学习者的收获。

拆书帮的基本宗旨是"把知识拆成你的能力",这种能力指的就是职场核心能力。拆书帮主要具备以下特征：

（1）拆书帮是一体的学习系统。学习的方式和内容保证让参与者可以随时正式讨论或非正式交流。通过这种方式促进组织内部的沟通协调,培养学习意识,构建学习氛围。

（2）拆书帮有助于企业内部建立完善的"自主学习机制"。拆书可以使企业员工在培训过程中将书籍知识点与本工作结合，并参与主动传播，使培训更具针对性和时效性。同时，拆书帮将这种长期自主学习模式根植于学员的思想和行动中，为长期自我学习和发展打下基础。

（3）拆书帮讲求系统思考。拆书帮拆解的核心不是书，而是人；拆书帮的诉求不是知识，而是能力。拆书帮追求的不是简单地传递，而是更深层次学员自主学习意识、学习能力、思考能力、问题分析与解决能力等系统性能力的提升。

（二）拆书帮实施步骤

第一步：筹划。

筹划过程包括四部分：选书和通读全书、课前调研、确定知识片段、备课

1.选书和通读全书

在拆书帮现场学习中，学习者不用通读全书，甚至都无须翻过这本书。但拆书家必须要通读全书，这样才能充分理解全书知识、前因后果，然后根据学习目的、调研情况来选择恰当的知识片段。学习者在现场可能会提一些问题，这些问题不一定在选出的知识片段中有说明，但在该书的其他地方有论述，这时拆书家应该能够提供书中的解释。具体可以概括为以下几点：

（1）可以根据需求来选择图书。

（2）在优秀图书中选取要拆解的图书。

（3）学习者提出拆解某本书，拆书家在基本了解该书后决定是否选择其成为学习材料。

（4）对于更系统的拆书帮学习（比如企业内有两名以上的拆书家，每周固定有拆书帮现场学习），还可以根据核心能力的需求来选择和安排拆书帮现场学习。

2.课前调研

活动前做学习调研，是拆书帮的标准步骤，因为这是体现成人学习第一公理——自我导向的重要做法。作为拆书家，必须了解每一次学习的主题，学习者已经懂了什么，以及他们需要知道什么。调研得到的信息应该体现在学习设计之中。具体做法包括以下几点：

（1）可以用电子邮件、电话访谈、深度面谈、焦点小组等方式，也可以组合调研。

（2）可以邀请学习者描述当前面临的情况，询问他们工作中碰到的主要问题，问他们有没有读过或听说过这本书。

3. 确定知识片段

拆书家读过全书，知道全书知识点的分布，呈现的逻辑关系。拆书家做过调研，知道学习者需要解决的问题、需要提升的能力、需要掌握的方法。拆书家建立起书的内容和学习者的需求二者之间的联系，就可以确定这次拆书帮的图书片段，也就是这次学习的内容刚要。具体做法为：

（1）对于现场学习来说，2.5小时左右的活动时间、6～8个学习片段较为合适。

（2）一次拆书帮现场学习，应该有一个主题，这个主题通常与全书内容一致，但也可以不一致。

4. 备课

把一本书的知识转化成一场现场学习的内容，核心工作就是备课。确定了学习者的需求和要拆解的知识点，拆书家应对每个知识点准备一个自己拆解出的案例，做个示范，甚至连自己的案例都不用准备，只要到时候请学习者回顾自己的经验、规划自己的应用。也可以复杂一些：需要考虑学习者可能质疑的地方，有启发又能让大家开心的笑话，与相关图书或知识的参照对比，甚至引入视频、演练的方式。具体的做法包括以下几点：

（1）复印或扫描图片片段。

（2）准备讲解环节的案例。

（3）准备"促动"环节的案例。

（4）激活和催化。

（5）准备好后，填写拆书预备提示表。

第二步：现场。

1. 开场

引发兴趣和安全感。开场不仅要解释这本书怎么样，更要联系学习者熟悉的事情、场景。不仅要让学习者了解将学习到什么，更要让学习者想到自己要解决的具体问题。开场不要只设计怎么说，也要设计怎么样提问。通过提问来引导学习者思考自己与这个主题有关的经历和问题。具体的做法包括以下几点：

（1）用设问的方式说明这次拆书帮现场学习的学习目的——我们这次学习的目的是什么？为什么要搞这次拆书帮现场学习？为什么要拆这本书？也可以跟大家互动——你的期望是什么？

（2）介绍书。告诉学习者这本书讲的东西对他有用，而且书中内容扎实、可信；

（3）说明我们希望通过这本书学习什么或解决什么问题——学习者认可学习目标贴切可行，能说出学习者的常见问题。

（4）简要说明拆书帮学习的流程。

（5）可以分组，每组最少3人，最多7人。

2. 请大家阅读

请大家阅读挑选的片段。挑出的片段可能只有一两句或者一段话，也可能会有一个页面，这种情况，适合让大家细读（分析阅读）。还有一种情况，希望学习者用较短的时间阅读大量的内容，这种情况需要人手一本书，适合让大家粗读（检视阅读）。具体的做法包括以下两点：

（1）细读（分析阅读）。给出明确的指令：请大家翻到 XX 页，阅读从哪里到哪里的部分。要等到所有人都读完后才能进入讲解环节。

（2）粗读（检视阅读）。要限定阅读时间，让大家有清楚的阅读目标，教大家跳读的方法。

3. 讲解

讲解的目的是确保大家理解原文，学习者可以用自己的语言比较准确地重述这个片段的知识。具体的做法包括以下几点：

（1）复述图书上下文的案例或解释。

（2）加工一个示范案例，这个案例和书中的案例本质相同，但更贴近学习者的经验。

（3）锁定使用情况。任何知识都有其适用范围，在讲解的时候最好指出其边界在哪里。

（4）引发认知冲突。让学习者知道自己的不足、局限，比如你做这行5年了，你觉得自己和刚从业一年的人有什么差别？不引发认识冲突，不足以让学习者有动力，不是以引起他对学习的重视。

4. 激活经验

拆书家应帮助学习者把自身的经验应用到学习中，具体做法是：

（1）在讲解环节，拆书家可以把内容和示范案例同学习者的经验联系起来——讲身边的案例，讲熟悉的案例。

（2）在激活环节，拆书家可以帮助和要求学习者把学习内容和自己的经验联系起来，把自己经历过的事加工改编成案例。

（3）在促动环节，拆书家让学习者参与现场角色扮演、案例演练、游戏等活动，这是在创造产生学习的体验。这些学习体验为每个学习者通过个人反思和小组讨论提供了一个共同基础。

（4）在催化环节，拆书家可以要求学习者反思和预测。可以提这样的问题：按照以往的经验，如果你以后遇到类似的情况，换一个想法，效果会怎样？

（5）在点评环节，拆书家可以有意识地挑战学习者的思维定势，激起学习者对以往经验的反思，促使他去质疑自己原来的做法、习惯、思路。

5. 促动参与

演练比叙述更容易，参与演练能调动更多的感官，从而使记忆更加深刻，技能学习需要在安全的情景下进行第一次演练。具体做法包括以下几点：

（1）表达的时候常常自问自答。这其实是所有演讲、培训、演示中通用的基本技巧。

（2）让学习者做判断题。这是最容易让学员参与进来的技巧，因为过程很轻松。

（3）设计现场活动，尤其是角色扮演。其目的是让学习者在安全的环境下，第一次练习新技巧。

（4）要求小组讨论案例。

（5）利用有效的辅助工具。

6. 催化作用

对知识的应用就是演绎过程，学习可以促进行为改变，知识可以转化为能力，这些最终是在应用中做到的。具体做法包括以下几点：

（1）提供细化步骤的工具，这个工具可以把新技能要求规范化、标准化。

（2）鼓励学习者讲出自己的具体问题，想象和叙述可以怎样应用刚刚学到的知识去解决。

（3）请学习者编写一个故事，在这个有人物、有情节发展的故事中，有人应用刚刚学的知识成功地解决了问题。要编出他应用知识去解决问题的细节。

（4）要求规划。将所学的知识应用到工作和生活的具体情境中。

（5）要求承诺。最好是写在纸上的承诺，或是公开承诺。

（6）提醒定期回顾，检查承诺的执行情况、行为变化的情况。

（7）提供评测行为的工具。这样，学习者才知道现状和变化的情况。

7. 点评和答疑

拆书家进行点评。拆书家点评的主要目的是帮助和促进学习者进一步提升。具体做法包括以下几点：

（1）牢记点评的目标。

（2）给出肯定性点评。

（3）不要回避纠正性点评。有时候在拆解时，学习者表现出他对这个知识点理解有偏误，拆书家以关爱的方式给出纠正性点评，会让他和其他学习者大为受益。

（4）点评具体化。聚焦于学习者的拆解，而不是聚焦于评价学习者。具体地指出这位学习者已经做到的和可以做得更好的地方。

（5）多向学习者提问。这样你们就像是平等对话，而不是老师给学员灌输知识。

第三步：课后。

1. 整理现场案例

学习者拆解出的案例，是非常宝贵的材料。Web2.0 意思是用户创造内容。典型的如维基百科、百度知道、Twitter 与微博、Facebook、豆瓣等，核心价值都是促进了使用者的深度参与和创造内容；而拆书帮是阅读 2.0，因为它是学习者创造内容或读者创造内容。学习者拆解出的案例，不仅可以更有效地帮助自己应用，而且可以成为比原书更好的培训其他同事的材料。具体做法包括以下几点：

（1）拆书帮现场学习都要录音。

（2）请专业的听录速记人员把录音转化成文字。

（3）由拆书家把整片内容整理出来。整理的形式：标题＋案例（标题简要说明这个知识点，案例则是学习者现场给出的案例）。

（4）把整理后的案例发给所有相关者，包括参与的学习者、相关部门的管理者。

2. 跟踪运用

现场学习后的行动转化，从来都是培训组织与实践的难题。

拆书帮怎样解决课后跟踪运用的问题呢？方法是：请同一批人再做一次拆书帮。因为拆书帮本身就是跟踪运用的好办法。若相对固定的一群人持续进行拆书帮活动，我们就可以在每次开场增加一个回报环节——拆书家邀请之前参加过拆书的学习者，请他们讲讲上次拆过哪本书，之后有没有应用，请他们分享应用的实际案例，越详细越好。

◆ **企业实例**

TCL 拆书帮负责人分享 TCL 五天的拆书历程及心得。为了吸引广大员工参与，拆书帮活动不是从激发员工的学习兴趣出发，而是以员工的需求出发，通过拆解《高效能人士的七个习惯》《卓有成效的管理者》等六本有关职场能力的书籍让员工在学习后获得职场能力的提升。此举获得员工的一致好评，员工踊跃报名参加。在 5 天的拆书学习过程中，员工除了获得书本的知识外，其自身的沟通力、关系力、信息力、顾问力等职场能力也获得了提升。

百度副总裁郑子斌曾说："飞速发展的时代，每个职场人都能感觉到一种急迫的、自我提升的需要。跟随拆书帮，你可以把经典图书的知识转化为工作中用得上的能力，相信你自己、你的同事和领导都会感受到你的进步，这样不断地进步会让你成为真正可用的人才！"

腾讯学院常务副院长马永武说："在当今节奏飞快、海量信息的环境下，拆书帮让一个人乃至一个组织有效、迅速地抓住一本书的精髓，引导读者拆为己用，甚至惠及他人，这的确很有意义。"

中智上海经济技术合作公司培训部经理许晓晖说："多年前赵周分享他在阿里的拆书帮实践，让我大呼精妙。拆书帮将一群爱书之人集合在一起，让书中的文字与情节与自己的生命相联系，让读书真正可以改变思维、行为，成为自我培训的最便捷的途径。小投入，大收获。"

二、解影工场

（一）定义

电影，用光影的技法，再现了生活，浓缩了生活。解影工场就是将道理浓缩于屏幕中的电影片断，将这些电影片段作为满足组织培养人才的一种系统、高效的培养形式。这种新的学习方式，为领导力的形成发展提供了一种更加生动又具有现实意义的培训手段，通过为学员提供一个更广阔的、真实的模拟情景，让学员在娱乐中感悟，在休闲中得到思想的升华，引导学员感悟电影中的关键事件，并解析电影中的标杆行为，引导学员进步提高，促进学员岗位胜任力的提升。

解影工场具有以下特征：

1.电影是管理教材

两个人在马路上撞车，互相争执之后和平解决；某人被绑架，警察对绑匪苦心劝说……。这些都是电影中常见的镜头，其实也都是很好的谈判培训。同样，许多看似和企业经营管理毫无关系的影片，其中都蕴涵着绝妙的管理技巧。比如《卡特教练》，讲述的是一支屡战屡败的篮球队在卡特执教之后变成无人能敌的常胜王的故事。简直是一部打造团队领导力的范本——为了树立成员自尊，卡特教练从称呼上就对球员进行了诱导，他还要求成员多读书，尊重别人（才能赢得别人的尊重），树立偶像。当球员集体发生错误的时候，卡特教练的方式是宽恕，要求下次注意改正，给予集体一致的惩罚（以显示是共同承担责任），以及开会动员、讲道理、树愿景。在使下属和团队取得业绩的同时，卡特还对团队成员的人生产生了重大的影响。

2. 电影是管理方式

仅仅沉浸在电影情节带来的惊喜中，对经理人来说这当然不够。事实上，电影不仅是管理教材，也同样可以成为管理方式，而且对上对下同样奏效。在一些保持着传统痕迹的企业里，工会也往往会组织员工看电影，但那仅仅是娱乐而已。真正领会了电影管理内涵的经理人，完全可以将看电影作为真正寓教于乐的方式：并不需要给员工太多的压力，只要引导员工带着思考的状态去看就足够。要知道，人类之所以优于世界上的任何物种，就是因为人类善于联想，你的员工完全可以从各个角度展开联想，并领会于心，这远比苦口婆心地说教更有效。

3. 用左脑看电影

无论对提升自己的管理水平，还是用于组织建设、组织管理，看电影都是不错的选择。但是，想有如此收效，可不能按常规方式看电影。人们通常是在用右脑看电影，通过形象思维、感性思维去感受影片。逻辑思维则运用得较少，也较少会刻意将影片中的内容与日常的工作和生活联系起来。尝试"用左脑看电影"，则会将收获放大，不仅是精神的愉悦，更能获得更多与职业、生活息息相关的东西，甚至是 MBA 教学所达不到的效果。

（二）解影工场的实施

解影工场的实施采用内训的方式，技能应用测试包括课堂练习、知识点复习和行为测试及计划等。具体实施应为通过对"领导力金字塔模型"的分析得出领导力所具备的一些要素，发现领导者的自我管理、任务管理、思维创新及影响他人的真谛。然后找出影片中的人物语言、行为、态度对自我、团队及组织的影响。通过对具有培养领导力所具备的相似特征的影片素材进行归类观看，并在导师的引导下形成观影成果。

解影工场的实施可以分为以下四步：

1. 观看原声电影

根据不同电影主题，组织不同对象进行认真观看，用娱乐的方法去调动大家的学习积极性，从娱乐的角度去领悟企业管理的思想与方法，寓教于乐，由浅入深，构建一个统一认知、统一思想的文化传播平台。

2. 学习剪辑视频

在看完相关主题的电影之后有了共同认知的基础，然后看剪辑视频，将晦涩难懂的管理思想融入其中，从第三者的角度让大家顿悟其中的道理，在脑海里形成正确的职业化的工作标准，从而指导以后正确的职业化的工作行为。

3. 组织分享讨论

这个环节非常重要，是一个理论结合实际应用的环节。将以上所学习的主要内容结合自己的工作实际，让参与的人逐一发言，讲出自己的感悟以及今后的改进，并专人记录在案，以备日后检查监督。

4. 结合工作落实

这是最重要的一个环节，因为员工不会做领导希望他做的事情，只会做领导要检查的事情。所以没有检查就等于没有安排，没有检查就等于没有结果。将第三环节记录的检查内容，根据一定的时间节点进行检查(结合理论考试效果更佳)，严格检查，重复检查，直至形成良好的工作习惯。推而广之，在企业内部就会形成一种优秀的企业文化。

◆ **企业实例**

2016 年 6 月 15 日，玉屏供电局以看电影的方式举办中层管理人员综合素养提升培训，从中学习先进、有效的管理方法。课上，培训老师播放了电影《卡特教练》，指出其中优秀的管理方法，要求参加培训人员结合实际将其融入工作中，打造优秀的团队。在《利欲两心》一片中，老师讲解了管理者如何进行有效的沟通，塑造学习型团队。培训期间，老师与参加培训人员进行良好的互动，活跃了课堂气氛，促进了学习效果。通过此次培训，该局中层管理人员对企业管理、电力体制改革有了新的理解，对自身的不足也有了新的认识，表示要加强学习，不断提升综合素质，为企业的发展贡献力量。

北京今智囊传媒文化发展有限公司（以下简称"智囊传媒"）在企业云集的北京经济技术开发区召开"看电影学管理"的系列培训，参会人员来自不同行业不同企业不同职位，有传统制造业的老总，有 IT 通信类的高层，有生物新技术行业的经理，有咨询培训协会的领导，有政府公务员，等等。"看电影学管理"

的课程从研发至今是首次公开亮相，参会的高级管理人员都是智囊传媒的好朋友。把一个不是100%成熟的研发阶段性成果拿出来和大家分享，智囊传媒管理研发中心除了对"看电影学管理"产品本身充满信心之外，也体现了智囊传媒一贯的开放心态以及"YOU时代"的精神——大家的集体参与。所以，才有了北京经济技术开发区工委宣传部部长的大力支持："我来提供场地和设备，因为和智囊传媒以前有过多次合作，知道他们的创新能力，我们开发区又正面临着服务创新的新挑战，我也想看看这个培训产品怎么样，如果是个好产品，又和我们的实际情况有契合度，希望我们之间能有更深层次的合作，用好的管理培训产品为我们开发区的企业服务。"

三、移动微课堂

（一）定义

移动上网悄然间成为沟通交流、休闲娱乐的重要方式，人们逐渐形成一种通过手机等移动设备随时随地搜索、获取、存储、生产和传播碎片化知识的学习习惯，其学习体验往往是带有娱乐性质的，会使人保持一种轻松、愉快的心态。移动微课堂指的是学习者利用无线通信网络技术以及无线移动通信设备，随时随地在网络课堂学习，获取与学习相关的信息、资源和服务的活动。

目前，新生代员工继续教育主要包括学历教育与非学历培训两部分。其中学历教育主要通过参加成人高校学历教育来完成，岗位技能培训主要由企业的内部培训来完成。新生代员工思想趋于成熟，学习目的性强，虽然成人高等教育依然是继续教育的主要途径，但是新生代员工往往把继续教育看作一种文化消费与生产合一的活动。现代生活的快节奏和高压力使继续教育这种学习消费活动逐渐呈现快餐化、实用化趋势，移动微课堂作为一种实用非正式学习模式，恰恰迎合了新生代员工的学习习惯，逐渐成为传统正式学习的重要补充：一方面，移动微课堂通过短小的学习内容、便捷的学习形式，使得员工可以利用各种闲暇时间进行碎片化学习，积少成多，提高时间利用率，一定程度上解决了工学矛盾；另一方面，新生代员工以一种轻松的、带有一定趣味性的心态接受学习内容，是一种"休息式"的学习，一定程度上缓解了繁忙工作后的学习压力。目前，新生代员工热衷于利用微信、微博或移动 QQ 等微平台进行休闲娱乐，所以"移动微课堂"模式的培训是迎合新生代员工个性、行之有效的一种新型培训模式。

移动微课堂是以改革传统课堂教学模式为取向，以现代信息技术为手段，以解决个别教学问题为单元，以满足个性化学习需求的课堂在线教学。所以，移动微课堂主要有以下几个特征：

（1）服务性。移动微课堂按需分享，个性定制，基于电脑端和移动端的双平台架构，让学员在家、公司、公共场所等随时可以学习交流，所有学员可以通过注册自己的公司、姓名等信息，进入移动微课堂平台，点播自己想看的课程。学员既可以在 PC 端网络课程上登录收看，也可使用智能手机、手持平板设备等点播，实现了只要有网络信号就能接受服务。

（2）实效性。紧扣热点，解惑释疑，每节课主要围绕一个难题或热点，时间为 5～10 分钟，都是根据目前教学进度而开放学习。同时，移动微课堂可以和授课导师实时沟通，方便线上和线下互动。

（3）发展性。智慧教育需要师生共进，移动微课堂是基于移动互联网思维、翻转课堂理念、微视频功能的培训模式，随着项目的开展，导师从演员走向全能导演型专家，学员从学习者走向自我课程的设计者，为导师形成鲜明个性风格提供舞台，为实现每个学员拥有一张个性化课程表奠定基础。

（4）完整性。移动微课堂选取的教学内容一般主题突出、指向明确，虽然时间较短，但是是一个结构紧凑的教育资源。它以教学视频片段为主线，"统整"教学设计（包括教案或学案）、课堂教学时使用到的多媒体素材和课件、导师课后的教学反思、学员的反馈意见及专家的文字点评等相关教学资源，构成了一个主题鲜明、类型多样、结构紧凑的"主题单元资源包"，营造了一个真实的"微教学资源环境"。

（二）实施方法

"移动微课堂"模式的培训是以建构主义教学理论以及交互式教学法为理论基础，以"主导－主体"相结合的教育思想为指导思想，强调导师主导下的有意义的知识传递与以学员为主体的自主探究学习相结合。

首先，移动微课堂创建微信班级群或 QQ 班级群，学员通过自己的 QQ 号搜索对应"班级微课堂"微信号或扫描二维码进入班级群。同时学员可以关注相应班级"移动微课堂"公共账号，就可以看到以订阅号或服务号形式存在的"移动微课堂"微信公众平台。

其次，学员以班级为单位成立的微信或 QQ 群组，由班长负责管理，按学期邀请导师加入班级群组，导师按照学员培训的主题发送相应的视频、图片或者文本资料进行分享，学员在观看后进行讨论，并以书面报告形式形成课程成果。同时，导师应该设计对应的考试题进行阶段考核，考核题目最好以判断题或选择题的形式呈现，因为这类题型符合"移动微课堂"碎片化学习的特征，不会占用学员太多时间，从而实现零散时间的合理利用。课程考核结束后，任课老师可以选择退出群组。在班级群组里，每个人都可以随时随地发送文本、图片、音频信息，围绕一个话题展开讨论。

最后，学员通过订阅号或服务号进入班级"移动微课堂"微信公众平台，输入"目录"关键字，就可以看到微型学习资源目录页。根据需要直接输入目录页的关键字，例如输入"成绩"，可以弹出个人成绩查询链接，点击后进入成绩查询系统；输入"管理能力提升"后，一步步按提示操作，可以进入管理能力学习界面，由此学员就能自由利用零散时间进行移动学习了。

目前对于新生代员工，传统的公司内部培训仍是其能力持续提升的主要形式，"移动微课堂"也可以作为传统培训的一种重要补充形式，可以在传统培训的集中授课前、集中授课后、其他时间三个阶段发挥非正式学习的重要作用。

在"集中授课前"这一阶段，学员处于利用纸质教材或者远程网络教学平台进行自学阶段。学员可以随时随地利用手机登录微信平台，通过班级微信群组可以看到相关信息，任课教师会把课程自学预告、背景资料推荐、课程重点及难点、课程考核方式、微型学习资源介绍及如何学习等发到微信群里，通过导师的引导，学员明确了这门课程需要学习什么及如何学习，遇到问题时能够及时与任课导师、学员交流，使问题得到快速解决。由于可以直接发送语音，这对于工作繁忙的老师或其他同学来说，回复问题变得非常方便；学员通过订阅号或服务号，使用班级"移动微课堂"平台学习对应课程的微型资源。

在"集中授课后"这一阶段，通过班级微信群组，任课导师鼓励学员针对课程的一些重点、难点进行自主探究,并对课程内容进行答疑解惑;发布一些学习任务,学员以小组或者个人的形式完成导师布置的作业,并发到任课导师的 QQ 邮箱,以供导师批改;学员在使用班级"移动微课堂"微信公众平台进行移动学习一段时间后,可以参与一些小的单元测试,题型以选择题和判断题为主,测试后自动发布成绩。

在"其他时间"这一阶段,学员没有课程学习任务,可以通过微信群组进行学员之间的信息交互、感情交流,拓展自己的朋友圈、关系网;通过微信公众平台的轻松百科、能力提升、安全教育、职业培训等栏目进行自主学习,积少成多,积沙成塔,更快地提升自己的信息素养和综合能力。

◆ **企业实例**

安徽移动通信公司东至分公司(以下简称"东至移动")开展"10分钟微课堂"培训活动。"虽然培训只有短短的十多分钟,却能让我更加及时、具体地了解工作中最需要注意的问题和最需要掌握的知识技能,这种培训非常有针对性,对我的快速成长很有帮助。"新入企员工小吴对微课堂的效果表示获益良多。这是安徽东至移动开展的一项全新的培训活动,被员工昵称为"10分钟微课堂",即比正常的培训课时短,教学内容量小,教学内容集中,以实际工作为依托,充分利用交接班、安全会、班前班后会等员工集中的机会,以"见缝插针"的方式进行培训。

为推进学习型党组织建设,惠州开辟了"指尖上的学习"的新方法。由惠州市委宣传部主办的"理论快递"手机彩信、"惠州微学习"微信理论学习平台的正式启用,方便干部群众有效地利用零碎时间随身、随时、随地开展理论学习。市委常委、宣传部长在启用仪式上表示,这是惠州市委宣传部创新理论学习方式手段,积极利用彩信、微信等新媒体技术开展理论学习宣传的又一次创新和有益尝试。随着互联网时代的快速发展,宣传部门不断探索适应年轻一代阅读习惯的学习方式,务求使理论学习更具有针对性和实效性。据介绍,"理论快递"手机彩信、"惠州微学习"微信理论这两个学习平台,将会更加方便、快捷地传递党委政府声音,更加方便群众及时了解高层的大政方针。要切实把两个学习平台办好办活。要准确把握学习重点，通过权威媒体，摘选党的理论创新成果及中央、省市重大工作、重要活动信息，确保内容的准确性、安全性；要力求生动活泼，采用图文并茂的方式，精心编排，力求做到接地气、应需求、合口味。要扎实做好两个学习平台的宣传推广。市直宣传文化系统党员干部要带头主动关注、宣传及推广；各县（区）要将两个学习平台纳入各级党委（党组）中心组理论学习的重要渠道。

第四节 "训战一体化"开展形式之四：训战结合式课题

一、团队行动学习

（一）定义

团队行动学习法就是通过团队行动实践学习，以组织面临的重要问题作为载体，学习者以团队合作的形式对实际工作中的问题、任务、项目等进行处理和反思。在这一过程中让团队成员产生情感、态度、知识、思想、行为的变化，从而达到开发人力资源和发展组织的目的，也让员工的学习从消极的"强迫我学"转到积极的"我希望学"。

团队行动学习法是一个建立在工作、实践基础之上，以组织面临的重要问题为载体，以解决组织中实际存在的问题和提高组织工作绩效为导向，把反思与行动相互联系起来，涵盖计划、实施、总结、反思，进而制订下一步行动计划的循环学习和工作过程。团队行动学习法作为一种新型的管理培训方法，1991年开始受到我国培训机构的关注，顺应现代培训的发展趋势，团队行动学习法在各培训机构从2006年开始广泛应用。

团队行动学习法是完整的学习体系，包括头脑风暴法、团队列名法、六副眼镜法、鱼骨图法四个方法。头脑风暴法是现代创造学奠基人奥斯本（美）提出的，是一种创造能力的集体训练法，激发大家的智慧；团队列名法是一种最大限度地收集小组成员的意见并达成共识，防止会议由少数人控制的集体讨论方法；六副眼镜法广泛用于小组讨论，指看问题要有不同的视角，小组要交替运用这些不同视角看待问题，分析问题，完整认识问题；鱼骨图法是1953年由日本管理大师石川馨先生提出的一种把握结果（特性）与原因（影响特性的要因）的极方便而有效的方法，故名"石川图"。

（二）实施方法

1. 启动项目，制订行动计划

做法：企业主要负责人为团队行动学习的发起人，应委托企业内一主要负责人为召集人，具体管理和监督团队学习过程，为团队学习提供资源。确定学习项目主要课题，确定研究的课题范围，指派具体负责人员或机构，提出要交付的成果和验收方式。此项目历时6个月，由培训经理全程跟踪。

研究的课题范围应主要围绕企业经营问题，解决工作中遇到的实际问题，以总结报告和成果展现为验收方式。

总结：团队行动学习是在解决工作中遇到的实际问题的过程中进行学习，所以，首先要做的是明确学习的主题，即选择企业实际工作中拟解决的问题。主题的选择要具有现实意义，也就是问题解决后能够给个人和组织带来效益；主题还必须是重要的、迫切需要解决的问题，这样才能激发团队成员的学习热情并投入地学习。所以能否选择合适的学习主题就决定了该行动学习项目的成败。

2. 组建团队，确定学习方式

做法：选择并明确行动学习的主题之后，就是成立行动学习的团队。召集人根据指派学员的情况，成立了6个行动学习小组，每组6～8人，分别选出小组长。选择行业资深人士担任外部专家，阶段性地为团队学习小组提供专业支持。由培训经理担当催化师，对团队学习进行设计和把握学习过程。确定的学习方式为：集中培训→单位实操→小组集中培训→集中专题研讨会→撰写报告→成果展现。每次行动学习培训研讨，都会通过案例介绍、小组研讨与交流，系统地总结自己与他人的经验，以提高成员对实际发生的各类问题进行判断和处理的能力。每次会议时间间隔的长度要相对固定，以便提高行动学习的效率。

总结：行动学习团队每个小组6～8人为最佳，每组选出一个组长负责跟进学习计划。团队成员必须能优势互补，有不同的知识结构和工作经验：一方面对问题有基本的认识，关注问题的解决，有学习的承诺，专业背景体现互补性；另一方面要求思维比较活跃，善于质疑和反思，这样才能突破常规思维、创造性地解决问题。催化师是比较关键的角色，要有稳定的心理素质，在行动学习过程中保持中立、客观、冷静，能够不断引导小组成员将"行动"与"反思"结合在循环的学习流程中，并引导团队成员带着自己的问题加入对话与反思。行动学习的外部支持专家也是一个非常关键的角色，不仅担当传授知识的角色，同时也承担了煽动者的角色。所以，在选择该角色人选时要考虑其知识结构、工作经验以及激发学员学习和思考的技巧及能力。

3. 制订流程，掌握解决问题的工具

做法：制订了质疑和反思的流程，要求每组成员对自己小组的选题不断反思，至少要进行5～7轮反思。外部专家传授解决问题的工具与流程。解决问题的工具主要包括：头脑风暴法、六顶思考帽、思维导图、因果分析法、问题澄清法、价值链、鱼骨图法、横向思维、换位思考、评估矩阵法等。解决问题的流程为：（1）找关键事件和现象；（2）找问题的障碍；（3）聚焦重要问题；（4）把问题逻辑化、系统化；（5）把问题按轻重缓急排序；（6）把问题转换为目标；（7）自由讨论解决问题的方案；（8）再次界定问题并验证目标假设；（9）对方案进行评估筛选；（10）制订行动计划；（11）执行行动方案；（12）总结并固化成果以分享给组织其他人。

总结：在行动学习的过程中，团队成员互动会产生新的问题和矛盾，团队只有正视这些现象，才能在"痛苦"的过程中体会到自身解决问题能力的缺陷，从而接受和强化倾听技巧、提问技巧、头脑风暴、深度对话和团体决策技能等相关能力的训练，个人的能力强项在行动学习过程中也能够得到展现、认可和加强。外部专家则通过工具与流程的传授，帮助团队成员获得解决问题所需的基本知识和经验。同时，成员之间也一起分享各自的工作经验，并且结合学习的基本知识，对行动学习项目提出的需要解决的问题进行重新界定。

4. 重新定位问题并制订解决方案

做法：每组根据自己的选题重新定位问题，应用外部专家所传授的工具来分析问题的真正原因，聚焦重要问题，把问题转化为目标，制订解决问题的方案。

总结：在这一过程中，外部专家引导学员借助头脑风暴、思维导图、六项思考帽等工具，利用解决问题的流程，鼓励团队成员提出各种解决问题的创意和思想，不断深入讨论和碰撞，提出解决问题的可行方案，并确定最优方案。

5. 行动承诺执行方案

做法：每组针对所选问题，确定解决方案后开始执行。团队行动学习的成果必须向发起人及其执行团队正式汇报，每名团队成员都必须回答执行委员会的质疑，任何人不得例外。催化师对行动学习全程跟踪，对照学员个人改进计划观察其行为，定期给予反馈和辅导。学员在此强化训练环境中，一定会采取相应的行动，从而促进学习行为的改变和绩效的提高。

总结：团队行动学习的项目以解决问题为结果导向，所以必须拿出解决方案。该步骤就是把整体方案向企业相关人员展示和讲解，根据相关人员对解决问题方案的评价和建议，进一步修正，形成最终方案后开始执行。

6. 总结和评估行动学习方案

做法：发起人对本次学习行动召开总结会，总结行动学习项目的成果及取得的成绩，根据制定的激励办法激励本次学习行动中表现好的团队和成员。

总结：团队行动学习是一个及时反馈与评价的过程，通过学习者也是合作者之间的互相建议和监督，时刻探索和理解问题的变化，特别是涉及整个团队的管理问题，共享最好的解决方案。

7. 展现行动成果并固化推广

做法：将本次解决方案进行固化即精细化、流程化、标准化，并将其分享给其他团队或部门。

总结：固化分享是为了能够统一学员的思想和价值观，进一步推动行动学习。团队行动学习通过固化的问题解决方案来解决企业目前存在的众多难题，最终给企业带来效益，也让学习者的个人能力得到提升，同时促进企业人事培训绩效的提升。

◆ 企业实例

华润（集团）有限公司（以下简称"华润集团"）原董事长陈新华在给华润

的领导层的信中说："行动学习是真正具有华润特色的组织发展方式，是华润核心竞争力的重要组成部分，对于'再造一个新华润'一定会起到巨大的推动作用。"从2003年下半年开始，5年多的时间，华润集团已经进行了七次集团高层的行动学习培训和上百次一级利润中心和下属企业的行动学习培训。在行动中学习，在学习中行动。陈新华表示，行动学习最突出的特点就是实践性，不仅仅要根据实际情况提出问题，更要提出行之有效的方案解决问题，行动学习的参加者就是行动的执行者。"行动学习不是沙龙、不是空谈，所有行动学习的参与者基于对经验的反思，在分析问题、解决问题的过程中反思并相互质疑，找到有效办法并付诸行动。行动学习不是武装嘴巴，不是为了学新名词、新概念，不是用来炫耀，而是用于武装思想并付诸实践。行动学习也不是做给别人看的，不能因为领导号召了，就做给领导看，而是踏踏实实地用于解决实际问题。"陈新华说。

中粮集团有限公司（以下简称"中粮集团"或"中粮"）采取行动学习实际上跟中粮的战略转型有关。中粮集团内部将行动学习称之为"团队学习"，强调团队组织的学习。过去中粮是一家外贸公司，业务完全垄断。20世纪90年代，中粮跟中国大多数国企一样，什么赚钱投资什么，整个公司的管理复杂而混乱。2005年，宁高宁加盟中粮集团后，开始将中粮集团向全产业链粮油食品企业转型。此前贸易企业最大的特点就是抓机会但没战略，宁高宁所做的就是要将一家机会型的贸易公司转型成为战略清晰的产业化经营公司。在实现了产业化经营后，更进一步地提出"全产业链"的发展战略，将业务再进一步整合，以此确定"全产业链"的核心竞争力。这是一个浩大的工程，不仅涉及业务调整，还有整个商业模式、组织架构、管控模式的调整，甚至人的思维方式、企业文化都将面临巨大的转变，要让这样的一艘巨型航母转身，难度巨大。宁高宁是个有商业思想的人，他最大的优势在于思想引领，落实到方法就是把培训作为推动整个企业转型的最好切入点，以此形成中粮团队学习的大背景。宁高宁所强调的培训并不是传统意义上的培训，他将培训当成一种工作方法，意在培训团队的决策方法和团队建设的方法。培训工作在统一逻辑结构和思维框架下，通过激发团队成员的智慧，转变心智模式来达成共识，意在解决团队发展的重大问题，提升团队能力，实现团队融合，塑造团队文化。实际上就是通过团队学习来推动企业的转型。

二、个人行动学习

（一）定义

个人行动学习是借由工作中的任务来学习（强调做中学），是发展组织中的个人能力的一种方法。它是以"没有采取行动就无法深刻地学习"和"若无法有效地学习就很难冷静、谨慎地采取行动"等主张作为前提发展而来的一种管理发展的方法。这种方法最早是由 RegRevans 根据 1938 年与剑桥大学卡文迪西（Cavendish）实验室一群物理学家（其中八位诺贝尔奖得主）共事的经验所发展出来的；这群物理专家每个星期三坐下来一起讨论彼此的实验，会谈的内容不在展示自己的聪明或成功，反而是寻求他人协助自己来面对所遭遇的困难和挑战。

个人行动学习是根据 Kolb 的经验学习循环，以"透过反思（reflection）经验来学习"，是一个持续学习和反思的过程。个人行动学习以完成任务为导向，透过小组会议得到小组内其他成员的支持；团队参与者透过解决实际问题及对经验进行反思，向团队其他成员及与团队成员一起学习。这个过程可以帮助我们建立积极的工作态度，在面对工作中的挫折压力时，能克服只会空想、不知采取行动的消极倾向。

个人行动学习把焦点放在个人身上，这是它与其他团队行动学习方法不同的地方。虽然个人行动学习的重点放在个人学习上，但是单位往往也会因团队实际工作中所处理的专业计划而间接获益。它也是被用作落实组织学习愿景中的"实践与检讨"的一种有效方法。一次成功的个人行动学习培训对团队成员有以下要求：

（1）成员自愿地参与培训的运作并认真对待他所提出的个人议题。

（2）成员在面对工作中的挑战时，能表现出一种正向且积极的态度。

（3）成员做出承诺并尽力让培训流程顺利运作以至成功。

（4）成员认识到反思是学习的关键。

从上述概念可以得出行动学习具备的基本特点：

（1）反思性。个人行动学习明显的特征是通过个人的一些学习，在行动改变过程中的持续性学习与反思，它的核心是学习——行动——反思——学习——

再行动的一个闭环管理过程。

（2）行动性。个人行动学习，顾名思义既有学习也要有行动，行动是学习的一种物化过程，学习是行动改变的起点和基础。行动和学习是行动学习方法论的基本要素和基本特点。

（3）主体性。个人行动学习团队中的每位成员都是学习和实践的主体，每位成员所具有的知识结构、工作经验以及对问题的思考角度都是行动学习实践过程中的重要资源。

（4）参与性。每位成员在个人行动学习的过程中，都要积极主动地参与，参与行动学习的全过程，思维过程从点到面、由表及里，真正地融入进去。

（5）合作性。个人行动学习不仅是由个人独立地进行，它的重点是个人能力的提升，但同时也需要有团队合作精神。当个人能力提升遇到瓶颈时，在团队中寻找提升的突破口也是有必要的。

（二）实施方法

基于个人行动学习活动提升个人能力的实践共经过团队建设、提出课题与制订方案、开展培训、后期总结四个阶段：

1.成立机构，组建团队

（1）成立行动学习项目推动小组。由公司高层担任，行动学习项目推动小组的日常工作由集团公司行动学习活动办公室负责。

（2）成立项目实施单位行动学习项目领导小组。由公司内各部门分管行动学习项目实施单位的领导任组长。

（3）成立项目实施单位行动学习执行办公室。由组织人事工作部门或具有组织人事工作职能的部门负责人任主任，主要职责是负责本单位行动学习日常管理和服务工作，负责与集团公司行动学习活动办公室对接，负责报送开展行动学习活动的信息、简报等。

（4）组建团队。典型的行动学习是由若干人员形成的一个小组，小组成员的角色包括学习者、催化师、导师。

（5）召开启动会

由高层领导主持召开启动会，明确目的、意义、总体目标、任务要求和领导期望，导入行动学习，介绍行动学习原理、要素、过程和研讨工具，阐述问题及解决问题的积极意义。实施解决问题方案的计划，让小组成员学习实践催化技巧，制定详细的行动学习计划及目标。

2. 选定主题，确定行动学习课题

（1）提出行动学习课题。问题是行动学习开展的起始点，带有急迫性和重要性意义的学习课题是激发团队投入学习与行动的关键要素。因此，行动学习的课题应从公司战略目标的战略主题入手，并结合正在开展的工作需要，广泛征集行动学习课题。同时应经过团队的各自分析和筛选，同时征得培训老师的同意，最终确定本次行动学习课题。

（2）开展调研。由行动学习项目实施单位针对课题要求，组织课题组成员开展1~2次行动学习专题调研，形成专题调研报告集团公司行动学习活动办公室。由公司高级管理人员作为发起人，发起行动学习倡议，人力资源及培训部门征集并评估问题，按照一定的选题标准，确认确定主题。要求行动学习项目实施单位制订本单位开展行动学习活动实施方案，确定1~2个行动学习课题，每个课题设6~8个学员。

（3）制订课题实施方案。培训导师首先对鱼骨图、系统思维、头脑风暴、团队共创、甘特图等方法和工具进行详细的介绍，确保团队成员都能够领会并学以致用。然后通过互相学习、反思与质疑等环节，使各团队成员最终制订较为完善的课题实施方案。各方案都要严格遵守以下规范：

第一，课题与方案背景。明确选择课题与方案的背景，阐述课题选择的重要意义和可行性，确保课题的选择是符合企业当下亟须解决的重大问题。另外，对课题可行性进行深入分析，明确团队利用企业现有资源可以解决的问题，树立团队成员解决问题的信心。

第二，课题与方案目标。在行动学习辅导过程中，明确要求各团队指定清晰的课题与方案目标，同时规范形成多元化的目标体系。具体要求团队制定"混合式辅导项目目标""学习目标""方案目标"，同时要求学习目标要进一步细化为知识学习目标、工具或方法学习目标以及能力学习目标。通过建立多层次的目标体系，确保团队成员对行动学习以及课题方案有更加清晰的认识，为下一步工作指明奋斗方向。

第三，方案设计原则。在培训辅导中，各团队都明确了方案的设计原则，要求注重方案的实用性、与业务的融入性以及设计的合理性等。

第四，方案解决思路。行动学习明确了制订方案的一般思路，思路要点是：提出课题的关键影响因素，深入分析原因，提出解决方案，制订行动计划。在提出课题关键影响因素阶段，培训导师对团队进行细致的指导，帮助学员一起梳理关键影响因素，并协助学员掌握梳理关键影响因素的方法和思维过程；在原因分析阶段，各团队成员充分利用原因分析的系统思维，分类逐层绘制鱼骨图，保证各类各级鱼骨对应的因素在同一逻辑层级上，实现彼此独立、相互穷尽的目标，挖掘出问题的主要原因；在提出解决方案阶段，各团队采用头脑风暴的形式，引导团队每个成员无限制地自由联想和讨论，群策群力，实现团队共创，通过团队分享，筛选出有价值的想法，形成解决方案；在行动计划制订阶段，辅导老师重点讲解了 WBS 工作分解结构图，四个团队采用 WBS 方法对各自的课题进行层层拆解，最终形成可执行的行动计划。

3. 开展行动学习培训

由公司行动学习活动领导小组办公室负责组织，开展行动学习普及培训、促进师培训、行动学习推动者研讨等。

（1）行动学习普及培训班。办班期数为 2 期，参加培训人员为行动学习项目实施单位中层以上干部、课题组成员、促进师等。

（2）促进师培训班。每 2 个月举办 1 期，共 3 期，参加培训人员为行动学习项目实施单位促进师、行动学习执行办公室成员。

（3）行动学习推动者研讨班。每 3 个月举办 1 期，共 2 期。参加培训人员为集团公司第一期行动学习活动推动小组成员，行动学习执行办公室主任。

（4）具体实施行动。制订行动计划，按照行动方案的分工，小组有计划地开展学习和实践，包括为解决实际的项目问题去实地收集资料、研究问题、展开研讨、专家求证、方案修正等。

在方案执行过程中，团队各自制定了方案推行的保障机制。第一，在方案推行前，进行深入的铺垫准备，对方案的背景、意义和行动计划进行宣传贯彻，促进员工对方案的了解，为推动方案的落地实施打下基础；第二，注重协调策划，在方案推行过程中，项目团队成员间要相互沟通、协调，就方案推行过程中的问题进行深入讨论，并不断反思，以修正方案，实践行动学习方法和工具，同时依据各自的经验和资源，推动方案的落地执行；第三，形成方案的指导手册，确保方案清晰、明了，方便实施者掌握和应用。

4. 后期考核、总结

行动学习项目实施单位在培训结束后，将本单位开展行动学习项目课题解决方案形成书面报告，公司行动学习活动办公室将对这一期开展行动学习情况进行评估，寻找差距和不足，为后期开展行动学习活动积累经验。

（1）考核检查。集团公司行动学习办公室对行动学习项目实施单位行动学习情况开展 1～2 次考核检查，协调解决各单位开展行动学习活动中遇到的问题，后期组织召开一次行动学习经验交流会，对开展行动学习活动成效较好的单位给予一定的奖励。

（2）总结评估。组成领导和专家小组和项目团队召开总结会议，听取成员研究汇报，对问题解决效果进行评估。总结行动学习过程中的经验，总结个人的学习体会和感悟，对行动计划质量的评估，对学习效果的评估，收集、总结行动学习过程的改进建议，以及问题解决方案的改进建议，对任务的达成情况和个人收获进行总结和评估。

（3）开展宣传，固化反思。公司行动学习活动办公室利用公司门户网站和简讯、板报，对各单位开展行动学习情况进行宣传报道。各项目实施单位每 1 个月要报送 1～2 条有关行动学习活动的信息到公司行动学习活动办公室。将行动学习项目的成果运用于实践或在更广范围推广、分享，组织研讨把最终结果如何固化到制度和流程中，组织研讨其他部门如何利用行动学习经验及行动学习成果。对参与人员致谢，项目关闭。

◆ 企业实例

美国 IBM 是世界知名的咨询服务公司，面对激烈的竞争环境和快速的科技变化，"个人行动学习"成为其提升员工能力、进行公司变革的策略性武器，是组织创新必不可少的重要工具。IBM在20世纪90年代初期陷入分裂甚至崩溃的境地，临危受命的新任执行长Gerstner引入行动学习推动高层管理人员的思想转变。IBM每年对学习投入大量资金，带来的效益包括：增加生产力，发展员工潜力，促成员工和团队创新，积累和再利用组织的知识资产来协助供应商、合作伙伴及客户，等等。透过持续性的学习转化（learning transformation），使IBM能成为市场的领导厂商。该公司进行人员培训的成功模式，成为力争上游的私人企业和公务机关的学习典范。

湛江供电局高度重视提升领导人员领导力，并明确提出要用个人行动学习的方法论提升领导力，同时要求中层以上领导干部纳入行动学习辅导班，壮大行动学习队伍，最终湛江供电局各级领导人员共35人参与了培训辅导。四个团队通过落地实施课题方案，有效提升了湛江供电局在营配信息集成、作风建设、法律管理、流程平台四个方面的管理水平，在行动学习中解决了工作中遇到的实际问题，达到了预期的在课题、学习及方案落地三方面的目标。团队成员中的个人领导力在行动学习的过程中得到了发挥创造，组织领导力得到了整合，促进了组织管理的提升。

广西高速公路投资有限公司、南友高速公路运营有限公司、广西交通实业有限公司、南宁外环高速公路项目建设指挥部在集团公司行动学习活动领导小组办公室的指导下，在本单位开展行动学习项目实施活动，研究解决本单位重大问题，推动工作的同时，促进干部队伍能力建设和学习型组织建设。行动学习提倡理论联系实际，充分发挥学员的主体性，强调开放、平等地参与团队学习，注重多种学习方法的综合运用，旨在解决问题，提升学习者的思想方法和价值观念。培训中心建立了小组讨论结果反馈、定期回访等长效机制，通过将学员小组讨论得出的方案以小报告形式反馈给委托单位、培训结束后不定期与委托单位领导会谈、与学员保持长期联络、持续提供专家辅导支持等方法，确保学员学习成果能够得到实施，实现教育培训与工作实践的有机结合。

第七章

河南省电力公司 2016 青年干部
培训班对"训战一体化"的实践

CHAPTER7

国网河南省电力公司是国家电网公司的全资子公司，肩负着为全省经济社会发展提供可靠电力保障的重要任务。截至 2015 年年底，公司直属单位 30 家，县级供电企业 107 家；用工总量 16.5 万人；资产总额 1161 亿元。当年完成售电量 2286 亿千瓦时，营业收入 1234 亿元，两项指标均居国家电网公司系统第四位。继 2008 年 1000 千伏晋东南—南阳—荆门特高压交流试验示范工程落点南阳建站运行后，2014 年从新疆哈密至河南郑州的天中 ±800 千伏特高压直流工程顺利投运，河南电网进入特高压交直流混联运行新阶段。截至 2015 年年底，河南电网 110 千伏及以上变电站 1220 座，变电容量 2.16 亿千伏安，线路长度 4.9 万千米。500 千伏电网"两纵四横"梯形网架进一步完善，220 千伏变电站覆盖全省 95% 的县域，所有市实现 220 千伏环网供电，全部县域实现 110 千伏双电源供电。

近年来，公司认真贯彻落实国家电网公司和河南省委、省政府决策部署，始终坚持"四个服务"宗旨，以持续深化公司和电网发展方式转变为主线，积极履行肩负的政治、经济和社会责任，持续夯实安全生产、队伍稳定和优质服务基础，全面加快"一强三优"现代公司建设，有力保障了全省电力有序可靠供应，各项工作取得了新成绩。公司先后荣获全国"五一"劳动奖状、全国模范劳动关系和谐企业、国家电网公司文明单位和省级文明单位等荣誉称号，在全省行风评议中连年位居公共服务行业前茅。

第一节　开班背景

一、着眼于公司"十三五"发展，加强干部建设

从国家政策层面来说，十八大以来，中央把建设高素质执政骨干队伍，培养选拔党和人民需要的好干部的工作，摆在了突出重要的位置，特别是对年轻干部

的培养选拔。习近平总书记强调，培养选拔年轻干部，事关党的事业薪火相传，事关国家长治久安。国家电网公司始终高度重视干部队伍建设，尤其对年轻干部的培养更是倾注大量心血，每年定期举办青年干部培训班，选拔年轻干部到总部分部挂职培养锻炼。原国家电网公司董事长刘振亚多次指出，年轻干部是公司改革发展的重要骨干力量，是国家电网事业的希望和未来。公司 2016 年重新启动了青年干部培训工作，主要目的就是通过系统培训，提升青年干部的履职能力和作风素质，推动青年干部尽快成长成才，为公司可持续发展提供坚实的人才保障。

二、准确把握当前形势和任务，需增强四个方面的紧迫感

从公司当前发展形势来看，河南电网总体上还是"三低两落后"：供电能力偏低，供电可靠性偏低，电网的装备水平也偏低；河南电网作为重要的基础设施，相对于高速公路、高速铁路、民运航空，包括航空物流，包括信息基础设施来说都是落后的。"十三五"是河南电网实现追赶、发展、跨越升级的关键时期，发展任务十分艰巨。我们必须增强责任感和紧迫感，始终把加快发展作为第一要务，牢牢把握发展机遇，加快扭转电网薄弱局面，推动电网持续快速发展。

当前，以市场化为方向，以"管住中间、放开两头"为核心的电力体制改革进入全面试点新阶段，电力市场格局正在发生深刻变化和调整。虽然河南省电力体制改革形势总体平稳，但考虑当前经济下行压力及经济结构偏重等因素，明确 2016 年暂不开展输配电价改革试点，但输配电价改革将于 2017 年在全国范围内全面推行。河南输配电价水平长期偏低，公司有效资产规模相对偏少，相比其他省公司，河南输配电价改革面临的任务更为艰巨。因此我们必须增强责任感和紧迫感，进一步提高认识，把深化改革摆在发展全局的核心位置，积极主动作为，加强沟通引导，凝聚广泛共识，为公司持续健康发展奠定基础。

面对低迷的电量增长态势和严峻的经营形势，做好供电服务工作，意义十分重大。同时，国家加快售电侧放开，市场化竞争加剧，对公司营销运营模式、用户用电保障、供电服务工作提出新的挑战。虽然，公司近年来围绕改进供电服务、提升服务水平做了大量工作，取得了一定的成效，但从一季度典型事件分析情况来看，公司系统在服务标准、流程、行为、规范等方面仍然存在薄弱环节，私自收费、漏抄误抄、野蛮施工等屡次发生，充分暴露出个别员工服务意识淡薄，工作作风亟待提升。我们必须增强责任感和紧迫感，切实统一思想、转变观念，把优质服务作为公司的"生命线"，持续加强和改进供电服务工作，努力提高企业形象和市场竞争力。

目前，全面从严治党和依法治国深入推进，政府监管、社会监督越来越严格，国家电网公司加快建设"三全五依"法治企业，对依法从严治企工作提出了更高标准。国资国企改革推动建立以管资本为主、强化分类监管的新型监管模式，对公司完善法人治理、强化激励约束、持续提升精益管理水平等提出新的要求。近年来，公司虽不断加强规范管理，推进法治企业建设，但从这几年审计监督、专项巡视检查发现的问题看，公司精益规范管理工作仍需再强化、再细化、再深化。有的单位法治意识不强，对重点领域和关键环节把控不严，"四违"问题依然存在；有的落实上级要求打折扣、搞变通，"三重一大"决策程序履行不到位；有的惯性思维不减，经营管理较为粗放，精打细算、精益求精意识不够，特别是县公司规范管理方面，问题更为突出。我们必须增强责任感和紧迫感，把从严管理作为未来几年公司一项突出任务来抓，在从严规范上下功夫，在精益管理上出实招，在监督考核上动真格，努力提升公司软实力。

三、全面加强年轻干部思想能力作风纪律建设

总的来看，"十三五"期间，公司和电网发展任务艰巨，考验和挑战很多，但事业前景十分广阔。这既对公司广大干部员工提出了更高的要求，也给大家施展才华、创造价值提供了难得的舞台和广阔空间。年轻干部思想活跃、年富力强，要深刻认识公司和电网发展面临的形势和任务，始终保持强烈的事业心、责任感，把思想和行动统一到公司党组各项决策部署上来。更要全面加强思想能力作风纪律建设，要争当政治坚定的表率、争当作风务实的表率、争当敢于担当的表率、争当攻坚克难的表率、争当清正廉洁的表率，努力在全面建设"一强三优"现代公司中建功立业。国网河南省电力公司目前的青年干部队伍，大多是从专业管理

和技术一线逐步成长起来的人员，已经具备一些经营管理工作方面的经验，但其经验的形成大多依靠个人悟性天分，经验相对比较零散，不够系统，尚不足以支撑其形成管理思想。同时，组织培养塑造的作用体现不够明显，缺少在培养方向上的引导和具体方法上的指导。

从队伍发展的具体情况来看：有的长期在基层单位，实战经验丰富但系统思考不足；有的长期在省公司，观念先进但落实执行乏力；有的因个人短板限制，提升较慢，发展后劲不足；有的因价值观念不够坚定明晰对高端决策缺乏思想，等等。

正是基于国家政策，把握公司当前发展形势与趋势，结合青年干部自身发展特点，开办了这次青年干部学习培训，充分体现了公司对年轻干部培养的重视、信任和关心。鼓励大家刻苦学习、勤于思考、加强交流，把工作积累和学习收获融合升华，真正学有所获，学以致用。

第二节　调研座谈会

一、与项目组人员的座谈研讨

为了更好地理清此次中青班创新型培训的目标，河南省电力公司与管理咨询公司合作开展调研座谈会。

（一）座谈会流程

1. 理清培训的目标

采用"头脑风暴"讨论形式，提出了以下五个目标：

（1）围绕工作任务展开的有效学习活动（基于工作任务）。

（2）为学员建立储备性能力素质的培训（基于发展潜力与储备性领导力素质）。

（3）多元化多层次满足各方的需求（公司领导、人事董事部、学员三方面）。

具体包括三个方面：其一，学习内容设计的系统性（政治思想、管理基础理论、领导力技能训练）。其二，吸收转化，运用到工作中解决实际问题的有效性。其三，寓教于乐，组织形式上充分调动学员的积极性。

（4）反思性（当前比较优秀，但需帮助其了解未来发展所需的领导力未来储备）。

（5）自发性（由公司引入集训培训，但后续应进一步考虑引发个人的主动学习）。

2. 理清培训的基本框架

将整个中青班培训分为前期设计规划、测评调研问题搜集和培训实施三大阶段，其中培训实施含理论学习（约 1 个月，采用集训上课形式）与行动学习（约 1.5 个月，采用在岗学习，分阶段上课辅导形式）。基本框架如下：

（1）前期设计规划（围绕中层管理人员的发展性素质模型）。

（2）素质测评或问题搜集。

（3）理论学习（按设计规划的课程体系实施，第一个月）。

（4）行动学习（根据个人能力短板，结合实际工作问题确定行动学习主题，第二个月开始，约 1.5 个月，分 3 次碰头培训辅导）。

（5）前后评价对比（侧重于三级评估，以模型中的行为为评估内容）。

（二）座谈会成果

对讨论形成的五个目标进一步整合，得出结论：

（1）围绕工作任务展开的有效学习活动相比于为学员建立储备性能力素质的培训，更侧重于后者，后者为方向性目标。

（2）多元化多层次满足各方的需求为主体性目标。

（3）反思性、自发性为辅助性目标。

将培训的基本框架确定为：前期设计规划、素质测评、问题搜集、理论学习、行动学习前后评价对比五个步骤。

二、与青年干部的座谈研讨

科学合理的课程设计规划与人才要求相配套，因此为了更好地了解青干班学员对于培训内容的想法与思考，随后又与青干班学员一起开展座谈调研，座谈会围绕培养目标即适合于河南省电力的青年干部人才要求展开讨论。

（一）座谈会流程

（1）了解青年干部群体的自我发展期望和对青干班的期待要求。

通过给每个青年干部发放对自我发展的期望以及对青干班的回顾、期待和需求的卡片让其填写，来收集青年干部的需求。

（2）了解河南省电力公司领导提出的对青年干部的要求。

同样填写要求卡片来了解公司领导对青年干部的期望。

（3）管理职能中的关键任务。

细分各管理职能中的关键任务，并弄清楚在完成关键任务途中优秀行为与一般行为的区别。

（4）找出工作关键任务下的优秀行为模式。

从核心素质、思考力、凝聚力、执行力四个方面确定关键任务下的优秀行为模式。

（5）建立适合河南电力的青年干部能力素质模型。

综合前面四步的内容成果，参考青年干部的通用能力素质模型框架，最终形成适合河南电力的青年干部能力素质模型。

（二）座谈会成果

通过会后整理座谈会上的交流成果，形成适合河南电力的青年干部能力素质模型。如图 7-1 所示。

（1）核心素质（政治素质、追求卓越、抗压能力）。

（2）思考力（策略思考、学习领悟、归纳思维）。

（3）凝聚力（团队领导、沟通影响、人才培养）。

（4）执行力（计划统筹、组织协调、监控能力）。

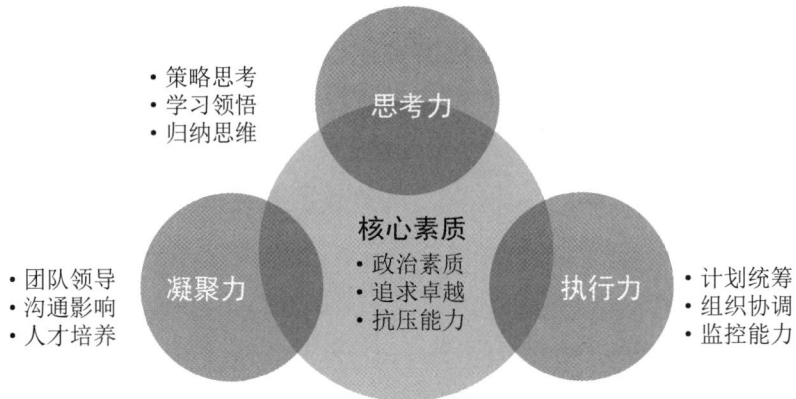

图 7-1　青年干部能力素质模型

第三节　设计培训班

一、培训班策划设计

根据河南电力公司对青年干部队伍人才数量与质量的需求，结合目前公司青年干部队伍的状况，我们拟重启青干班这一干部培养的摇篮。在启动之前，以公司对青年干部所寄予的期望和发展性要求为目标，重新设计青干班的授课主题和培训形式，加大对青年干部普遍性问题的培训力度，承担起青年干部的培养重任。

（一）青干班待解决问题与预期成效

青干班针对青年干部队伍目前的状况，要解决以下三个问题：

首先，从"知"的层面，全面加强青年干部的核心素质、管理能力和知识素养，实现对青年干部能力素质模型的全覆盖，解决青年干部队伍发展中遇到的普遍性问题。

其次，从"会"的层面，重点提升青年干部解决实际工作问题的实战能力，将培训学习与解决工作实际问题形成强联系，实现学习工作一体化，让学习为工作提供知识、技能、工具支撑，工作为学习指明方向。

最后，从"通"的层面，帮助青年干部加强主动学习的动力，养成主动学习的习惯，让学员成为吸收知识、运用知识、总结知识、传授知识的主体。

新的青干班将大幅度提升培训的预期成效，主要体现在以下两点：

在学员层面，学员通过青干班的学习，可以进一步激发成长动力，改变精神面貌，提升政治素养，坚定勇于担责破难、善于攻坚、乐于学习的决心与毅力。补足和完善经营管理知识技能，提高其运用所学解决实际问题的能力，促进能力绩效的双提升。

在组织层面，公司通过青干班的组织，可以进一步提升公司主动塑造人才的能力，加速青年干部队伍的成长，缩短成长周期；高度激发学员解决问题和学习知识的主动性，逐步实现培训学习和工作实践的一体化；为青年干部培养建立一套新型模式，并将此模式在其他层级干部培养中进行扩展延伸应用。

（二）青干班的设计思路与解决方案

新青干班的设计突破原传统模式，在 "能力绩效双提升" 的总目标及指导原则下，以 "训战结合" 为主设计思路，整个培训过程嵌入大量工作场景和实景案例，以加强对实际工作问题的分析和解决。学员带着问题进入青干班，在对标准（模型）、照镜子（测评）的基础上，通过学知识（白天课堂学习 + 晚上定期配套专题研讨）和促行动（行动学习 + 在岗实践）两大阶段，最终带着解决方案和更高的领导力水平走出青干班。

在学知识和促行动的两大主体阶段中，新青干班首先将重点放在加强青年干部的政治责任及事业追求的核心素质方面，帮助学员提高党性政治修养和国际国内发展形势的认识，通过改变其内在认知和心智模式来改变行为；在管理能力提升方面，遵循 "理论 + 实践" 的能力发展规律，先帮助学员完善知识结构，引领学员打开各个重点知识领域的窗口，再结合工作实践加以知识点的应用转化并加深理解；除了大班上课外，在深度上，学员们后期逐步分组进入行动学习，对自己在青干班的所学转化为所用做一次实战检验并做成果汇报；在广度上，为学员提供个性化的学习解决方案，适配针对性的学习培训内容，既帮助青年干部进行强化补缺，也激发他们主动学习的动力，养成主动学习的习惯。

为实现培训总目标，在青干班培训内容的设计上采取了循序渐进的方式，前期以知识讲授为主，案例讲解和主题研讨为辅，在过程中逐步加大实战演练的比重，最后以全实战的行动学习验收。如图 7-2 所示。

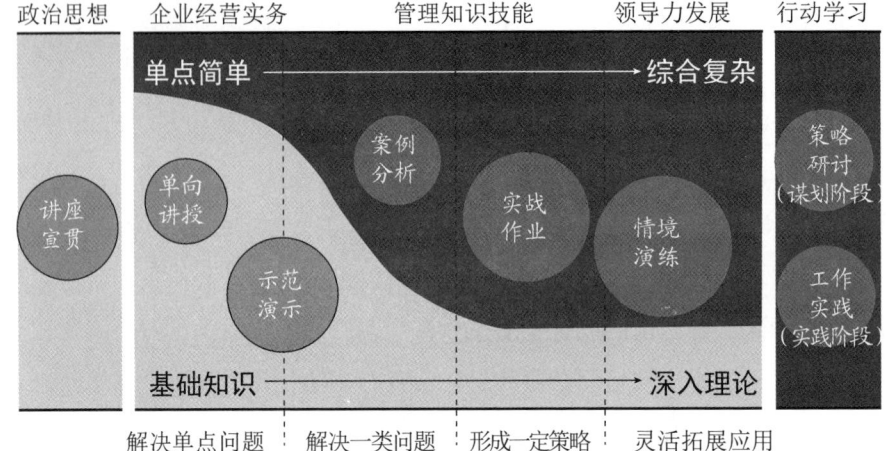

图7-2　青干班培训内容设计

　　整个青干班培训的前半部分主要以授课培训为主，所学习的内容全面覆盖公司青年干部能力模型的各个模块与指标，学习内容上更具系统性、科学性和针对性；集训的后半部分侧重对学习内容的转化和实践应用，主要通过行动学习进行，充分体现对青年干部培养在"学以致用"上的价值取向和主导逻辑。学习内容设计的结构占比，如图7-3所示。

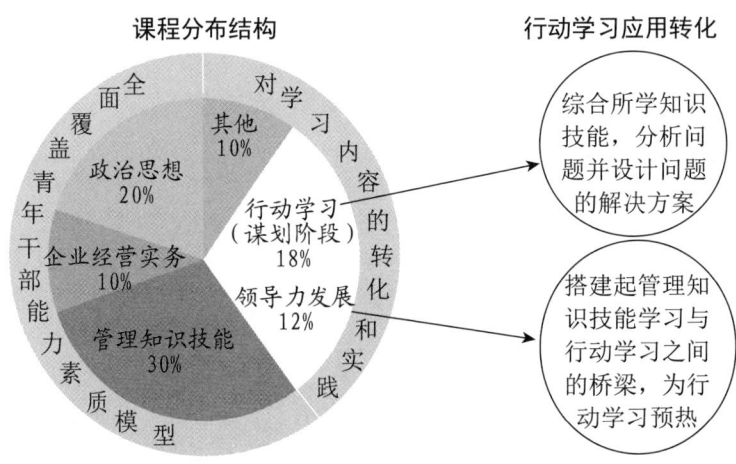

图7-3　学习内容结构

（三）青干班的内容设计与实施安排

青干班培训内容设计与实施安排，如图 7-4 所示。

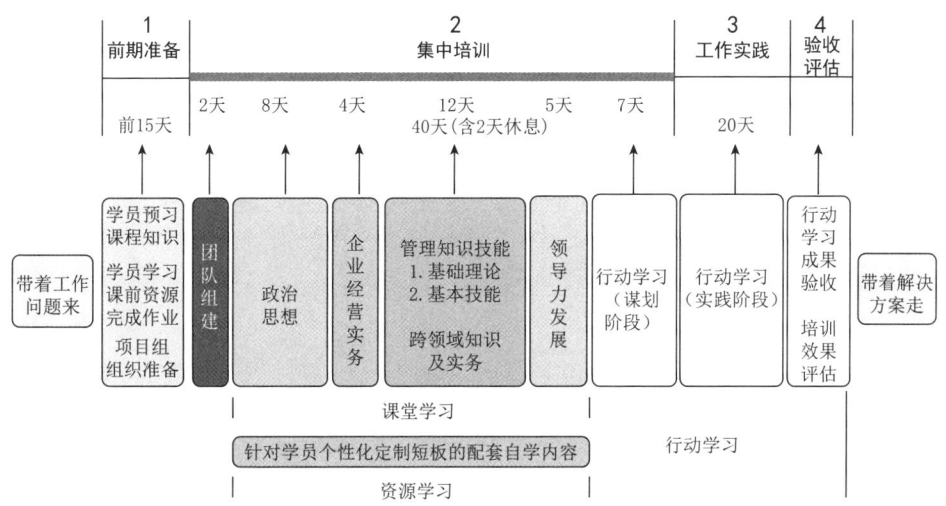

图 7-4　青干班培训内容设计与实施安排

青干班的集中培训为期 40 天，其中政治思想课程 8 天，企业经营实务课程 4 天，管理知识技能 12 天，领导力发展 5 天，行动学习（谋划阶段）7 天，其他（团队组建、文体活动等）共 4 天。同时也在集训的前中后做了延伸，充分保障学习效果的达成。集训前 15 天，要求学员提前预习课程知识，学习课前资源，完成课前作业；集训中，除了白天上课与阶段性夜间转化外，另外为学员提供个性化的配套自学资源，与集训的课程学习同步。集训后 20 天为行动学习的延伸，在在岗实践中执行集训输出的问题解决方案，并参与验收和评估。

除了集中的课堂培训和分组的行动学习外，针对学员还有个性化自学资源，个性化资源根据学员的能力短板进行设置，有精选片段、视频课程、案例、影片、书籍多种形式，是个性化的学习解决方案。如图 7-5 所示。

1. 政治思想培训模块的设计与实施

政治思想教育模块帮助青年干部加强自身政治责任和事业追求的核心素质，聘请党校老师采用传统的讲座讲授方式进行。另在晚上时间加入读书会、观影会和座谈会等多种形式的主题活动，使原本相对枯燥、单向宣传贯彻的政治思想教育在内容上走向深度理解，形式上更加丰富多样，更有利于学员对所学内容的吸收与理解。

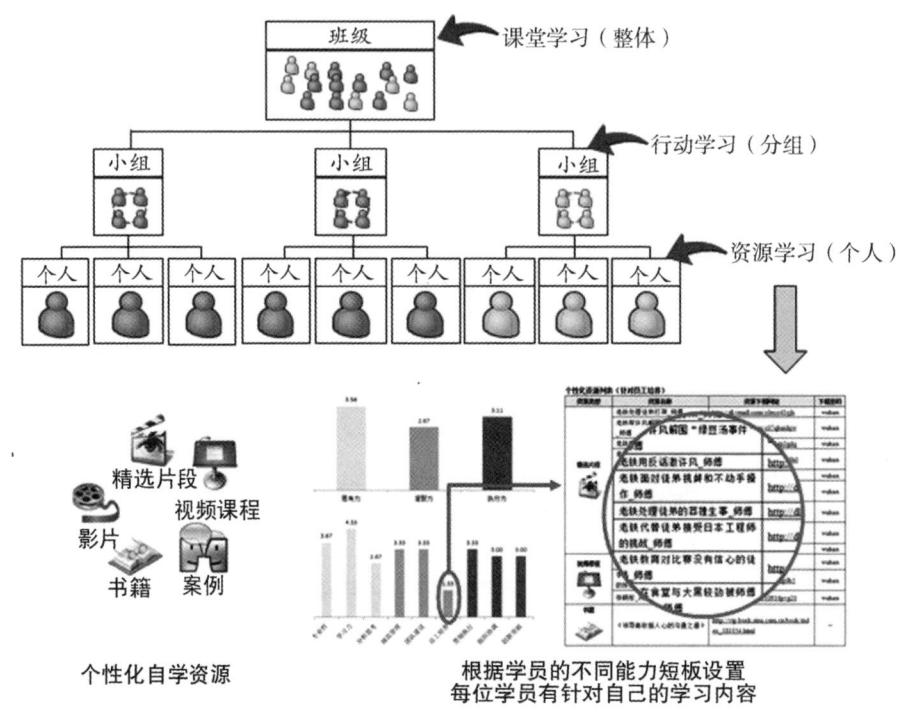

图 7-5　学习形式

该部分共 8 天，占总集中培训时长的 20%。课程主题时间，如表 7-1 所示。

表 7-1　政治思想课程主题时间

	白天		晚上
政治思想	政治理论名篇选读	1 天	学习讨论:结合导读内容谈认识与感想
	近代发展简史回顾	1 天	观影会:金一南《苦难辉煌》视频讲座节选
	重要政治思想解析	1 天	读书会:《向毛泽东学管理》节选前 4 章(精神聚众、思想教育、群众路线、铁的纪律)
	习近平重要讲话精神学习	2 天	座谈会:如何结合自身工作,践行习近平总书记的重要讲话精神
	"三严三实"学习	2 天	观影会:"三严三实"专题教育影片《雨中的树》
	反腐倡廉学习	1 天	主题班会、党组织生活

2. 企业经营实务培训模块的设计与实施

企业经营实务培训帮助青年干部扩展视野,加深对公司战略的理解,提升学员看问题的大局观,为青年干部的经营管理决策建立指导依据。聘请国网系统内的趋势战略研究专家、公司领导,采用讲座讲授方式进行。另在晚上进行分组研讨,分组研讨主题不仅包含对白天所学课程主题重点内容的回顾与总结,并且需要根据河南电力公司的实际情况进行宏观思考,把握战略机遇。设置分组研讨的目的也为最后阶段的团队行动学习主题做好对战略问题理解的准备。

该部分共4天,约占总集中培训时长的10%。课程主题时间,如表7-2所示。

表7-2 企业经营实务课程主题时间

	白天		晚上
企业经营实务	全球能源互联网形势分析	1天	分组研讨:如何顺应环境趋势抓好发展机遇
	当前宏观局势下的电力体制改革热点问题	1天	分组研讨:如何有效解决电力改革的热点问题
	国网发展战略解读与转型发展经营思路	1天	分组研讨:如何在实际工作中承接国网发展战略与转型发展经营思路
	省公司领导治企理念专题讲座	1天	学习讨论:深入理解公司治企理念与领导重要讲话精神

3. 管理知识技能培训模块的设计与实施

管理知识技能培训帮助青年干部练好管理基本功,完善知识结构,聘请职业讲师采用培训方式进行。内容共分为基础理论、基本技能和跨领域知识及实务三个部分,覆盖青年干部能力素质模型。白天通过课堂上学习知识技能,晚上通过混合式的新型学习方式(分组试讲、自学资源学习、热点话题讨论、头脑风暴、案例分析研讨等)进行知识技能的巩固,将之与实际工作联系起来并加以运用。

在管理知识技能模块的晚上学习中,穿插加入了个性化学习资源的自学内容,学员对针对其能力短板配置的管理主题精选片段、视频课程、人物访谈、书籍、影视进行学习,自学资源作为抛砖引玉的学习材料,目的在于提高学员的学习敏感性,发现无处不在的学习资源和学习渠道,并养成主动学习、联系实际、持续学习的习惯。

管理知识技能培训模块的最后将组织课程满意度评估和专场考试，调研主要形成课程满意度（一级评估）结果；考试内容为白天课堂学习与晚上新型混合式学习中的重点需掌握的知识点，考试成绩将成为二级评估的主要参考依据。

该部分共 12 天，占总集中培训时长的 30%。课程主题时间，如表 7-3 所示。

表 7-3　管理知识技能课程主题时间

管理知识技能	白天		晚上
管理知识技能（基础理论）	管理学原理	0.5 天	分组试讲:管理理论发展史中的各阶段理论
	组织行为学	0.5 天	
	管理心理学	0.5 天	个性化资源学习:精选片段(影视)
管理知识技能（基本技能）	从业务到管理(角色转变与知识技能结构、时间管理、猴子理论与工作效能提升)	0.5 天	
	情绪管理与压力管理	0.5 天	热点话题讨论:如何修炼自己的人格魅力
	"90 后"新生代员工管理	0.5 天	
	目标管理与过程管控	1 天	个性化资源学习:人物访谈
	高效人际沟通与影响力	1 天	个性化资源学习:视频课程
	部属业务辅导与绩效管理	1 天	热点话题讨论:如何管理得过且过的员工
	高绩效团队与冲突管理	1 天	个性化资源学习:书籍
	项目管理与跨部门协作	1 天	头脑风暴:公司在协同创新中需要解决的问题
	思维提升:从现象、模式到本质	1 天	个性化资源学习:经典影片
跨领域知识及实务	非财务经理的财务知识(着重突出:看懂三大财务报表、企业财务风险管理、新会计准则对电网企业的重点影响实例)	0.5 天	相关案例分析与研讨
	非人力资源经理的人力资源知识(着重突出:现代人力资源管理、绩效管理、激励制度设计)	0.5 天	相关案例分析与研讨

续表

	白天		晚上
跨领域知识及实务	经济法律与电力政策实务培训(企业合同管理、电力重大典型案件处理案例、危机处理中的法律法规界限、招投标法等)	1.5 天	相关案例分析与研讨
	信息技术与数据分析实务培训("互联网+"应用发展趋势、大数据分析、信息科技方面前瞻性的理论知识)	0.5 天	考试(针对管理知识技能学习的基础理论、基本技能及跨领域知识)

4. 领导力发展培训模块的设计与实施

领导力发展培训是高度结合个人特点(优势与短板),为个人提供针对性反馈及发展的培训模块,它通过引导学员对"过往经历"的回顾来矫正"当前行为",为"未来发展"提供方向指引并突破短板瓶颈,聘请领导力发展培训专家教练进行讲解授课。为了更好地帮助学员了解自己,破除瓶颈,该模块引入了大量的情境案例,特别是各种大型综合复杂的现实工作场景,它搭建起了管理知识技能与行动学习之间的桥梁,并为行动学习预热。

领导力发展培训前,首先进行测评报告解读和标杆行为演示培训。其设置目的是帮助学员了解自己,获得结构明晰的全方位反馈,特别是了解自己在工作中的不当行为(短板引起)和过当行为(优势发挥过当引起),为采取行动进行"行为改进"建立内心的认同。

领导力发展培训中,白天以讲师对情境案例的带入、引导与反馈为主,晚上以领导力情景剧的编排演为主,既加深了学习的深度,也增强了学习的趣味。

该部分共 5 天,占总集中培训时长的 12.5%。课程主题时间,如表 7-4 所示。

表 7-4　领导力发展课程主题时间

领导力发展	白天		晚上
	个人领导力测评报告解读	0.5 天	情景剧编排技术指导
	领导力标杆行为的演示与应用	0.5 天	

	白天		晚上
领导力发展	情境领导力、管理高尔夫实战训练及情境模拟演练：关键时刻（MOT）	3 天	情景剧编写与排练：小组合力撰写一个领导力情境案例，分组排练形成情景剧
	公众表达与演讲技巧	1 天	情景剧表演：按组别表演案例情景剧

　　备注： 情境领导力、管理高尔夫实战训练和关键时刻都是为期 3 天情境模拟的成熟版权课程，选择其中一门即可。

5.在青干班中如何贯彻与实施行动学习

　　行动学习是青干班学员们解决组织实际存在问题的学习方法，它把学习和工作有效地连接起来，是一种通过"做中学"帮助学员建立新的观念与经验，一种保障学员绩效能力双提升的学习方法。

　　青干班学员在行动学习阶段需完成两种行动学习任务：第一种是个人行动学习，是在自己的职责范围内运用所学解决一个工作难题；第二种是团队行动学习，是以团队为单位认领公司部署的战略主题，通过团队群策群力和策略研讨形成初步的解决方案，分配任务后在后续在岗实践环节中操作执行，形成阶段性或最终性的团队攻坚汇报成果。

　　青干班中的个人行动学习主题源于集训前学员自己带来的问题，在个人行动学习中，学员通过集训前期的学习所得，自己找出解决问题的办法，在实际工作中执行并检验效果。在解决该问题的同时，要兼顾提升自身的能力短板，保证绩效和能力的双提升。提高自身能力短板的个人行动主题，如图 7-6 所示。

　　在开始实施个人行动学习前，学员需要制订个人行动学习计划表，保证在集训中将所学内容与工作相结合，并按照行动学习计划表采取具体行动。个人行动学习的实施由学员本人独立完成，在实施完成后，撰写典型案例，提交并参加评比。个人行动学习的主要实施环节，如图 7-7 所示。

青干班中的团队行动学习通过一套完善的运作框架和实施流程，如图 7-8 所示，保证团队成员（约 7～8 人为宜）能够在解决组织实际存在的综合复杂类问题过程中实现学习和发展。

提升自身能力短板的个人行动主题

规范管理
5月25日前完成KPI考核标准的制定与完善，并照章实施，完善科室规范管理

沟通影响
4月26日前完成通过资源检查团队员工的工作会谈

团队建设
4月26日前完成广州公司电子商务渠道运营模式的学习调研报告

过程管控
5月10日前完成网络闲时功率动态调整试点工作

规范管理
5月10日前完善客户版知识管理规范

员工培养
5月19日前完成骨干员工（范围暂定为专业班长）的阶段性培养

优化创新
4月26日前优化无资源工程建设流程创新

创新突破
5月10日前完成与分局对接的流程优化

团队建设
5月30日前外呼团队电话营销成功率达到15%

分析思考
5月10日前完成障碍修复及时率提升方案并开始实施

贯彻执行
制订周工作计划和完成日小结

沟通协调
4月26日前完成团队现状评估，并给予个人提升建议

组织协调
4月20日前完成二季度后端维护劳动竞赛的布置和宣传贯彻

知　**打算工作中用到的学习内容**　**工作中与之相关的学习内容**　**制订行动学习计划表**　行

1. 我在视频《有效沟通》中学到：针对不同人格的四种沟通类型

2. 我在培训课程中学到：先让对方说，再表达自己的观点

3. 我在视频《如何当好一线主管》中学到：三明治法则

4. 盖洛普Q12评估方法
5. 员工满意度评估（可以借鉴明尼苏达短式问卷）

提升我的沟通协调能力
4月26日前进行团队成员现状评估，并给予每个人提升建议

1. 对团队成员分类，以性格、诉求、年龄、性别等分类

2. 在评估或访谈前，明确自身访谈方式和访谈的问题，针对不同类型罗列不同的访谈提纲

3. 预约访谈对象

4. 按照事先安排进行沟通

5. 对于评估结果征求评估者以及周边同事的意见

6. 针对访谈情况给予访谈者改进建议，并对以后的成效和进步进行激励

学习内容与工作内容相结合　　　工作内容与实际行动相结合

图 7-6　提升自身能力短板的个人行动主题

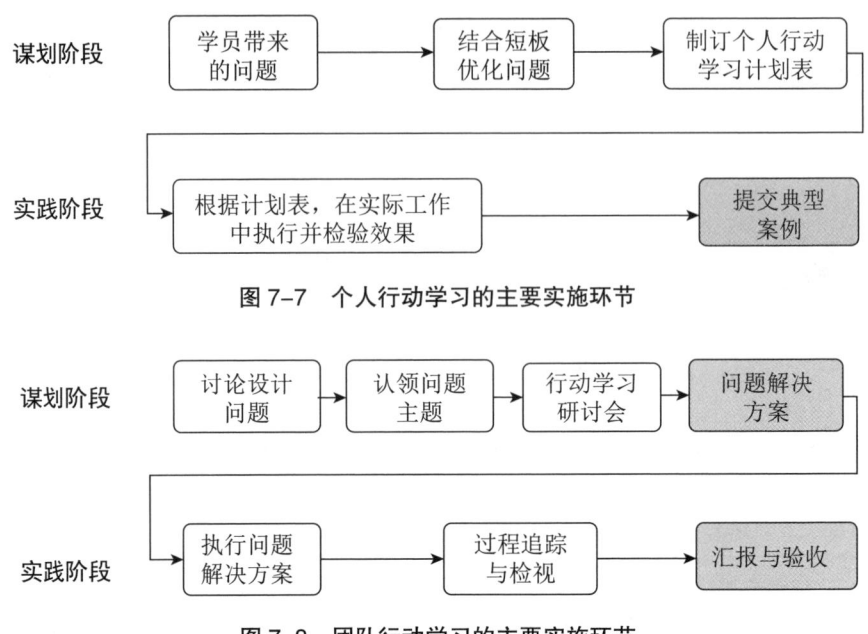

图 7-7　个人行动学习的主要实施环节

图 7-8　团队行动学习的主要实施环节

团队行动学习主题由河南省电力公司领导层在青干班开班前提出若干方向性主题，经行动学习领域专家与青干班班主任、班委共同商议后明确为具体主题，并根据主题配备小组人员名单，在行动学习阶段依此分组并认领主题。

团队行动学习的实施分为谋划阶段和实践阶段。谋划阶段主要是思考与设计解决方案，通过四次研讨会（基础技术学习、问题策略研讨、确定解决方案、制订工作计划）进行。

谋划部分共6天，占总集中培训时长的15%。行动学习课程主题时间，如表7-5所示。

表 7-5　行动学习课程主题时间

	白天		晚上
行动学习（谋划阶段）	行动学习研讨会1:技术学习	1 天	行动学习选题、分组,形成问题攻坚小组
	行动学习研讨会2:策略研讨	2 天	各小组间分享与交流:如何充分理解目标,建立共识 各小组间分享与交流:如何根据目标形成策略路径

续表

行动学习（谋划阶段）	白天		晚上
	行动学习研讨会 3：解决方案	2 天	各小组间分享与交流：如何通过引导催化澄清问题
	行动学习研讨会 4：制订计划	1 天	总结：如何用行动学习解决工作中的协同创新问题

团队行动学习的实践阶段通过集训后延伸的 20 天在岗实践进行，并在此期间准备阶段性成果的汇报材料，进行团队行动学习成果的汇报与验收。

团队行动学习是青干班培训的收官阶段，其成果也是对青干班培训收获在实际工作应用中的一次重要检验。团队行动学习的成果汇报与验收，由公司领导层、行动学习专业机构领导共同组成评审小组，对各小组进行评分后形成。

（四）青干班的组织保障与质量管控

青干班的组织保障与质量管控通过氛围建设、激发参与和成果验收三步进行。氛围建设采用训前动员、誓师红榜和荣誉积分进行；激发参与通过压担子（个人和团队行动学习任务等）激发小组成员间的群策群力、小组间的对抗（情境领导剧竞赛等）激发小组成员间的战斗友谊、学员优势擅长主题的试讲激发学员深度主动学习并相互取长补短；成果验收通过阶段性的考试、提交典型案例和汇报验收来进行。如图 7-9 所示。

其中，荣誉积分是让学员全力投入学习的重要保障。学员在集训开始就领取荣誉积分表，是为了让学员预先了解每个阶段的学习项目及成果验收而设计的。如表 7-6 所示。

表 7-6　荣誉积分表

序号	课程模块	积分项	序号	课程模块	积分项
1	课前准备	课前作业	6	管理知识技能	考试
2	热身破冰	拓展训练	7	领导力发展	情景剧
3	政治思想	座谈会	8	行动学习（谋划）	解决方案
4	企业经营实务	专题研讨会	9	行动学习（实施）	汇报成果
5	文体活动	文体活动	10	出勤	出勤率

氛围建设	动员：氛围营造	激发参与	群策群力：行动学习	成果验收	考试：及时巩固
	誓师：自我承诺		小组对抗：情境剧场		案例：实际转换
	组队：荣誉积分		取长补短：学员试讲		汇报：综合验收

图 7-9　青干班组织保障与质量管控方式

二、课表及授课方式

经过详尽的青干班培训策划设计后，制订了一份课程计划表，确保所有培训任务能够有计划地顺利完成。具体课程表及授课方式，如表 7-7 所示。

表 7-7　课程计划表

阶段	日期	时间	事项／培训主题	师资安排
前期准备	前 15 天		1. 指定培训前学习内容,学员自学 2. 收集、提炼问题	
团队组建	第 0 天	14:30—18:00	学员报到	
		19:00—21:00	入学班会(宣布纪律、培训日程安排、积分规定)	
	第 1 天	8:30—12:00	开班典礼及专题讲座	公司领导
		14:30—18:00	1. 能力素质测评(对标模型) 2. 入学测试(前期自学情况)	咨询机构

续表

阶段	日期	时间	事项 / 培训主题	师资安排
团队组建	第 1 天	19:00—21:00	引导学员分析、识别管理工作中的问题,形成每位学员的待解决问题	咨询机构
	第 2 天	全天	拓展训练(团队建设)	
		19:00—21:00	1. 课前作业及入学测试反馈 2. 构建班级文化(班级品牌、班级纪律、学习文化)	
政治理论与思想修养	第 3 天	全天	马列经典解读	外部专家
		19:00—21:00	班级活动(班委带领,创意献计)	
	第 4 天	全天	毛泽东思想:《矛盾论》《实践论》	外部专家
		19:00—21:00	读书交流会:《向毛泽东学管理》节选	
	第 5 天	全天	毛泽东思想:《改造我们的学习》《整顿党的作风》《反对党八股》	外部专家
		19:00—21:00	《党章》学习	
	第 6 天	全天	学习贯彻习总书记系列重要讲话	外部专家
		19:00—21:00	观影会:金一南《苦难辉煌》视频讲座节选	
	第 7 天	全天	学习贯彻习总书记系列重要讲话	外部专家
		19:00—21:00	观影会:专题教育影片《雨中的树》	
	第 8 天	8:30—12:00	十八届五中全会精神解读	外部专家
		14:30—18:00	做"三严三实"坚定的实践者	外部专家
		19:00—21:00	主题研讨:践行习总书记重要讲话精神	
	第 9 天	8:30—12:00	主题党课(青年干部党性修养与自我完善)	公司领导
		14:30—18:00	廉政专题讲座与准则条例学习	纪检组领导
		19:00—21:00	观影会:廉政教育专题片	
	第 10 天	8:30—12:00	优秀青年干部分享成长经历	优秀处级干部
		14:30—18:00	学员论坛(感想体会、问题解惑、经验互授)	
		19:00—21:00	支部主题活动(知识竞赛)	
管理基础	第 11 天	全天	管理学基础	外部专家/网络学习
		19:00—21:00	学员教学员:管理理论发展史中的各阶段理论	

续表

阶段	日期	时间	事项/培训主题	师资安排
管理基础	第12天	全天	组织行为学基础	外部专家/网络学习
		19:00—21:00	案例分享:组织行为学的实际案例	
	第13天	全天	哲学思想与人生修养	外部专家/网络学习
		19:00—21:00	话题讨论:如何修炼自己的人格魅力	
管理知识技能	第14天	全天	管理角色认知:从业务到管理	外部专家/网络学习
		19:00—21:00	课前作业回顾及案例分析	
	第15天	全天	管理思维提升:从现象、模式到本质	外部专家/网络学习
		19:00—21:00	情境模拟演练	
	第16天	全天	管理协同机制:团队协作与冲突管理	外部专家/网络学习
		19:00—21:00	翻转课堂系列1:拆书帮《冲突管理》	
	第17天	全天	非人力资源经理的人力资源知识	外部专家/网络学习
		19:00—21:00	文体活动	
	第18天	全天	有效授权与激励	外部专家/网络学习
		19:00—21:00	翻转课堂系列2:解影工场(针对激励举措)	
	第19天	全天	问题分析与决策	外部专家/网络学习
		19:00—21:00	管理组织决策仿真活动	
	第20天	全天	项目管理与流程管理	外部专家/网络学习
		19:00—21:00	自学课堂(分组学习视频、影视、书籍等资源)	
	第21天	8:30—12:00	绩效管理	外部专家/网络学习
		14:30—18:00	危机处理与舆情管理	

阶段	日期	时间	事项/培训主题	师资安排
管理知识技能	第21天	19:00—21:00	读书交流会:《以奋斗者为本》	
	第22天	全天	直线经理人的财务管理	外部专家/网络学习
		19:00—21:00	财务相关案例分析与研讨	
	第23天	全天	经济法律与电力政策实务培训	国网公司专家
		19:00—21:00	考试(管理知识基础理论、基本技能及跨领域知识)	
公司发展战略	第24天	全天	高层对话:公司发展战略与形势分析	公司领导
		19:00—21:00	学习讨论:公司"两会"报告学习	
	第25天	8:30—12:00	全球能源互联网	国网公司专家
		14:30—18:00	公司"十三五"规划解读	发策部
		19:00—21:00	学习讨论:公司"十三五"发展战略	
	第26天	8:30—12:00	电力体制改革	国网公司专家
		14:30—18:00	河南区域经济发展与电网建设	外部专家
		19:00—21:00	第二阶段学习小结:测试	
	第27天	8:30—12:00	供电服务与行风建设	公司领导
		14:30—18:00	学习工具(团队研讨方法:六项思考帽、世界咖啡屋等)导入	
		19:00—21:00	第二阶段简报撰写	
第28天休息				
领导力发展	第29天	全天	公众表达与演讲技巧	外部专家/网络学习
		19:00—21:00	情景剧编排技术指导	
	第30天	8:30—12:00	个人领导力发展与测评报告解读	咨询机构
		14:30—18:00	领导力标杆行为的演示与应用	外部专家/网络学习
		19:00—21:00	情景剧编写:根据开学带来的问题编写成案例情景	

阶段	日期	时间	事项 / 培训主题	师资安排
领导力发展	第 31 天	全天	领导力标杆行为的演示与应用	外部专家 / 网络学习
		19:00—21:00	情景剧排练：精选案例情景，分组排练形成情景剧	
	第 32 天	全天	案例及模拟：管理高尔夫实战挥杆训练	外部专家
		19:00—21:00	情景剧排练：排练案例情景剧	
	第 33 天	全天	案例及模拟：管理高尔夫实战挥杆训练	外部专家
		19:00—21:00	情景剧表演：按组别表演案例情景剧	
行动学习	第 34 天	全天	行动学习理论与技术（行动学习简介、运作原理、技术方法工具、工具演示与应用示例）	外部专家
		19:00—21:00	第四阶段（领导力发展）简报撰写	
	第 35 天	全天	目标及共识建立 – 现场演练（以选题为例）	外部专家
		19:00—21:00	行动学习计划表填写指导，制订行动学习计划	
	第 36 天	全天	（针对选题）目标策略路径推演 – 实战研讨	咨询机构
		19:00—21:00	制订并提交行动学习计划表	
	第 37 天	全天	解决方案（持续催化、澄清问题、制订解决方案）	咨询机构
		19:00—21:00	解决方案总结梳理、优化调整	
	第 38 天	全天	小组行动学习演练与改进	
		19:00—21:00	分组研讨	
	第 39 天	全天	行动学习，材料收集、分析与分享	
		19:00—21:00	文体活动	
	第 40 天	8:30—12:00	集中培训阶段成果汇报	
		14:30	班组活动	

续表

阶段	日期	时间	事项 / 培训主题	师资安排
行动学习与工作实践	第41～60天	第 41～47 天	学员执行行动学习计划	
		第 48 天	行动学习进度追踪、问题反馈、沟通与解决	
		第 48～55 天	学员执行行动学习计划	
		第 56～57 天	学员根据模板撰写行动学习报告	
		第 58～59 天	学员准备并提交汇报材料	
		第 58～59 天	分类汇编总结成册	
		第 60 天	汇报验收、培训总结与证书发放	

三、操作方案

青干班总体组织实施操作方案包括开班前期准备工作、集中培训、工作实践和验收评估四个阶段。

第一阶段：开班前准备工作

1. 准备阶段：早期准备材料

青干班集训半个月前，需要将以下材料准备妥当，如表 7-8 所示。

表 7-8 早期准备材料

材料名称	材料负责人	材料准备截止时间
1. 青干班设计方案(含课表)	咨询机构	集训前一个月
2. 青干班操作手册(含师资配备)	咨询机构	集训前半个月
3. 青干班组织配备(班主任任命、组建临时党支部、任命支部书记)	人事董事部	集训前半个月
4. 青干班学员名单确定、班委任命、小组分组、组长任命	人事董事部	集训前半个月
5. 课程一级评估表(学员满意度)	培训中心	集训前半个月

材料名称	材料负责人	材料准备截止时间
6.青干班行政后勤支持保障(学员通信录、住宿房间分配表、学员指南、培训日程安排)	培训中心 咨询机构	集训前半个月
7.青干班积分规定	咨询机构	集训前半个月
8.书籍购买清单(按学员人数人手1本计,多买5本备用): 《马列主义经典著作选编(党员干部读本)》 《党章》 《向毛泽东学管理》 《金字塔原理》 《以奋斗者为本》	培训中心 (提前购买)	集训前半个月

2.预热阶段：培训前学习及问题收集

预热阶段主要包括两项工作：第一，培训前学习。第二，收集、提炼问题。

青干班集训正式开始15天前,由培训中心下发集训通知(含培训前学习通知、问题收集"两带来"模板)。

培训前学习是学员在集训前15天内需要完成的学习任务,主要通过学习培训前资源和课程内容预习进行。培训前学习资源分为政治理论预习资料与管理工作典型案例两大部分,政治理论预习资料主要包含马列经典、毛泽东哲学思想、党章等内容。管理工作典型案例是引发学员对典型管理问题思考的材料,由精选片段、视频课程、书籍、影视和案例等碎片化资源组成,如图7-10所示。培训前学习资源以电子档文件形式保存于指定网盘位置,学员根据《培训前学习通知》下载学习资源,在15天内利用工作之余的时间自行学习。学习成效将在集训第1天入学测试中进行检验。

"两带来"是指带来自身工作中的问题,带来集中待研讨的问题,即为收集和提炼的问题。"自身工作中的问题"直接用于形成个人行动学习中的待解决问题,"集中待研讨的问题"经整合提炼后用于形成团队行动学习主题。该部分将以电子档模板的形式与《培训前学习通知》一同下发,并于通知下发后的一周内收回电子档。

能力模型	能力指标	对应的典型管理问题	课前学习资源（案例）
思考力	专业性	如何在工作中思考创新，找出独具创意的模式	江南春研究市场贴近客户《赢在中国》
	学习力	如何在失败后对成败关键进行深入总结与思考	李云龙总结失败原因和经验《亮剑》
	分析思考	如何化不可能为可能，学习规划计划与实现方法	周培公考虑撤藩费用《康熙王朝》
	分析思考	如何化不可能为可能，学习实现方法与部署任务	李云龙布置作战任务《亮剑》
凝聚力	规范管理	如何令行禁止树立权威，激发涣散团队的斗志	周培公治军 《康熙王朝》
	团队建设	如何身先士卒，重视一线工作，与前线人员一条心	李云龙视察阵地 《亮剑》
	团队建设	如何赋予平凡的工作非凡的价值与意义	老铁向徒弟讲述工作的意义《师傅》
	员工培养	如何让哀莫大于心死的员工重新做人，激发其积极性	老铁骂醒徒弟 《师傅》
	员工培养	如何对待改革中利益受损群体集体发泄怨气	老铁帮许风处理改革中的矛盾 《师傅》
执行力	沟通影响	如何换位思考，通过组织协调资源，实现工作目标	余世维说服厂长插单
	沟通影响	如何换位思考，历练他人令其改变不良习惯	余世维调换角色教育女儿

精选片段

视频课程

影片

书籍　案例

约每天30分钟的学习量
学习资源均配有作业

图 7-10　培训前学习

完成以上准备工作后，准备进入下一阶段：集训阶段。

第二阶段：集中培训阶段

1. 正式报到

正式报到开始于集训前一天，具体安排，如表 7-9 所示。

表 7-9　正式报到

日期	时间	事项 / 培训主题
4月5日（星期二）	14:30—18:00	学员报到
	18:00—19:00	晚餐
	19:00—21:00	1. 入学班会(宣布纪律、培训日程安排、积分规定)
		2. 人事董事部副主任开班讲话
		3. 班委会

2. 团队组建：开班典礼与拓展训练

团队组建时间为集训的第 1～2 天。内容含开班典礼、导入培训、拓展训练和班级文化导入。如表 7-10 所示。

表 7-10   团队组建

日期	时间	事项 / 培训主题
4 月 6 日 （星期三）	8:30—12:00	开班典礼及专题讲座
	12:00—14:30	午餐 & 午休
	14:30—18:00	1. 能力素质测评（对标模型）
		2. 入学测试（前期自学情况）
	19:00—21:00	引导学员分析、识别管理工作中的问题，形成每位学员的待解决问题
4 月 7 日 （星期四）	8:30—12:00	拓展训练（团队建设）
	12:00—14:30	午餐 & 午休
	14:30—18:00	拓展训练（团队建设）
	19:00—21:00	1. 课前作业及入学测试反馈 2. 构建班级文化（班级品牌、班级纪律、学习文化）

3. 政治理论与思想修养

政治理论与思想修养的培训时间在集训的第 3～10 天，具体安排如表 7-11 所示。

表 7-11   政治理论与思想修养培训

日期	时间	事项 / 培训主题
4 月 8 日 （星期五）	全天	马列经典解读
	19:00—21:00	班级活动（班委带领，创意献计）
4 月 9 日 （星期六）	全天	毛泽东思想:《矛盾论》《实践论》
	19:00—21:00	读书交流会:《向毛泽东学管理》节选
4 月 10 日 （星期日）	全天	毛泽东思想:《改造我们的学习》《整顿党的作风》《反对党八股》
	19:00—21:00	《党章》学习
4 月 11 日 （星期一）	全天	学习贯彻习总书记系列重要讲话
	19:00—21:00	观影会:金一南《苦难辉煌》视频讲座节选

续表

日期	时间	事项/培训主题
4月12日 （星期二）	全天	学习贯彻习总书记系列重要讲话
	19:00—21:00	观影会:专题教育影片《雨中的树》 撰写心得体会
4月13日 （星期三）	8:30—12:00	十八届五中全会精神解读
	14:30—18:00	做"三严三实"坚定的实践者
	19:00—21:00	主题研讨:践行习总书记重要讲话精神
4月14日 （星期四）	8:30—12:00	主题党课(青年干部党性修养与自我完善)
	14:30—18:00	廉政专题讲座与准则条例学习
	19:00—21:00	观影会:廉政教育专题片
4月15日 （星期五）	8:30—12:00	优秀青年干部分享成长经历
	14:30—18:00	学员论坛(感想体会、问题解惑、经验互授)
	19:00—21:00	支部主题活动(知识竞赛)

4. 管理知识技能

管理知识技能培训的时间在集训的第 11～23 天，具体安排如表 7-12 所示。

表 7-12　管理知识技能培训

日期	时间	事项/培训主题
4月16日 （星期六）	全天	管理学基础
	19:00—21:00	学员教学员:管理理论发展史中的各阶段理论
4月17日 （星期日）	全天	组织行为学基础
	19:00—21:00	案例分享:组织行为学的实际案例
4月18日 （星期一）	全天	哲学思想与人生修养
	19:00—21:00	话题讨论:如何修炼自己的人格魅力
4月19日 （星期二）	全天	管理角色认知:从业务到管理
	19:00—21:00	课前作业回顾及案例分析

续表

日期	时间	事项/培训主题
4月20日 （星期三）	全天	管理思维提升:从现象、模式到本质
	19:00—21:00	情境模拟演练
4月21日 （星期四）	全天	管理协同机制:团队协作与冲突管理
	19:00—21:00	翻转课堂系列1:拆书帮《冲突管理》
4月22日 （星期五）	全天	非人力资源经理的人力资源知识
	19:00—21:00	文体活动
4月23日 （星期六）	全天	有效授权与激励
	19:00—21:00	翻转课堂系列2:解影工场（针对激励举措）
4月24日 （星期日）	全天	问题分析与决策
	19:00—21:00	管理组织决策仿真活动
4月25日 （星期一）	全天	项目管理与流程管理
	19:00—21:00	自学课堂（分组学习视频、影视、书籍等资源）
4月26日 （星期二）	全天	绩效管理
	14:30—18:00	危机处理与舆情管理
	19:00—21:00	读书交流会:《以奋斗者为本》
4月27日 （星期三）	全天	直线经理人的财务管理
	19:00—21:00	财务相关案例分析与研讨
4月28日 （星期四）	全天	经济法律与电力政策实务培训
	19:00—21:00	考试（管理知识基础理论、基本技能及跨领域知识）

5. 公司发展战略

公司发展战略培训时间在集训的第24～27天，具体安排如表7-13所示。

表 7-13　公司发展战略培训

日期	时间	事项 / 培训主题
4 月 29 日 （星期五）	全天	高层对话:公司发展战略与形势分析
	19:00—21:00	学习讨论:公司"两会"报告学习
5 月 3 日 （星期二）	8:30—12:00	全球能源互联网
	14:30—18:00	公司"十三五"规划解读
	19:00—21:00	学习讨论:公司"十三五"发展战略
5 月 4 日 （星期三）	8:30—12:00	电力体制改革
	14:30—18:00	河南区域经济发展与电网建设
	19:00—21:00	第二阶段学习小结:测试
5 月 5 日 （星期四）	8:30—12:00	供电服务与行风建设
	14:30—18:00	学习工具（团队研讨方法:六项思考帽、世界咖啡屋等）导入
	19:00—21:00	第二阶段简报撰写
5 月 6 日 （星期五）	全天	休息

6. 领导力发展

领导力发展培训的时间在集训的第 29～33 天，具体安排如表 7-14 所示。

表 7-14　领导力发展培训

日期	时间	事项 / 培训主题
5 月 7 日 （星期六）	全天	公众表达与演讲技巧
	19:00—21:00	情景剧编排技术指导
5 月 8 日 （星期日）	8:30—12:00	个人领导力发展与测评报告解读
	14:30—18:00	领导力标杆行为的演示与应用
	19:00—21:00	情景剧编写:根据开学带来的问题编写成案例情景
5 月 9 日 （星期一）	全天	领导力标杆行为的演示与应用
	19:00—21:00	情景剧排练:精选案例情景,分组排练形成情景剧

续表

日期	时间	事项／培训主题
5月10日 （星期二）	全天	案例及模拟:管理高尔夫实战挥杆训练
	19:00—21:00	情景剧排练:排练案例情景剧
5月11日 （星期三）	全天	案例及模拟:管理高尔夫实战挥杆训练
	19:00—21:00	情景剧表演:按组别表演案例情景剧

7. 行动学习（谋划阶段）

行动学习（谋划阶段）时间在集训的第34～40天，具体安排如表7-15所示。

表7-15　行动学习（谋划阶段）

日期	时间	事项／培训主题
5月12日 （星期四）	全天	行动学习理论与技术(行动学习简介、运作原理、技术方法工具、工具演示与应用示例)
	19:00—21:00	第四阶段(领导力发展)简报撰写
5月13日 （星期五）	全天	目标及共识建立－现场演练(以选题为例)
	19:00—21:00	行动学习计划表填写指导,制订行动学习计划
5月14日 （星期六）	全天	(针对选题)目标策略路径推演－实战研讨
	19:00—21:00	制订并提交行动学习计划表
5月15日 （星期日）	全天	解决方案(持续催化、澄清问题、制订解决方案)
	19:00—21:00	解决方案总结梳理、优化调整
5月16日 （星期一）	全天	小组行动学习演练与改进
	19:00—21:00	分组研讨
5月17日 （星期二）	全天	行动学习,材料收集、分析与分享
	19:00—21:00	文体活动
5月18日 （星期三）	8:30—12:00	集中培训阶段成果汇报
	14:30	班组活动

8. 集训结束

第40天为集训结束时间，上午由各小组继续排练情景剧，下午进行集中培训阶段成果汇报及情景剧汇演，总结集训的经验与收获，并返程。

第三阶段：工作实践阶段

个人行动学习的实践阶段通过集训后延伸的30天在岗实践进行，在此期间作为管理咨询公司，我们将负责追踪学员的实践进度，学员按个人行动学习计划表解决方案及计划执行，准备个人行动学习和团队行动学习阶段性成果的汇报材料，进行学习成果的汇报。如表7-16所示。

表7-16　个人行动学习的实践阶段

日期	时间	事项／培训主题
5月19日至6月8日	5月19日—25日	学员执行个人行动学习计划
	5月26日	行动学习进度追踪，问题反馈、沟通与解决
	5月26日至6月3日	学员继续实施个人行动学习计划
	6月4日—5日	学员根据模板撰写行动学习报告
	6月6日—7日	学员准备并提交汇报材料
		分类汇编总结成册
	6月8日	汇报验收，培训总结与证书发放

第四阶段：验收评估阶段

1. 对行动学习的验收

行动学习是青干班培训的收官阶段，其成果是对青干班培训收获在实际工作应用中的一次重要检验。分别对个人行动学习和团队行动学习成果进行验收。

作为个人行动学习成果的典型案例集中成册，形成《国网河南省电力公司青干班典型案例集》，可作为本次青干班组织层面的成果。

团队行动学习的成果为汇报材料，最终汇编成册，可作为本次青干班组织层面的成果。

2. 对青干班整体培训成效的验收

对青干班整体培训成效的验收以一级（满意度）评估为主。

第四节　集中培训

公司的青年干部培训项目是打造青年干部队伍的重要一环。根据公司干部管理规定对教育培训的要求，针对公司系统青年干部知识结构完整性和能力均衡性不佳、思想观念和管理理念开放程度不足、思维方式和心智模式存在局限等瓶颈问题，进行课程设计；建立培训内容体系，包括政治理论与思想修养、管理知识技能、公司发展战略、领导力发展等板块，在完善自身知识结构和素质能力结构方面，将学员"领进门、送一程"；改进培训方式方法，运用素质能力测评、问题研讨、学员论坛等培训模式，重点导入行动学习方法，组织学员研讨和解决实际问题，"学思并进，训战结合"，在培训过程中完成"知识——认知——能力——绩效"的转化。通过培训，强化思想道德、作风纪律，提升综合素养，引领学员建立新的自我认知，转变心智模式，自我完善、自我提升。

一、集训特色

从精心策划到成功实施，本次培训形成了不少特色与亮点，提高了宣传力度。这些特色和亮点其主要包括培训形式丰富化、讲师结构多样化、集训管理科学化。

（一）培训形式丰富化

改变以往单一的面授课程培训方式，加入形式多样的主题实践活动和课间游戏活动，将理论讲授、案例教学、互动交流等多种培训形式进行有机组合，丰富培训内容，充分调动学员的积极性，寓教于乐，以乐促教。

引入行动学习，行动学习贯穿集训全程，以循序渐进的方式逐步进入学员的视野。行动学习共分四个步骤分步引入：

1. 行动学习问题收集

学员报到时带来自身工作问题、待集中研讨问题（"两带来"），教练引导学员进一步优化问题，提炼问题，再到团队行动学习问题的形成。

2. 行动学习技术导入

通过课程导入行动学习工具，为行动学习的正式开展预热。研讨类工具主要包含群策群力；思维类工具主要包含思维导图，以及专项课程问题分析与解决。

3. 行动学习正式开展

行动学习的正式开展为期5天，由专业行动学习教练带领学员分步操作，从定义问题到罗列现象，到分析要素，再到应对举措，最终形成问题的解决方案。

4. 行动学习初步成果

行动学习的初步成果，即团队行动学习问题的解决方案。

（二）讲师结构多样化

为保证课程讲授的适用性和专业性，本次集训充分整合内外部优势师资，汇集来自河南省电力公司内部讲师、著名咨询公司合伙人、知名企业高级管理人员、知名高校讲授、职业培训师等背景强大的讲师阵容，确保了培训效果最大化。

（三）集训管理科学化

为实现培训的科学管理，成立了专项项目组全程负责项目实施，在教学组织、班级管理、后勤管理等方面明确了分工，采取了一系列的措施，及时解决问题并不断进行优化调整，使整个培训集训有序、高效地运行，取得了良好的效果。

1. 学员管理自主化

为确保培训质量，对培训学员在培训期间各项学习、活动和课余生活中应遵守的纪律提出明确的要求。

2. 班主任工作管理

管培中心委派4名班主任，在培训实施期间全程跟班，履行班级管理职责，实施培训计划，组织培训班各项活动，进行班级日常管理，确保培训班各项工作顺利进行。

3. 班委会管理

班内设立班委会，设班长、支部书记、学习委员、纪律委员、文化委员、生活委员各1人，主要负责本培训班学员的学习、课余活动、生活管理，收集、反馈学员对教学及生活的要求、意见和建议等，并配合班主任完成其他相关工作。

二、集训实施

（一）领导关怀

2016 年 4 月 5 日晚 9 点，为进一步明确培训目标，人事董事部副主任组织开展与学员面对面交流。

他回顾 2016 年青干班的成立史，多次筹划，几经风雨，来之不易，是公司非常重视的培养项目。交流中提到，为了实现公司"两个一流"发展战略，为承接公司"十三五"规划不断输送人才智力，实行"人才强企"，举办青干班的重要性和紧迫性不言而喻。此次青干班主要有四个目标：第一，优化青年干部知识结构，系统学习管理知识；第二，更新观念，打破岗位局限性，学习引进先进理念；第三，开拓视野，与时代发展密切接轨，学习优秀企业管理经验；第四，转变心智模式，自我完善，从而实现行为模式改善。培训班采用多种学习模式来匹配学员的学习需求，在原有的课堂讲授的基础上增加了移动学习、行动学习等新模式，做到"学思并进，训战结合"。最后，强调此次青干班严格纪律管理，坚持从严施教，从严管理，强化作风建设。

2016 年 4 月 6 日，公司 2016 年青年干部培训班开班，与会领导指出，青年干部是公司事业的希望和未来，要讲政治、顾大局、能干事、干成事，以昂扬向上的精神、百折不挠的意志、尽职尽责的态度、全身心地投入到工作和事业中。一要始终对党忠诚，保持政治定力，坚定全面建成"一强三优"现代公司的信心，争当政治坚定的表率；二要加强党性修养，坚持真抓实干，传承优秀文化，争当作风务实的表率；三要勇于创新，勇于争先，争当敢于担当的表率；四要勤于学习，坚持问题导向，争当攻坚克难的表率；五要严守纪律规矩，始终慎独慎微，自觉接受监督，争当清正廉洁的表率，全面加强思想能力作风纪律建设，努力在全面建设"一强三优"现代公司工作中建功立业。

2016 年 5 月 12 日上午，省公司党组书记为公司 2016 年青年干部培训班学员授课，书记要求学员树立政治意识、大局意识、核心意识和看齐意识，立足岗位，学以致用，胸怀公司长远发展。

书记从形势与趋势、使命与责任、道义与担当三个方面进行了阐述。他剖析了国际国内新形势、能源发展新趋势、电力体制改革新动态,结合"五大发展理念"和"十三五"发展规划分析了公司发展趋势;讲解了公司在经济社会发展中提供安全、高效、清洁、友好的电力供应和服务的基本使命,以及促进生态文明建设、服务和谐社会建设的重要责任;要求学员讲道义、重担当,履职尽责,勇于奉献。

课后,书记与8名学员代表进行了座谈交流,他要求各位学员要始终保持、不断匡正自己的"三观",始终保持持续不断的学习力,要始终保持只求耕耘、不求回报的心态,站位公司发展大局,推动公司创新发展。

同时,公司人事董事部主任、副主任多次与学员进行沟通交流,了解学员学习状态,调研学员学习需求,同时还组织气排球赛与学员增进感情。

(二)精心组织

此次青年干部培训项目是省公司高度重视的项目。为了更贴合此次培训项目的需求,前期进行精准调研,公司人事董事部、讲师、培训管理者、咨询公司多次深入沟通,为项目顺利开展奠定了坚实的基础;集训中期根据学员对象的变化,调整培训课程内容,满足学员的培训需要。同时,根据成人学习心理,除了传统的集中面授,增加了实用性较强的行动学习,提高理论知识的内化程度;还增加了考察交流、学员大讲堂、运动会、户外阅读会、知识竞赛、情景剧等主题学习的形式,为集中面授进行培训形式的补位;培训管理者根据培训班的情况制作培训简报、相册、项目展板,确保参训学员、项目组以及公司领导及时了解集训状态,同时也做好宣传工作;考虑到培训期间内容多、时间紧,课余时间组织学员开展活动,丰富学员的学习生活,劳逸结合。

具体培训内容包括以下几个方面:

1.青干班团队破冰

本届青干班迎来了开展正式理论知识学习前的一项重要活动——拓展训练。

本届青干班共55名学员,对相见不足36小时的学员来说,还是急切地希望通过团队活动来加速相互认识的进程。因此早上7:50,学员们就按照小组队形在操场上集结完毕。虽然训练服装看着不那么合体,但是从大家的眼神里,可以读出兴奋、迫切又略显羞涩的信息。

随着教练的正式登场,学员被分为三个小组,开始了一日的拓展之旅。上午主要进行了三个环节：集体相识、队列训练、小组建设。集体相识就是由每位学员到队伍前面介绍自己，经验丰富的教练要求学员必须主动上前，同时还要介绍自身不足，这给此项活动添加了紧张的气氛。毕竟自我介绍容易，可面对着素不相识的学员当众自揭家丑还是需要一些勇气的。最终来自南阳公司的学员率先站出队列，为此项活动开了好头。大家受此鼓舞，克服心理障碍，挑战自己，积极参与，加深了彼此的印象。略有遗憾的是时间有限，对部分没有机会上前做自我介绍的学员，大家只好留到后续的学习生活中去相互认识熟悉了。有了好的开场，随后的队列训练及小组建设（组名，口号，选举队长政委）环节就进行得非常顺利。大家在紧张与诙谐的气氛下，结束了上午的活动。

下午的活动重点突出了团队建设，同时增加了些竞技的因素，场面精彩，高潮不断。虽然只有两个内容（同起同坐和激情节奏），但精彩不断。看似简单的游戏，却蕴含着深刻的道理。需要每位参与的学员齐心协力，团结合作，不仅要充分信任自己的队友，同时还要掌握技巧要领，全身心地投入其中。在这样一种"体验式游戏"的过程中，大家不仅增进了彼此间的信任感以及责任感，还增强了自信心，锻炼了沟通能力、领导能力和团队合作能力。

短暂的拓展训练虽然结束了，但给学员的影响还远远没有结束。在陌生的朋友面前主动上前介绍不足，不仅需要大家在日常中多发现自己的问题和缺点，提升总结能力，同时还需要克服临场紧张恐惧的心理，选择运用合理的表达方式，进而锻炼心智能力。从打乱原计划，组织新的小组到选组名、口号，并在最短的时间内熟悉小组的成员，预示着整个过程都离不开小组成员集体的智慧与力量。同时活动中队友间的相互鼓励和密切配合，不仅拉近了彼此的距离，快速消除心中的忐忑和羞涩，还使每位学员都感受到了团队的温暖，激发了共同努力完成下一阶段学习任务的自信。

"没有完美的个人，只有完美的团队"。这次拓展训练，对每位学员都是一次洗礼，是推动每个人全力以赴完成本期青干班学习任务及做好日后工作的动力。它不仅是一种简单的娱乐活动，还是一种文化，一种精神和一种理想的传递，更多的是一种思考，一种启迪。

2. 马列经典导读

中共上海市委党校副教授，带领省电力公司 2016 年培训班全体学员学习了马列经典课程，大家一起回顾了马克思主义的形成过程，马克思的哲学生涯以及《1844 年经济学哲学手稿》在马克思主义发展史中的地位，恩格斯的政治经济学对马克思产生的直接而决定性的影响。共同探讨了到底什么是马克思主义的精髓。由于中国社会现实与西方存在的差距，必须防止马克思主义"教条化"，不能照搬照抄而要活学活用。

下午，教授的授课内容是《共产党宣言》及其当代价值，教授讲述了《共产党宣言》的诞生及其基本思想，指出《共产党宣言》是一部根植于唯物史观的不朽之作，揭示了人类社会的发展规律，阶级社会的发展规律，无产阶级解放的历史规律，是科学社会主义最伟大的纲领性文件，它的原理是科学的，价值是不朽的，精神是永存的，它已经改变了世界的历史，它还将继续改变世界的未来。

通过一天对马列经典的学习，学员们深刻认识到，作为党员干部必须要坚定马克思主义信仰不动摇，坚定共产主义远大理想不动摇，坚定中国特色社会主义共同理想不动摇。

3. 毛泽东思想著作解读

这次的课程，我们请到了中央党校毛泽东思想研究室主任辅导学习毛泽东思想。教授结合大量的史实资料和多年的理论研究，深入浅出地为培训班学员讲授了毛泽东思想的萌芽、形成、成熟以及丰富和发展的历程，全面理性地分析了毛泽东思想的核心要义。全体学员利用课间和分组讨论等方式进行了热烈而认真的讨论，取得良好的学习成效。

通过今天的学习，学员们一致认为，学习毛泽东思想对当今中国和我们的企业管理工作具有重要的现实意义。全面系统地学习党史，读毛泽东同志各个时期的原著，对于加强党性修养、坚定理想信念具有重要意义，在遇到困难和挫折时才能做到百折不挠，可以起到固本培元的作用。学习毛泽东思想，要学习毛泽东思想产生的历史背景，学习毛泽东研究和分析问题的方法，提升自己的方法论水平。毛泽东思想的精髓和根本出发点是实事求是，学习毛泽东思想要注重理论联系实际，既要掌握和理解政策，又要注重调查研究，坚决摒弃教条主义和本本主义。在日常工作中，要善于运用毛泽东思想中的群众路线，善于做群众工作，争取大多数群众的支持，团结群众共同实现组织目标。在处理日常复杂问题时，要善于抓住主要矛盾，按照先易后难的原则，找准切入点，各个击破。

当天学员还进行了班级文化构建活动，经过各小组集思广益，班委、支委的讨论，属于青干班的班级文化初稿终于诞生了，分为班级文化、小组文化。

（1）班级文化。

班名：赤焰

精神：忠诚、奉献

释义：赤——赤子之心，对党和企业忠诚；焰——燃烧之火，对事业担当奋进。赤焰——我们满怀赤胆忠心，迸发似火热情，忠诚企业、奉献社会，昂扬向上，勇当先锋。

口号：砥砺德行，争当先锋。

释义：磨炼意志，砥砺品格；攻坚克难，创新争先。

（2）小组文化。

第一小组组名：无敌；口号：领先一步，无敌必胜。

第二小组组名：先锋；口号：先锋先锋，勇闯巅峰。

第三小组组名：雄鹰；口号：鹰击长空，谁与争锋。

第四小组组名：辉煌；口号：辉煌辉煌，斗志昂扬。

第五小组组名：追梦；口号：领跑青春，梦想成真。

4. 学习贯彻习总书记系列重要讲话

此次的培训由重庆市委党校科学社会主义教研部副主任授课，教授解读了习近平总书记系列重要讲话，结合当前中国特色社会主义建设面临的实际问题，从学习习近平总书记系列重要讲话的意义、习近平总书记系列重要讲话的主要内容、学习习近平总书记系列重要讲话的方法论、把握习近平总书记系列重要讲话精神的特点四个方面进行了解读。全体学员利用课间讨论和分组讨论等方式交流分享学习体会，取得了较好的学习效果。

（1）学习习近平总书记系列重要讲话的意义。

学习习近平总书记系列重要讲话的政治意义、理论意义、现实意义。讲话涉及改革发展稳定、内政外交国防、治党治国治军等内容对十八大精神有部署，有深化，有发展，是新一届党中央集体执政理念、治国方略、工作思路和信念意志的集中体现。讲话对中国特色社会主义的道路、理论与制度进行了科学的概括。讲话对解决当前中国面临的新课题与新挑战进行探索思考。

（2）习近平总书记系列重要讲话的主要内容。

一个方向：坚持和发展中国特色社会主义。

两个目标：两个一百年与中国梦。

三大区域发展战略：京津冀协同发展、一带一路、长江经济带。

四个全面战略布局：全面建成小康社会、全面深化改革、全面依法治国、全面从严治党。

五大理念新的指挥棒：创新发展、协调发展、绿色发展、开放发展、共享发展。

七大建设新的内涵：经济建设注重转型升级，政治建设注重民主法治，文化建设注重意识形态和社会主义核心价值观，社会建设注重保障和改善民生，生态文明建设注重建设美丽中国，国防军队建设注重实现强军梦，党的建设注重标本兼治。

（3）学习习近平总书记系列重要讲话的方法论。

坚持辩证思维、战略思维、创新思维、底线思维、短板思维。

（4）习近平总书记系列重要讲话精神的几个特点。

第一，坚定的信念和鲜明的政治立场。

第二，真挚的为民情怀。

第三，厚重的历史意识。

5. "两会" 精神解读及网易公开课《中国之路》

此次的培训请到了全国政协委员、中央党校副教育长，为全体学员讲授、解读全国 "两会" 精神。教授结合参加全国政协会议的亲身经历，从经济、改革、反腐败、国际形势、意识形态等视角，分析解读了全国 "两会" 代表委员关注的重大问题，为大家上了一堂别开生面的 "两会" 专题课。

下午，培训班以网易视频公开课的形式，全体学员收看收听了著名经济学家、清华大学国情研究院院长关于《中国国情与发展——中国之路》的讲座。教授结合多年的中国国情研究，主要讲授了中国之路的命题、历史变迁、探索与实践、特点与经验等内容，全面系统地阐发了中国特色社会主义道路的伟大征程发展演变历程，信息量巨大，启发意义深刻，学习成效十分显著。

（1）"两会"关注内容解读。

①经济预测。"两会"期间，代表委员一致认为，当前的经济形势严峻复杂，国际形势尤为严峻复杂，2016年面临前所未有的困难，我国整体处于爬坡过坎的历史阶段，必须顶住经济下行的巨大压力，主动作为，创新突破。

如何看待当前经济形势，未来的经济走向何方。有三种基本观点：乐观派认为，2016年经济增速将达到6.5%，而且这种水平的速度将会持续5～10年，但是达不到原有7%以上的水平。悲观派认为，中国经济将继续下行，而且这种下行还将持续3～5年，经济增速5%左右，甚至更低降至3%。谨慎的乐观派认为，经济超过7%、8%以上的高速增长已成为历史，随着未来工业化、城镇化的加速推进，中国经济将在5%～6%之间徘徊，不会过低也不会过高。在经济发展的过程中，民众信心十分重要，投资、消费、出口"三驾马车"的推动作用将依然是中国经济发展的重要引擎。

②改革空转。历史发展证明，我国经济发展取得如此的成就，改革创新发挥了不可估量的作用。过去改革开放30多年的实践证明，不断深化改革是建设中国特色社会主义国家的必由之路，改革释放的红利，极大地促进了我国经济持续高速增长，人民生活水平得到大幅提高。

当前，国家继续加大改革创新步伐，这个力度前所未有，中央成立由总书记任组长的深化改革领导组织机构，这在我国发展史上绝无仅有，体现了国家领导层对改革的极度重视，对未来发展方略的高度坚定。但是，伴随改革力度的空前推进，"改革空转"现象有所抬头，这种现象危害很大，必须想方设法"去空转"，让那些很好的改革顶层设计、指导意见落地生根，落到实处，使改革真正成为经济快速发展的有效引擎。

③反腐败困局。反腐败工作是国家治理的重要内容，任何历史阶段都不会放松，也不能放松。如果不正视腐败问题，不采取措施加大反腐力度，中国就会有

亡党亡国的危险。依靠党纪国法，下大功夫查处腐败，符合全党全国人民的心愿，符合经济社会发展的客观规律。但是，这一举措只能达到"不敢腐"的效果。要实现"不能腐"，必须依靠制度机制、法律法规，将党纪国法挺在前面，变运动式反腐为制度化反腐，构建"不敢腐"的科学合理的长效机制，这样才能从根本上解决腐败问题。

④周边环境。随着我国经济社会的快速发展，在国际舞台上扮演日益重要的角色，近年来我国面临的国际形势日益复杂，国际环境的不确定性和复杂程度前所未有，国际挑战更加艰巨和艰难，尤其是与周边国家的关系，周边环境发生此消彼长的变化，传统的周边环境优势正在逐渐失去。各种国际力量较量和碰撞，如果不处理得当，将发生严重的后果。因此，必须结合实际，创新思维和创新方法，找出有效的处理周边关系的良方，推动我国经济持续健康稳定发展。

（2）中国国情发展演变。

中国之路就是中国特色社会主义道路的万里长征。它主要包括中国之路的命题、历史变迁、探索与实践、特点与经验四部分内容。

从历史上看，中国的发展之路成"U"字型，即先是强大，再是急剧地衰落，再是逐渐地强大强盛。中国之路是中国探索和创新社会主义的道路，它无论从历史上比较还是与国际社会比较，都是独一无二的。中国之路的命题引起广泛的关注和激烈的讨论，有中国分裂论、中国崩溃论、北京共识等多种观点。中国之路到底是什么？我们要到哪里去，需要不断地探索和研究。

现代中国国家生命周期共分为三个阶段，1950年—1980年是中国经济准备成长期，1980年—2020年是中国经济迅速发展期，2020年—2050年是中国经济发展的强盛期，将基本实现现代化。在历史变迁中，中国由一盘散沙、四分五裂转变为国家高度统一、民族团结，成为政治强国，由工业落后国变为工业强国，由传统农业社会变为现代城市社会，由一穷二白变为经济强国，从贫穷大国到小康社会，发生翻天覆地的变化。

中国不断探索发展之路，主要阶段为：1949年—1956年，是中国发展的第一个黄金时期。1957年—1965年，是第二个阶段，出现了经济腾飞的迹象。1966年—1976年，是第三个探索阶段，经济遭受破坏。1977年至今，是第四个阶段，称之为中国发展的第二个黄金时期。整个探索阶段呈现出先成功，再失败，再成功，再创新的特征。

综观中国发展之路，并与其他社会主义国家和西方国家横向比较，我们坚持的中国特色社会主义道路是完全正确的。中国之路的特点是中国迄今为止最成功的经济转轨模式，经济改革是一场渐进革命，中国改革是一个强制性制度变迁模型，是一个不断学习和实践的过程，并在过程中正确处理了改革、发展与稳定的关系。给我们的启示是：未来发展要做到政治、经济、社会、生态、国际上的不折腾，保持持续的稳定和谐。

（3）学习体会。

经过一天的学习，学员们认识到，中国的发展之路不是笔直顺利的，而是经历了诸多曲折，这个道路就是中国特色社会主义的不断探索和创新；中国当前的发展成果来之不易，必须倍加珍惜，必须系统全面地总结研究，从中找出成功的经验和失败的教训，以便指导未来该沿着什么样的道路前进。同时，通过对"两会"精神解读学习，更加深刻地认识到，作为青年干部必须时刻关注国际、国内形势的变化，加强对党和国家方针、政策及时事的学习、了解和掌握，切实增强研究分析能力、预测判断能力、创新实践能力，不断提高综合素质和业务水平，为企业发展、国家建设做出更大的贡献。

6. 党章学习及观影《雨中的树》

河南省电力公司2016年青年干部培训班邀请了河南省委党校党建部教授做了《认真学习党章、严格遵守党章》的专题讲座，组织全体学员观看了主旋律电影《雨中的树》。

教授深入阐述了《中国共产党章程》（以下简称《党章》）的崇高地位，系统回顾了《党章》的发展历程，全面解读了十八大对《党章》的重要修改，要求党员领导干部要做《党章》最勤奋的学习者、最忠诚的遵守者、最坚决的拥护者。

电影《雨中的树》主要讲述了李林森（全国优秀组织工作干部）身先士卒战洪魔、扶弱济困献爱心、甘于清贫重名节、公正用权不谋私、工作当命抗死神、燃尽生命写忠诚的感人故事。向李林森同志学习，就是要学习他大爱无我的为民情怀、大勇无惧的工作精神、大公无私的干部操守。

经过学习和深入讨论，大家更加坚定了忠诚对党、服务为民的思想和信念，形成了"把忠诚作为一种职守、把服务作为一种责任、把优秀作为一种习惯、把创新作为一种求索、把清苦作为一种财富、把形象作为一种生命"的共识，在今后的学习和工作中，坚持学用结合、知行合一，真正起到践行《党章》的模范和表率作用。

7. 青干班知识竞赛

经过几天的政治理论学习，班委组织了对第一阶段的学习效果验收活动。活动采用知识竞赛的方式进行，包含必答、抢答、风险题三个环节，分别针对政治基本理论知识、课程精髓要义及知识转化程度三个方面。

为了开展好本次活动，班委组织全体学员经过数个昼夜的努力，通力合作，为本次活动的圆满成功提供了可靠的保证。

在本次活动中，全班学员都各尽所能发挥才干为本组争光。本次活动圆满开展不仅依靠个人的力量，更多依靠的是大家相互配合、协同作战的努力。

在激烈的角逐中，第一组无敌队获得了本次知识竞赛的冠军，第五组追梦队获得二等奖，第二、三、四小组（先锋队、雄鹰队、辉煌队）获得竞赛三等奖，为第一阶段的学习划上了圆满的句号。

通过本次知识竞赛活动，进一步提高了大家学习政治思想知识的积极性和主动性，整体巩固了前期学习内容，并且让学员们了解到自己学习知识结构的不足，以便进行针对性的复习。相信有了这一次的活动经验，在今后各项活动的开展中，道路会越来越开阔，会一次比一次顺利。让大家更相信经过不懈的努力，一定会有更大的提高，会更好地投入到下一阶段的学习中去。

8. 群策群力

授课老师用一天的时间，以群策群力为主要内容，根据自己深厚的理论素养和丰富的管理经验，结合大量的典型案例，采用先进的教学模式，寓教于乐，寓学于乐，为学员们上了一堂生动的管理课。

（1）案例培训提高理论素养。

授课老师从群策群力的力量、什么是群策群力、如何实施群策群力三个方面，结合通用电气公司的管理案例进行了讲解。群策群力是一种最大限度地发挥和利用广大员工积极性和智慧来改进企业工作的方法，是一种支持组织变革，解决问题和帮助经理人提升业绩的方法论。

群策群力是一个简单、直接和流程化的过程，其步骤为：定义企业问题，设定欲达到的目标；成立跨部门级别小组；提出解决办法，制订行动计划；提交建议给管理者；管理者当场决定建议可靠与否；建议者给予实施；定期检查进度确保目标实现。

通过培训，学员们了解到群策群力管理方法的精髓、特点、三个阶段及应用注意事项等理论知识，为他们在工作中实施群策群力打下了理论基础。

（2）通过游戏体验管理理念。

为了更好地让学员们理解理论知识，授课老师通过小游戏，让他们亲身体验管理理念，理解管理方法对实践的指导意义。

数字传递游戏是将学员分成6组，排成纵队从后向前传递数字。游戏后老师与学员们分享体会，使大家体会群策群力方法在全面分析工作中的作用，从推倒企业"部门墙"，增强企业灵活性，提升企业执行力，建立执行型文化，迅速解决组织中大大小小的问题，优化业务流程，使组织运作简单化，转变企业经理的管理方式多种角度分析，启示我们要圆满完成一项工作，需做好周密的计划，要有反馈，过程要有监督、检查等，让学员们感悟颇深。

（3）分组练习解决实际问题。

学员分小组练习群策群力的方法解决实际工作中的问题。大家认真讨论了"如何激励青工爱岗敬业""户外配电设施小广告屡禁不止""如何快速提高基层员工服务意识""大修技改完成率不足100%""降低习惯性违章行为在工程施工现场出现的概率""某变电站工程未按期投运""管理部室员工绩效结果强制分布难""如何解决办公室绩效考核结果不合理"等在工作中比较棘手的问题。

在课堂上学员们宣讲自己的练习结果，从如何提高企业运作效率、激发员工积极性和主动性、全面挖掘员工智慧、充足企业持续变革动能、提高企业"组织能力"、创建组织新型的对话方式等方面，相互交流思想、相互提高素质，真正掌握所学的知识。

通过授课老师一天的讲授，使学员们全面了解了群策群力的力量，什么是群策群力，如何实施群策群力。这些必将为今后的管理打下坚实的基础，必将为青年干部们推动各项工作提供可靠的保障。

培训班还请来了青岛公众表达与演讲技巧培训师，从立场亮相、演绎精彩、结构过程三方面为学员们讲述了公众演讲技巧。老师教学幽默风趣、寓教于乐、生动活泼，在与学员热情的互动中，让学员对表达技巧、形成话语权系统、实现话语影响力有了深刻的理解，将对学员们今后的学习、工作发挥重要影响。

9. 管理百年历史长廊

授课老师用一天的时间，组织全体学员以学员教学员的独特教学方式，学习了管理理论发展史各阶段理论。全班两人一组，共 28 个小组，对 28 个管理代表人物的思想和理论进行学习消化，并制作成 PPT 课件，逐一登台分享，大家收获满满。

学员通过大量查阅网上资料，学习各个时期的管理思想和方法，分析其存在的局限性，掌握了其精髓和经典，并与学员自身的工作相结合，进一步提升了管理思想和方法手段。例如麦克莱兰的动机理论，即人类动机是特定环境下特殊需求的觉醒，其动机是一个反复出现的目标状态。这个目标状态用来衡量产生需要的驱动力，从而直接导致个人行为的选择。人类生存需要基本满足的前提下，人的最主要的需要有成就需要、亲和需要和权利需要三种平行的需要。从根本上影响个人绩效的并非人们通常认为的智商、技能或经验，而是诸如 "成就动机" "人际理解" "团队影响力" 等一些可被称为 "资质" 的东西。当然，通过学习分析，也认识到麦克莱兰理论的局限性：一是此理论是基于高成就需要者（企业家）而创立的，其研究范围比较小；二是麦克莱兰的成就需要理论对权力需要和归属需要的研究较少。

结合麦克莱兰的相关理论，在工作中应该做到三个方面：一是在人员的选拔和安置上，测量和评价一个人动机体系的特征对于如何分派工作和安排职位有重要的意义；二是动机是可以训练和激发的，因此我们应注重训练和提高员工的成就动机，以提高生产率；三是让员工有参加决策的权力，调动其工作积极性。

10. 组织行为学学习

授课老师凭借自己深厚的理论素养、丰富的管理经验，以及深邃的哲学思维和深刻的人生感悟，采用先进的教学模式，营造活泼的教学氛围，给学员们上了一堂精彩的组织行为学课程。

（1）构建两个管理体系模式。

首先，结合中西文化背景，为学员们梳理了本土管理基本模式。然后，介绍了管理体系构建的基本理念。期间，着重讲述了项目利益相关方、企业利益战略相关方，以及影响个人成败的利益相关方。通过案例详细讲解了利益相关方分析方法，又从哲学和心理学的角度揭示了"市场经济是利益相关人联系在一起的经济，是满足利益相关人需求的经济，市场经济通过利他而获得自己利益的最大化"的实质。

（2）构建企业战略目标纵向落地机制。

针对顾客的工作产出法，教会学员们绘制"顾客关系太阳图"，讲述了作业指导书的内容、形式和编写方法，以及工作流程图的绘制。构建了一个高效协作模型图，形成贯通满足顾客需求的横向管理体系。

（3）提升解决问题的能力。

通过丰富的案例，完成了"分解""综合"以及"辩证逻辑"三种思维模式的应用。分解不是将整体分解为部分，而是深入到事物的内部去，发现规律从而解决问题；综合是把对事物的各个部分的认识结合成整体，发现事物规律，进而提出解决问题的方案；辩证逻辑是围绕终极目标，处理好子系统目标和最终目标的关系，通过概念、判断、推理的三段思维程式做出概括的却是本质的认识。

课堂内容丰富，深入浅出，不仅给学员们理清了行为组织的理论概念，还将哲学、心理学融入到行为组织学的教学中，结合实际案例，教授实用的模型和分析方法。通过一天的学习，学员们收获颇丰，运用学到的思维方法，将分析模型、工具运用到实际工作中，对工作是一个很大的提升。

11. 青干班运动会

为促进学员强身健体，加强各小组组员之间的协作配合能力，青干班举办了一场运动会。运动会包含八段锦汇演、托球跑、螃蟹走路、定点投沙包和南水北调五个活动。大家踊跃参与，配合默契，在整个活动中充分体现了学员之间的团结协作精神。在激烈的比赛中，"雄鹰队"获得了本次运动会的冠军，"追梦队""先锋队"获得二等奖，"无敌队""辉煌队"获得三等奖，一场团结、向上的运动会在大家欢声笑语中落下了帷幕。

12. 财务管理课程

青干班学员学习了"直线经理人的财务管理"课程。教授依托扎实的理论基础，通过通俗易懂的案例分析，使学员们掌握了资产、负债、所有者权益，以及收入、成本、费用、利润之间的关系，帮助学员读懂财务报表，看懂资产负债表、利润报表和现金流量表，了解企业发展状况。

财务管理是企业发展的基石，在企业的生产经营活动中发挥着显示器、监视器、预警器和制动器的作用。只有从财务思维的角度全方面解读企业运作，才能实现财务管理与企业发展、战略决策、内部控制及自身管理的有效结合；只有透彻掌握重要财务概念和财务指标，通过财务分析，发现经营管理中存在的问题，充分运用成本控制工具、现金流管理方法和全面预算管理法等方法工具，不断降低成本，提升利润，才能更好地实现企业可持续发展。

13. 人力资源管理课程

培训班通过"非人力资源经理的人力资源管理知识"课程，对人力资源管理有了一定深度的了解。人力资源管理的目的是企业获得人力成本的最优化和员工获得人力资本的持续增值，最终达到个人目标与企业目标的一致和平衡，使人力资源成为企业核心竞争力的源泉。企业人力资源的积蓄与开发，是所有负有领导责任的企业管理人员的共同职责。每位部门主管，既是本部门的业务领导，也是该部门的人力资源经理，对其下属的职业生涯发展负有不可推卸的责任和义务。因此，大体来说，部门人力资源管理80%的任务应该属于部门主管，而人力资源部门则负担业务部门20%的人力资源管理任务，这颠覆了我们的日常认知；而企业经营的本质是，外部经营顾客，内部经营员工，也需要我们日常工作中从选、用、育、留四个方面做好员工的吸引、保持、激励和开发，用系统管理人。"育人"是发挥员工潜力的前提，掌握员工的培育技巧，是做好绩效管理工作（用人）的基础。培育员工，在于提升员工的自主计划、自主决策、自主控制的能力，与员工建立相互信赖的关系，帮助员工在实际工作中发挥最大的效能，这也是提高员工工作绩效的最好方式，同时也有利于提升整个团队的能力。

授课老师对非人力资源经理的人力资源管理知识进行了深入浅出的讲解，特别是提出人力资源管理要"用育结合，以育为主"，不但教导学员们要有"用人之道，育人之心"，还系统讲述了"用人之法，育人之术"，为学员解决困惑自己的人力资源管理难题打开了一扇窗户。

14. 从业务走向管理：转变角色、掌握方法

按照培训设计计划，公司邀请了教师给青干班学员讲授"从专业走向管理"课程。该课程的老师是国家注册心理咨询师、中国管理科学院研究员、阿里巴巴集团企业管理顾问，具有丰富的授课和实战经验。他从角色认知、方法技巧两个方面阐述了一个专业人才如何实现向优秀管理者的转变。培训以理论结合实例、小组讨论、情境模拟等方式贯穿全场，中华传统哲学与现代管理理论相结合，课堂氛围轻松活跃富有感召力，授课旁征博引且案例灵活，思想深邃但深入浅出，注重学员的领悟与实际操作，学员感觉收获良多。

一个专业人才要完成向管理者的转变，首先要了解管理的职责、流程，准确把握管理者的角色定位，克服业务员型、甩手掌柜型、传声筒型等常见的角色误区，避免缺位、错位和越位，处理好领导与管理的关系，做到人事平衡，从专才到通才，从英雄到领袖。

专业人才向管理者转变的过程中，要掌握必要的方法和技巧：一是学会开展目标与计划管理，二是实施工作分工和授权，三是进行高效的沟通与协作。

在目标与计划管理方面，目标制定要清晰且长远，符合 PE-SMART 原则，并分解到每位员工，以视觉化的方式将目标进行展示，实现监督和激励。同时指导员工根据工作目标制订切实可行的行动计划，经过 PDCA 循环持续改进和提升，最终达成组织和员工个人双重目标。

在工作分工与授权方面，授课老师组织大家讨论了"靠不住的人"的案例，分析讲解了管理者如何进行工作分工和授权，员工如何承接任务。管理者要从人和事两方面考虑正确地分配任务，做到有效授权，并进行检查、指导、激励和验收，员工要确认任务，在重要节点主动向管理者汇报，按时提交成果。

在沟通与协作方面，授课老师讲解了如何进行上、下级之间的沟通，如何进行跨部门的沟通与协作。他通过组织小组讨论和演示生活案例，颠覆了大家平时

对沟通要素的认知，明确了肢体语言比声音重要，声音比文字重要，听比问重要，问比说重要，引导学员做一个善于倾听、善于赞美、善于沟通的管理者。

15. "两会"精神、"十三五"、全球能源互联网解读

青干班 55 名学员和公司处级干部培训班一起聆听了省公司发展策划部主任关于"两会"精神解读与规划相关专题的介绍；人资部主任对省公司绩效管理委员会工作内容的讲解。

发展策划部主任的讲课通过"两会"精神解读、河南公司"十三五"发展规划、全球能源互联网三个部分，和大家共同回顾了全国"两会"政府工作报告 16 大看点，2016 年主要预期目标。

发展策划部主任重点介绍了河南电力公司"十三五"发展规划，规划系统总结"十二五"发展成就，深刻把握社会新生态、经济新常态、能源新革命、改革新方向"四新"形势，坚持问题导向，着力去疴强体，明确了公司和电网综合实力"两个赶超"的规划目标与五大规划重点，全面保障"一强三优"现代公司建设。

能源发展面临严峻形势，出路在哪里？实施"两个替代"是必然趋势。清洁替代就是要建立以清洁能源主导的新型能源供应体系，是能源生产革命的重要内容。电能替代就是要大幅提高电能在终端能源消费的比重，优化用能结构、显著提高电气化水平和能源效率是能源消费革命的重要体现。实施"两个替代"必须要有一个物理载体、一个配置平台。这个载体、平台就是全球能源互联网。伟大的蓝图已经绘就，伟大的事业已经启程，中国牵头倡导构建全球能源互联网，有利于在能源和外交等领域赢得主动，提升我国影响力和竞争力。

人资部主任在讲解省公司绩效管理委员会工作内容时，重点对委员会的机构设置、审议内容、议事规则等内容进行了介绍。其中重点讲解了包括企业负责人业绩考核管理办法、全员绩效管理实施办法、主营业务绩效管理办法、职工薪酬制度、职工福利管理、工资计划管理等内容。

16. 个人剖析"我的路"

青干班学员大讲堂在学员们热切的期盼中隆重登场。本次大讲堂共有 27 名学员讲述了自己成长、生活或工作过程中亲身经历的典型案例，分享了体会和感悟。

学员们踊跃分享，例如：学员陈宏军做了题为《围绕中心，严督实察打造企

业高效执行力》的经验分享，重点讲述了如何将重点工作纳入督办体系，并取得了非常好的效果，得到领导的高度肯定。学员王思印分享了他在柬埔寨国际电力工程项目中如何克服语言、生活等困难，面对挑战勇于担当，并实现了自我价值的提升。学员党彬讲解了在变电运行部如何加强团队建设培育下属的成功经验。学员史鹏辉讲述了他在奥运期间如何通过统筹谋划、关注细节，为保电职工提供后勤服务，圆满完成了奥运保电任务。学员刘云飞讲述了自己的"三个时代"，分享了"只要付出，总会有收获"的经验。学员张林详细介绍了工作中如何加强企业年金的投资运营监控，确保公司年金资产的安全增值。学员李林分享了如何"通过群众斗群众"的方式实现员工工作积极性的大幅提升。学员张宇飞分享了如何重视公司组织的竞赛调考工作，通过有效组织和管理，圆满完成任务并取得优异成绩。学员张永斌讲解了"做好光伏电站接网服务的同时，如何规避电网公司投资风险"，分享了"当遇到优质服务与投资风险相矛盾的时候，如何保持适度的灵活性，努力寻找双方或多方的平衡点；如何加强与利益相关方的持续沟通，全方位争取理解和支持"的成功经验。

课堂上，台上台下进行了良好的互动，台上学员激情澎湃，台下学员斗志昂扬。学员走上讲台分享工作、生活中的成功经验，有效打破了培训中老师"一言堂"式教学模式。通过举办学院大讲堂，使上讲台的学员进一步总结工作、思考生活，提高了应变、表达能力，也让学员们学习到更好的工作思路、方法和技巧，为开展好本职工作提供了借鉴和帮助。

17. 问题分析与决策

按照培训计划安排，教授给学员们讲述了"问题分析与决策"课程，学员获益匪浅。教授从六个方面阐述了问题分析与决策的准备、判断、分析、决策，为学员处理问题提供了科学的思路和办法。一是如何形成发现问题的理念，二是对产生问题的形势判断，三是对问题的原因分析，四是培养创造性思维，五是问题处理的决策制定，六是对制订计划的分析。

在形成发现问题理念上，教授通过对"命运"的释义，阐述了很多富有哲理的人生感悟，给出了"命运"很多时候需要个人的先天条件，更需要个人的后天勤奋和努力。在形势判断方面，必须对出现的问题进行重要性、紧急性的判断，通过判断决定处理的先后次序，给所有问题的合理解决提供先决条件。在问题的原因分析上，要采用5W2H办法，群策群力地发掘造成问题的所有原因，从中梳理出最需要解决的因素。培养创造性思维，则是为解决问题提供了充分的想象和可能。如如何把梳子卖给和尚，如何想象出筷子的用途，等等。在问题的决策制定上，一方面要有正确的决策制定办法，另一方面要尽可能地避免"布里丹"选择，决策者要在充分发扬民主的基础上，能系统、独立思考问题并做出正确决策。在计划分析方面，教授提出了作为管理的一个重要环节，要有能够发现、预防和紧急应对所制订计划有可能带来问题的能力。

同时，还教授了学员们如何养成良好的个人生活习惯和工作习惯，得到学员的广泛好评和热烈欢迎。

18. 舆情管理

培训班进行了"舆情管理"的课程，老师精彩的讲解让学员们收获颇丰。

"社会化媒体语境中弥漫的浮躁情绪往往使网友不愿意费神去核对事实，寻找真相，而急于跳进道德审判的'乐队花车'中，来一场对一切神圣物和日常生活正常逻辑的颠倒、亵渎、嘲弄、贬低、歪曲的'狂欢'。"这样的话语不断引发学员思考。面对当今媒体、网络以及全民都可能是信息发布者的现状，谁又能够说自己置身世外呢？作为一名企业的中层管理者，更应该重视舆情管控，掌握一定的舆情处置方法和技巧。

上午，公司外联部主任结合公司内外近几年发生的舆情事件，从当前公司面临的舆情形势，以及面对媒体、记者如何正确应对，如果出现舆情事件作为管理者应该如何处理等方面给学员们做了深入浅出的分析与讲解。

"在扫描式的浅阅读中，网民的理解与思考的耐心已经下降到词语的级别，于是话语片段被生生地从语境中剥离出来，成为网民记忆系统中的最大单位。"学员们不由得有感而发：我们可能成为网民口诛笔伐的受害者，我们也可能无意中就成为了网络暴力的执行者，作为一名管理者，既要具备一定的舆情处置能力，同时也要时刻保持清醒的认识，避免成为网络暴民，这应该是本节课引发的思考。

19. 电力体制改革及配套文件解读

学员们学习了〔2015〕9号文件《关于进一步深化电力体制改革的若干意见》，

老师像拉家常讲故事一样娓娓道来，为学员们讲述了1985年以来电力体制改革的来龙去脉，他又从成本综合优化和管理策略的专业角度为学员们解析了电力体制改革的最终目标，为学员们明确了电力企业在这场变革中的角色定位，以及电力企业如何从顶层设计和能力培育上、修炼内功上适应这场变革。

"9号文件"的发布，标志着中国电力体制改革驶入快车道，各网省公司在这场变革中将首先受到冲击。学员们也都感触颇深：作为一个国家电网人，面对这场变革，不光要看到改革给企业带来的困难和问题，更应该看到和困难并存的机遇，每一个电网人要积极地转变思想，改变工作思路和方法，只有这样企业才能永远地立于不败之地，才能真正地实现"建设世界一流电网、建设国际一流企业"的伟大愿景。

20. 河南区域经济发展

按照学习计划安排，郑州大学原商学院院长、亚太银行原首席专家、河南省"十一五"规划特邀专家、郑州大学MBA中心副主任给青干班讲授了"河南区域经济发展"。

教授从中国经济新常态分析河南区域经济如何发展，以房价和CPI作为切入点，通过一系列数据讲解市场化经济正在逐步发展和完善，金融化正在大幅度提升，对资源资产化、货币窖藏进行了全面剖析。最后讲到：推动中国经济科学发展，必须走创新之路，形成"万众创新""人人创新"的新态势。人是创业创新最关键的因素，创业创新关键是要发挥千千万万中国人的智慧，把"人"的积极性更加充分地调动起来。必须充分尊重人才，最大限度地激发人的创造活力，吸引和激励更多人投身创新创业。

"十三五"是全面建成小康社会的决胜期，建设小康社会离不开电网的坚强支撑，为河南全面建成小康社会提供坚强电力支撑就需要我们牢牢把握"十三五"重要战略发展机遇期，全力改变河南电网仍处于发展水平明显落后于国家电网公司先进省份，落后于省内铁路、航空、公路、信息等其他基础设施，供电能力低、供电可靠性低、装备水平低的"两后三低"状况。这就需要青年干部们奋发有为，迎难而上，推动河南电网整体达到中部地区领先水平，赶超全国平均水平，实现河南电网跨越式发展。

21. 中日关系解读 + 历届国家领导理论创新风

青年干部培训班邀请到中国人民大学教授为全体学员讲授社会学有关知识。上午，教授凭借多年的社会学研究经验和其本人对社会发展的思考理解，系统地梳理了近现代社会政治、经济、价值观念等领域的一些表象，并对现象背后的本质和存在的问题进行了深入剖析。他客观地分析了当前中国面临的重大压力和挑战，指出 "创新、协调、绿色、开放、共享" 对现在和未来发展的重要意义。要求青干班学员一定要树立 "兼听则明、偏听则暗" 的思想，最大限度地了解和掌握更多的信息和知识，丰富大脑，提升综合素质。

通过学习，大家普遍认为，我国当前正处于社会转型期，社会的运行和发展面临许多的问题，而这些问题不仅关系到社会的发展，也与我们的学习、生活和工作有着密切的联系，因此，我们可以利用社会学的基础知识、基本理论去认识、分析、解决我们周围的问题，以更好地适应社会生活与社会发展。同时，也使我们更多地了解了上学时期书本之外的一些历史知识和掌故，对当今社会的热点问题认识得更加全面和深刻，启迪我们对当今社会政治、经济领域改革发展的深层次思考，进一步激发大家 "国家兴亡、匹夫有责" 的历史责任感、社会责任感。

22. 行动学习导入

赤焰班全体 55 名学员在轻松活泼的气氛中完成了 "行动学习理论与技术" 课程的集中学习。中国行动学习催化师协会副会长、行动学习应用专家、清华大学行动学习顾问、项目咨询师寓教于乐、寓教于行，理论结合实际案例，让全员参与并真实体验，收到了很好的教学效果。

老师对 "行动学习" 的定义、"做中学" 的五个要素、最佳学习方法、问题分类、系统思考分析事项、三大核心关键因素等理论进行了分析；重点对行为学习的 5 个步骤所涉及的运作原理、技术方法工具及演示与应用案例做了详细讲解，教给大家六顶思考帽、世界咖啡馆等具体方法和工具，让大家参与行动学习案例中理解和体验，受益匪浅。

23. 管理高尔夫实战挥杆训练

按照学习计划安排，公司邀请教师给青干班讲授 "管理高尔夫实战挥杆训练" 课程。

情境高尔夫是情境管理理论与高尔夫运动相结合的一种全新培训方式，建立了以学员为中心、以问题为中心、以任务为中心的培训结构，通过行动学习的培训模式，运用管理测试、视频教学、世界咖啡、案例研讨、管理游戏、角色扮演、小组讨论、实战演练等多种行动学习工具，采用GROWAY心智模型，开展分组互动式管理高尔夫实战挥杆训练。课程学习中大家运用倾听、表达、询问、模拟、主持、角色、竞赛等方式，通过一杆杆的思考，激发学员智慧，突破思维盲区，启发全新思维，让大家积极参与并发表自己的独特见解，做到了"做中学、教中学"，而每个环节的最佳答案就在每个学员的手中。

教育不是灌输，是点燃火焰，通过一杆杆问题的解决，使学员结合"性格分析"，根据具体情况操作，运用各种管理工具，提高管理实战能力，并能够迁移到实际工作中。以关注沟通为基础，以严格管控为手段，以强化执行为目标，鼓励管理创新，提升学员实际操作能力。

24. 领导力标杆行为演示和应用

学员们学习了"领导力标杆行为演示和应用"课程。老师用大量的案例，在轻松活泼的同学互动中完成了领导力标杆行为解析，取得了很好的教学效果。

老师从组织能力的三大关键因素入手，结合青年干部能力素质模型和前期测试情况，运用柯达、伊腾洋华堂等案例以及学员两人互猜游戏，详细解析了学员的核心素质、思考力、执行力模型，指出了发挥个人优势、弥补个人短板的途径，学员深受启发。

组织能力的提升需要从员工治理、能力、思维三方面入手。青年干部要当好提升组织能力的排头兵，发挥好模范带头作用，积极将学到的知识应用于管理实践中，与广大员工一道尽心竭力，努力实现"一强三优"现代公司发展目标。

25. 以顾客为中心，以奋斗者为本

华为技术有限公司（以下简称"华为"）前高管、现顾问胡赛雄莅临培训中心，通过他对华为人力资源管理哲学与实践的阐述，揭开了华为成功的秘诀：以顾客为中心，以奋斗者为本，长期艰苦奋斗。

华为认为，人性是自私的，将利己与利他相结合，打造利益共同体是华为的核心机制。华为视企业文化为第一生产力，推行赛马文化，干部能上能下，不虚位以待，不求全责备，在实践中大浪淘沙。华为绩效考核的理念是自己和自己比，向奋斗者、贡献者倾斜，给火车头加满油，不让"雷锋"吃亏。选人、用人、留人、育人，华为通过独特的人才选拔管理培养机制，打造出生机勃勃的优秀团队。

华为是一个商业组织，追求商业组织的责任和利益，这一点与我们的国家电网是不同的，我们需要主动承担社会责任，但这并不妨碍我们学习华为的经营管理哲学，尤其是处于电力体制改革的当下，每一位青干班学员，应该如何学习并吸取华为的管理思路、方法，学以致用，值得认真思索。

26. 党组书记授课并与学员代表座谈

省电力公司党组书记为处级领导干部培训班、青年干部培训班学员授课，要求学员树立政治意识、大局意识、核心意识和看齐意识，学以致用，在工作岗位上服务公司和电网发展。

书记从形势与趋势、使命与责任、道义与担当三个方面进行讲解。他剖析了国内外政治经济新形势、能源发展新趋势、电力体制改革新动态，结合"五大发展理念"和"十三五"规划分析了公司发展趋势；讲解了公司在经济社会发展中提供安全、高效、清洁、友好的电力供应和服务的基本使命，以及促进生态文明建设、服务和谐社会建设的重要责任；要求学员讲道义、重担当，加强岗位学习，夯实理论基础，履职尽责，勇于担当。他强调，要树立正确的世界观、人生观、价值观，保持持续学习的热情，保持只求耕耘、不求收获的心态，为电网发展贡献力量。

27. 学榜样、添动力

省公司三位优秀干部给青干班学员授课，分享成长成才经历。他们朴实的语言、生动的故事，深深感染了学员，教室不时响起热烈的掌声。

省公司副总工程师兼营销部主任与大家分享了自己从一名普通的检修班员工做起，到工作中如何主动担当，不空谈伟大长远目标，而是脚踏实地把眼前的事情做好。丰富的成长经历、亲身的感悟，从人生的事业追求目标、责任与担当、能力、关系处理四个方面给青年干部指导、点拨、传授。切身的实践经验，朴实的话语，语重心长，学员们受益匪浅。

国网安阳供电公司总经理以深厚的政治理论知识与大家分享了自己工作、学习的经历，在本部机关丰富的阅历、开阔的眼界以及对工作深入的思考。同时用鲜活的案例，为学员们精彩解析了正确处理好学习与工作、全局与局部、务虚与务实、继承与创新等十大关系，提升领导干部十个方面的能力。不做小人，把人做小，时刻保持谦虚谨慎，低调做人，使学员们深受启发。

国网许昌供电公司总经理结合当前全球能源互联网的发展与创新实践，与大家精彩分享了能源的发展趋势、资源的分布、电力新技术的发展。能源问题具有全局性和战略性，构建全球能源互联网，既面临清洁能源加快发展的历史机遇，也面临从理念、技术到实践的巨大挑战，只要我们共同努力，全球能源互联网一定大有可为，开阔了学员的眼界。

28.青干班集训阶段团队行动学习汇报及情景剧表演

青干班组织开展团队行动学习汇报及情景剧表演活动，同时也是对 40 天集中培训阶段的小结。公司人事董事部副主任、公司党校副校长出席活动并讲话，公司人事董事部处长主持小结会议。活动共分为三项议程：团队行动学习成果汇报、情景剧表演、领导讲话。

会议上，人事董事部副主任对团队行动学习、情景剧做了点评，并对学员接下来几天的在岗实践提出了要求，希望学员所学有所用。同时，他提出青干班应该持续保持"赤焰"精神，将"赤焰"精神像火种一样在所在单位、部门传播开来。

副校长罗列各项数据对学员在党校期间的优秀学习表现进行总结，并分享学习经验与学员共勉。

三、集训成果

在 2016 年青年干部培训班项目中，经过 40 天的集训，形成了丰富的集训成果，可分为显性成果及隐性成果。

（一）显性成果

1. 宣传库

集训中，文化宣传工作紧跟集训开展，通过海报进行宣传，让班级学员、项目组以及省公司及公司领导随时了解集训进展状况，为青干班的文化宣传工作创造一个良好的学习氛围。

2. 档案袋

集训期间，为保障项目系统化地运转，形成了大量的关于项目记录的资料，通过有效的归类和整理，分为项目策划方案、青干班实施操作手册、讲师资料、学习资源、展板资料等信息资料，并对此资料进行存档，方便后期查阅，了解信息。

3. 报告集

青年干部集训中的资料整理，报告集中包含了 4 期阶段性简报、5 期课程周报、106 篇学习日报、55 份个人行动学习成果汇报、5 份团队行动学习成果汇报以及集训总结报告。根据集训进度及集训内容，对每一门课程制作课程日报，帮助学员回顾课程的知识点，巩固课程精髓内容。每一阶段结束后，对该阶段进行小结，随时记录过程，提出存在问题和完善建议，为后续的工作更好地开展提供依据和方向。整个集训结束后，针对集训撰写总结报告，一方面总结本次集训经验，另一方面为后续的青年干部项目提供优化依据。

（二）隐性成果

隐性成果包括知识巩固、演练强化、固化习惯和实践检验四个方面。如图 7-11 所示。

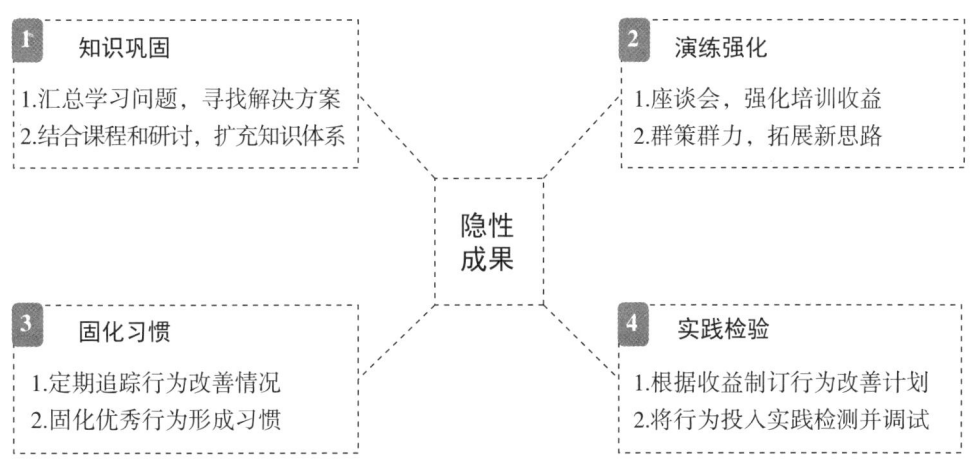

图 7-11　隐性成果

四、集训建议

对于此次青干班集训，有如下建议：

1. 减少课程数量

此次青干班集训为期 40 天，安排课程 30 余门，涉及内容较多，学员的复习转化时间较少。可考虑减少部分课程，充分保障学员的有效理解，保证学习质量。

2. 前置行动学习部分环节

行动学习中，从问题收集、提炼，到最终形成团队行动学习主题，历时较久，可以推进团队行动学习主题的提前确定，让学员带着主题学习行动学习技术，在技术理论学习的部分就开始思考如何运用行动学习技术解决团队行动学习问题。

3. 建立"互帮"小组

学员之间的经验交流时间安排可以适当增加，可考虑建立"互帮"小组。运用晚间时间，就学员带来的自身工作问题（"两带来"之一）进行经验交流，让曾成功解决某类问题的学员来帮助当前正受此类问题困扰的学员，实现优秀经验的传递。

4. 增加文化建设类活动

此次集训中，文化建设类活动主要有知识竞赛、体育比赛、情景剧汇演、早操。可增加几项文化类活动，如红歌会、诗歌朗诵比赛等，以活动为载体，增强班级文化建设及班级凝聚力。

5. 优化积分制

可以将积分制优化为以团队为积分主体。

第五节　在岗实践

一、团队行动学习

（一）什么是团队行动学习

团队通过解决组织实际存在的难题实现学习与发展的学习模式。其核心是在催化师的引导下，通过质疑与反思，达成个人和组织在认知、行为和心智模式上的根本转换。

（二）"行动学习"流程设计与计划推进

此次团队行动学习的主题经行动学习领域专家根据学员提交的"两带来"整理提炼，考虑上接战略下接绩效，并反复与公司领导层沟通，共同商议后明确为具体主题。因此从选题到研究，再到解决方案的制订，均为精心打造。

1. 问题提出

360度开题，让所有学员畅所欲言提出自己的想法，从四个角度思考来提出课题。

（1）课题描述。关于这个课题，具体的范围是什么？我们目前可以提供的信息有哪些？

（2）利益相关者。有哪些具体的部门和人是这个课题的利益相关者？他们可能的态度是什么？

（3）质疑反思。为什么要提出这个课题？我们拥有哪些资源和优势？

（4）预期收益。探讨该课题可以给公司和小组以及在座的学员带来哪些好处与价值？

通过一系列的思考和讨论，最终确定了五个小组五个课题：

第一组（10人）课题：如何加强市县公司财务管理一体化？（农网管理方面）

第二组（11人）课题：如何建立超员岗位人员向缺员岗位流动的推动和吸引机制，加强人力资源统筹调配使用？（机制建设方面）

第三组（9人）课题：如何在县公司进一步落实"两个责任"？（依法治企方面）

第四组（12人）课题：如何加强营配末端融合？（营配贯通方面）

第五组（14人）课题：如何开展"互联网+"营销服务，为顾客带来愉悦体验？（服务体验方面）

2. 问题的澄清、归类、提炼、整合

团队行动学习的老师带领全体学员，运用学习过的行动学习理论，实践团队行动学习。结合前期学员"两带来"的情况，首先确定了五个题目，对学员按兴趣分组，自愿报名参加。然后五个课题小组定义课题，明确方向，按照360度开题方式进行了课题描述、利益相关方、质疑反思及预期收益四个纬度的分析。下午分别选取代表对开题阶段的成果进行了分享。最后按照 KT 问题分析法进行原因分析。

通过一天的学习，大家对团队行动学习的步骤有了更深刻的理解，通过讨论对问题的分类、系统思考分析事项、三大核心关键因素有了新的认识。

学习的目的是为了解决实际工作中的问题，带着问题来学习，既解决实际工作问题，又做到了"做中学、教中学"。激发智慧，突破思维盲区，启发全新思维，让学员积极参与并发表自己的独特见解。学员在行动学习案例参与中理解和体验，受益匪浅。

学习不是目的，应用才是关键，让我们通过个体的持续实践改善来带动组织绩效的提高，为国网河南省电力公司做出新的更大的贡献。

3. 现状描述

在老师的带领引导下，五个小组对各自的课题运用 KT 问题分析法从问题是什么、不是什么、区别是什么以及原因是什么四个方面进行细致深入的讨论，使各小组更清晰定义目标。第二步课程中，由各小组的小组长主持，采用团队列名法，每个组员进行独立思考后充分表达和分享各自的观点，再通过小组集体讨论的方式描叙出问题现实状况，使小组成员更加清楚地界定所要解决的问题。运用世界咖啡馆的工具，各小组采用大挪移加入到另一小组补充和完善现状描叙。最后通过小组投票决策，确立关键问题目标，并就此达成共识。

在老师层层递进的讲解下，在"问题——反思与学习——行动——新问题——反思与学习——再行动"的过程中，五个小组在认真细致描述症状、分析原因等一系列程序基础上，群策群力探索解决问题的最佳切入点，大大激发了学员们的创意、创新和创造力，使学员们饱食了一顿学习经验的营养大餐。

4. 提取事项

在老师的带领引导下，继续进行"行动学习"的学习实践课程。上午，各组采用团队共创法，首先各组员独立分析影响目标的事项，轮流张贴自己的观点事项并进行聚类，整理类别后为每个组群命名，在补充完善后，每个人独自选出自己感觉最重要的若干事项，形成决策；下午，大家针对选出来的事项逐一进行讨论，然后按照 ARRA 措施明确法提出解决措施，依据收益大小、可实施难度进行措施分类，并采用六项思考帽方法进行价值、风险、创新的讨论。大家讨论热烈，脑洞大开，在过程中感受了创新讨论方法，不局限，不设墙，思维飞扬，广泛征集了来自各部门、各专业的创意、想法，形成了突破性的思路，收获显著。

5. 解决方案优化

各课题组对解决方案进行确认和评估，进一步优化解决方案。

老师根据各课题组解决方案的完成情况进行持续的催化，指导各课体组运用六项思考帽法，从价值、风险两个方面对措施进行评价，衡量各措施的收益大小、实施难易程度；将所有措施分为重大机遇类、快速获胜类、专门努力类、浪费时间类，讨论评估后确定解决方案；对已确定的解决方案进行风险评估，分析可能存在的风险、风险等级、造成风险的原因，提出预控措施和应急预案，经过充分讨论，达成共识，制订行动计划表，形成完整的解决方案。

五个课题组组长分别以《如何加强市县公司财物管理一体化》《如何建立超员岗位人员向缺员岗位流动的推动和吸引机制，加强人力资源统筹配置使用》《如何在县公司进一步落实"两个责任"》《如何加强营配末端融合》《如何开展"互联网 +"营销服务，为顾客带来愉悦体验》为题做了汇报，展示了各自行动学习的成果，标志着行动学习取得了阶段性的成果。

通过几天的行动学习，大家根据选定的问题，以结果为导向，结合各自的专业特点和工作经历，群策群力，分享知识与经验，共同确定解决问题的方案，做到知行合一，掌握了行动学习的基本理念和方法流程，对解决今后工作中遇到的重要问题提供了很好的解决方案。

（三）团队行动学习成果汇报

第一小组成果汇报：

1. 选题

站在全局的高度，国网公司提出实施地县公司集约融合，明确提出进一步深化集约化、扁平化、专业化，通过市县公司业务集约融合，优化市县公司功能定位，做实市公司，县公司集中精力重点做好营销服务和配网业务，逐步实现公司"两级法人、三级管理"的管理架构。

省公司在"农网发展上台阶、农电管理上水平"三年行动计划中明确了要实现农电管理"四个接轨"目标，对解决农电管理中存在的薄弱环节和突出问题，加快推进省市县公司一体化管理的工作也有具体的要求。

在专业管理方面，随着"子改分"的制度推进，县公司管理模式、运行机制、纳税方式、资金管理、会计核算等都将发生较大变化，对公司防范风险、加强管控提出了很多新的要求。"如何加强市县财务管理一体化"是目前亟须解决的课题。

基于此，我们确定了研究的课题：如何加强市县公司财务管理一体化？

针对这一课题，我们运用团队共创法，群策群力就目前管理模式下市县财务管理中存在的问题进行分析，共梳理出53条具体表现症状。经过分析归类，提炼出人员素质、预算管理、资金管理、资产管理、会计核算、财务风险六类主要的不足之处及具体表现。

（1）财务人员队伍素质需持续提升。

随着财务集约化管理深入推进，财务管理不断变革创新，对财务人员知识结构、学习能力和综合素质提出了更高要求。随着县公司无偿划转、"子改分"制度推进，管理模式转变、财务信息系统上线，财务人员的业务能力需要进一步提高。

（2）县公司预算管理有待加强，投资能力与投资需求不匹配。

受划转时间、信息系统建设进度等因素影响，县公司预算管理总体落后，且各单位间差距较大。

从横向看，全面预算管理组织体系、制度体系不健全，预算意识薄弱，预算的决策支持、资源调配等核心职能尚未得到充分发挥。

从纵向看，市公司对县公司主管责任尚未履行到位，县公司经营目标安排、预算全过程管理等方面，市公司统筹平衡、监督指导等作用需进一步强化。

（3）资金保障风险、资金安全风险始终存在，资金管理仍存在差距。

部分县公司财务状况不良，赢利能力差，融资难、成本高，经营压力沉重，财务风险大；存在存款余额、贷款余额双高现象，资金管理效率不高。县公司资金管理通用制度落实存在差距，资金管理内控制度执行不到位，资金支付把关不严，日常管理标准不高。

（4）资产统筹调配存在瓶颈，物资闲置和浪费。

"子改分"前，县级子公司为独立法人，由于税收成本影响，市县公司间难以完成资产物资无偿调拨使用。"子改分"后，市县公司之间的物资、资产优化配置渠道已打通。农网改造过程中形成的资产以及大检修市县业务集约后，价值管理与实物管理不统一。

（5）各县公司会计基础管理规范化情况参差不齐，会计集中核算效果尚未完全显现。

县公司会计基础管理薄弱，信息化建设还不到位，核算管理规范性水平有待提升。部分内部关联交易抵消仍通过事后对账实现，与实时出具集团合并报表要求仍有一定差距。县公司应用ERP系统时间较短，前端业务未实现集成，关联交易未进行协同处理，会计核算规则未完全掌握，对财务管控各模块操作不熟练，财务报表信息反映的真实性、及时性有待提升。

（6）依法治企意识不强，存在外部审计税务风险。

对业务前端稽核力度有待进一步加强，税收优惠政策落实执行存在差距，税收风险防范手段需强化，经济事项全过程防控意识不强，事前预防、事中控制、事后监督措施不到位。

2. 解决问题的研讨过程

具体明确问题后，就开始了问题解决的研讨。

第一步：确定解决问题的目标。

按照"深化应用、提升功能、实时管控、精益高效"的总要求，以信息实时反映、过程实时控制和结果实时监督为核心，在市公司成立市域财务共享服务中心，在不改变县公司会计主体的前提下，抽调市县公司部分财务人员，实行市县区域会计集中核算、报表集中编制、资金集中支付，实现财务管理"标尺"统一，提高市县财务管理一体化运作和财务管理水平，锤炼务实重干的财会专业人才队伍，加快与公司管理接轨。年度市县实时反映报表数据及时性和准确性、银行账户监控比率、资产数据合规性、预算全链条管控功能应用率均达到100%。

成立"一个中心"，即市公司成立市域财务共享服务中心。明确"两级主体"，即市级公司作为责任主体管理全面介入，县级公司作为执行主体职能逐步弱化。

反映"三个实时"，即信息实时反映、过程实时控制、结果实时监督。实现"四个同步"，即同部署、同实施、同管理、同考核。践行"五个统筹"，即会计集中核算、资金统筹管理、资本统筹运作、预算统筹调控、风险统筹监控。

第二步：关注要素与事项并归类。

（1）财务人员队伍素质：知识结构、学习能力、综合素质。

（2）预算管理：全面预算、主管责任、执行偏差。

（3）资金管理：银行账户、资金安全、融资成本。

（4）资产管理：资产设备对应、物资调配、资产设备联动。

（5）会计核算：会计基础工作、并账并表、业财协同。

（6）财务风险：风险防控、内部控制、迎审工作。

第三步：要素下的具体措施（符合 ARRA 原则）。

要素 A：财务人员素质。

A1.人员统筹。整合市县公司财务人员，抽调县公司人员到市公司集中办公，组建市域财务共享服务中心。

A2.制度宣传贯彻。组织市县财务人员分批次开展会计核算办法、财务报告管理办法、会计基础工作规范等财务通用制度培训。

A3.业务技能。充分利用网络大学平台，强化考试督导，以考促学，以学促用，切实加强财务人员岗位素质能力建设，提升财务业务技能水平。

A4.职业素养。开展职业道德培训，树立良好的职业品质、严谨的工作作风，严守工作纪律，努力提高工作效率和工作质量。

要素 B：预算管理。

B1.资源统筹。省公司以市域为单位分解经营目标，改变县公司自收自支自平衡的管理模式，调整为市公司统筹调度各项财务资源，优化各专业、各县公司投入安排，统筹平衡各县公司预算方案。结合实际工作需要，优先保障市县公司年度重点工作以及安全生产相关支出，改善电网安全运行水平，深化标准成本应用，促进投入规模合理、时序科学、绩效优良。

B2.动态平衡。县公司预算执行方案，履行内部决策程序后，报市域财务共享服务中心，经审核与市公司执行方案一并履行决策程序，报省公司备案执行。密切关注县公司内外部经营形势变化，遇到重大偏差事项，先在市域范围内进行统筹平衡，市域范围内不能消化的偏差部分，履行内部决策程序后及时上报至省公司。

B3. 可研储备。深化投资能力测算和标准成本应用，加强能力与需求双向平衡。市公司业务、财务部门指导县公司建立项目储备库，强化可研论证与评审，推动业务计划与财务预算有序衔接，有效提升投入产出水平。

B4. 预算控制。应用预算全链条管控工具，完成年度预算备案，执行预算发布，并自物资和服务采购环节启用预算控制，实现"无预算不开支、有预算不超支"。

B5. 执行分析。对项目成本、可控费用等预算执行情况实时跟踪分析，及时查找问题并督促整改，提升预算控制力度，确保依法合规和年度经营目标的完成。

B6. 考核评价。省公司以市域为单位考核预算指标完成情况，市公司制定内部预算控制要求、关键指标考核规则，并对县公司预算执行情况进行考评。

要素 C：资金管理。

C1. 账户管控。银行账户管理遵循"收支两条线"原则，精简压降银行账户数量，提高资金管控效率，县公司只保留一个电费账户和一个备用金账户。（随着营销业务的集约进程，可逐步撤销县公司的电费账户，县公司保留会计主体，不再核算电费收入。）

C2. 资金监控。电费账户与市公司同行电费户设置自动划转关系，保证电费资金实时归集；备用金户挂接为集团账户，列支各县公司日常开支。部署资金监控系统，对县公司资金交易开展实时在线监控，实现大额支付在线预警。

C3. 分级支付。县公司向市公司申请资金，所有对外支付事项均通过信息系统进行电子支付，县公司进行一级审核，市域财务共享服务中心依托原始凭证电子化技术对县公司经济业务事项进行复审，对复审合格的经济业务进行集中支付并记账，对复审不符合规范的经济业务事项退回县公司整改完善。

C4. 融资管理。县公司不再自行融资，市公司统一协调贷款资源，发挥市域整体优势，与内外部金融机构沟通协商，降低融资成本。

要素 D：资产管理。

D1. 业务规范。标准化资产业务流程和数据规范，提高业务及时性和数据准确性，市县公司资产、物资的新增、调拨、报废等由市域财务共享服务中心统一完成。

D2. 资产调拨。将县公司管辖范围内市公司所属 10KV 及以下农网资产下划至县公司，与运检业务集约相协调，输变电设备资产随运维业务同步划转，实现实物管理与价值管理相统一。

D3. 物资调配。推动实现项目结余物资、退役再利用物资在市县公司之间统一调配，提高资产使用效益。

D4. 资产设备联动。应用营配调贯通、PMS2.0 工作成果，集中开展资产账卡物核对，应用资产设备联动功能，实现设备新增、报废业务联动资产卡片。

要素 E：财务核算管理。

E1. 集中核算。加强会计基础规范化管理，使用原始凭证电子化技术，统一标准、统一要求，利用员工报销、ERP、财务管控等模块，由市域财务共享服务中心统一审核、付款、制证、归档，县公司财务部只负责原始凭证纸质材料的收集和归档。

E2. 业务协同。深化信息系统应用，推动市县业务在线协同处理、自动抵销，提升合并抵销信息的及时性、合规性。对市县 ERP 和财务管控的系统数据进行规范化治理，提高财务信息质量。

E3. 合并报表。以市域为单位编制合并报表，实现预算执行、决算反映全过程闭环管理。提高月末"一键式"报表的及时性和准确性；次月初开展月度指标动态跟踪与分析，提高快报信息的时效性和实用性。

要素 F：财务风险。

F1. 在线稽核。开展市县财务一体化实时监督。每月围绕财务重点工作，开展在线监测和评价，及时掌握各县前端业务执行和财务业务处理的合规情况，强化全价值链风险防控。

F2. 内控体系。统一开展县公司内部控制标准体系建设工作，推广应用市公司内部控制成果，组织县公司集中比对标准流程与实际业务差异，督促县公司业务整改，建立县级供电企业内控标准流程，促使县公司管理融入市公司内部控制管理体系。

F3. 财税筹划。开展财税政策系统研究与筹划，集中市域力量争取税收管理部门理解与支持，集中协调内外部审计、税务等的迎审工作。

第四步：对解决问题的过程进行反思。

反思：在讨论中，很容易受到影响，不容易聚焦主题。由于非财务成员对财务专业管理工作理解不深刻，解决问题时难免存在局限性。

收获：可以帮助学员清晰定义目标。行动学习以结果为导向，是带着问题来的，是要解决问题的，可以更加清楚地界定所要解决的问题，达成共识。可以科学地选择行动方案，理性评价方案的优劣。可以把学员在行动学习中学到的零碎知识串起来，建设成为系统的知识框架与经验体系。

第五步：评估并确定解决方案。如图7-12所示。

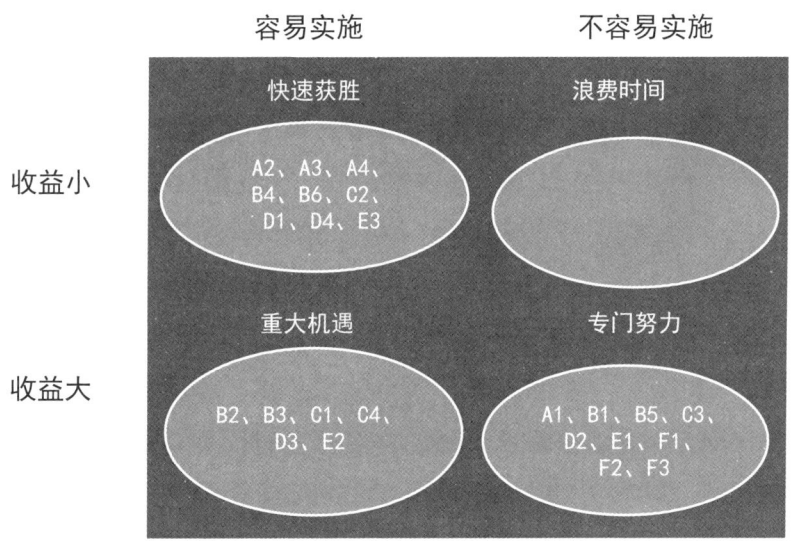

图7-12　评估并确定解决方案

第六步：已选解决方案的风险分析。如表7-17所示。

表7-17　已选解决方案的风险分析

存在风险	风险等级		造成风险的原因	预防措施	应急方案及启动点
	发生概率	严重性			
会计人员集中办公	较高	严重	抽调人员角色转换、异地工作、同工不同酬	培训、后勤保障、争取政策支持	县公司选派人员实行轮岗制，在其专业发展通道上优先考虑

续表

存在风险	风险等级		造成风险的原因	预防措施	应急方案及启动点
	发生概率	严重性			
资金集中支付	较高	严重	县公司领导积极性、决策时效性	高层推动	加强过程监控、节点评估,实行工作例会制度

3. 行动学习成果

（1）整合市县财务人员集中调配，在目前定员情况下提高工作效率。

（2）实施市县资金统一管理，资金集中支付，实现层层稽核管控，严防资金支付风险，确保资金与账户安全，提高资金使用效率和效益。

（3）改县公司自收自支、自我平衡为在市域范围内整体平衡，便于集中力量办大事、办急事，在短期内快速提高县公司的电网质量，降低因长期投入不足、基础薄弱带来的安全运行风险，管理效率、效益显著提升。

（4）增强对外部审计税务的统筹协调能力，信息掌握更实时全面，对县公司的财务业务规范性、合法性的监督管控全面提升，有效预防外部检查风险。

（5）缩短管理链条，强化财务实时管控，实现农电财务管理上水平，加快推进县公司财务管理与省市公司全面接轨。

（6）丰富了非财务人员的财务知识，拓展了财务人员的管理视野，增加了财务人员和非财务人员的业务交流，促进今后的换位思考和工作协同。

4. 问题与建议

（1）问题。团队行动学习，开题时容易目标宽泛，不能准确聚焦实际、核心问题。团队成员还容易受现有思维的禁锢，不容易聚焦在各个环节的重点任务。

（2）建议。实干是最好的学习。要主动将学到的工具和系统思考的方法应用到实际工作中，做到知行合一。强化业务数据治理，推动业务部门完善功能、明确责任、规范操作、严格审核，保证前端业务信息及时、准确、完整地录入系统，增强财务信息的可靠性和相关性。参与"五大"业务流程重构，将财务集约化的思想融入业务变革，实现市县财务一体化与"五大"业务市县集约融合建设协同推进。

第二小组成果汇报：

1. 选题

第二小组成果汇报选题，如图 7-13 所示。

公司重视	·公司"十三五"发展规划将"人员配置结构失衡"列为制约公司和电网发展的"三大难题"之一，公司高度重视，要求重点解决
一线需求	·本选题所涉及的班组为4368个，其中，均衡班组253个，超员班级为2567个，在用工问题超员的情况下，仍存在1548个班组缺员，占总班组数的35.4%
用工存量	·截至2016年4月底，公司主业全口径用工12.88万人，定员10.26万人，超员2.62万人，超员率25.5%
关键措施	·调动单位、部门、班组负责人的积极性，激励、引导员工向缺员岗位流动

图 7-13 第二小组成果汇报选题

2. 实践

第一步：梳理症状。

共总结出症状 64 项，删除重复的 10 项，并进行归纳后投票，排名前三位的分别是：

（1）超缺员与部门的利益挂钩太少。

（2）单位领导、部门负责人、员工缺乏改变现状的动力和自主权。

（3）员工有调整岗位的愿望，但是没有渠道。

第二步：确定目标。

在 2016 年年底前，建立市县公司从超员岗位向缺员岗位流动机制；在安阳、许昌、济源公司进行试点，解决缺员班组 107 个；具备推广条件。

第三步：要素、事项。

总结要素 65 个，合并相关要素并投票，得出以下五大类主要影响要素：

A.绩效管理的导向作用。

B. 薪酬的杠杆作用。

C. 人才的流动储备。

D. 负责人的驱动力。

E. 工作的启动与推进。

第四步：要素下的具体措施。

要素 A：绩效管理的导向作用。

A1. 在部门绩效考核中设置"人员配置率"指标，部门绩效考核得分与人员配置率挂钩，使人员配置率与部门绩效工资总额挂钩。

A2. 调减超员部门绩效评价系数，适当调增缺员部门绩效评价系数。

A3. 公司内各类评优评先按照定员人数确定部门分配指标数。

要素 B：薪酬的杠杆作用。

B1. 超员部门人员平均薪酬增长率低于公司平均增长率。

B2. 流动人员从超员部门的高岗位流动到缺员部门的低岗位的，建议一定时期内岗级不降低，增强人员流动积极性。

B3. 完善工资发放体系。一是各单位超员部门，按月扣罚部门主任绩效奖金 200 元，直至人员配置率调整到与单位人员配置率一致为止。超员部门可将多余的人员进入内部人力资源市场进行流动，流动期间待岗人员原待遇不变，调整到新岗位后执行新岗位薪酬水平。二是缺员部门可以从内部人力资源市场选择所需人员解决本部门缺员状况，如果内部人力资源市场有备选人员，缺员部门未进行人员调整，扣罚缺员部门主任绩效薪金 100 元，同时扣减该缺员部门绩效奖金的 1%～5%（扣减比例有待斟酌），如果内部人力资源市场没有待岗人员的，缺员部门可以从超员部门自由挑选。

B4. "五大"业务超员比率超过单位平均人员配置率的，每超过 1% 扣减主营业务专项奖励 1%～2%。

要素 C：人才的流动储备。

C1. 通过宣传培训，引导各单位各部门正确认识定员管理的内涵，了解当前用工现状，统一思想认识。开展人力资源管理相关业务知识培训，包括定员管理、劳动用工等规章制度和法律法规方面内容，确保各用人单位、部门了解超缺员现状，认识到解决结构性超缺员任务的紧迫性和重要性。

C2.按单位内跨部门、部门内跨班组、部门或班组内部岗位调整，分别明确人员调整流程。授予各级机构负责人选人用人自主权，调动各级机构负责人的积极性和主动性。

C3.加大对超员、缺员部门负责人的考核力度。同时，对于执行效果不好的超、缺员部门负责人开展岗位互换任职。

要素 D：负责人的驱动力。

D1.培养紧缺专业人才。建立缺员部门对超员部门人员培养对口帮扶机制，采用师带徒的培养方式，结对培养超员部门复合型人才，做好流动人才储备。

D2.开展跨专业培训。专业培训与专业超缺员相结合，缺员专业拓宽培训人员范围，适当增加专业范围外人员培训计划，解决人员由超员部门向缺员部门流动的专业限制问题。

要素 E：工作的启动与推进。

E1.健全监控机制。建立健全长期运行监控机制，实时调整超缺员。一是建成覆盖所有市县公司的内部市场看板，实时监控各单位超缺员情况及内部市场运作成效。二是依据国网公司核定定员情况，结合各部门及班组实际业务范围、职责变化、工作标准及工作方式的变化，定期调整各部门及班组定员，对超缺员情况进行动态核定与管理。

E2.市县公司领导主持，人力资源部牵头，各专业部门配合，运用内部人力资源市场，鼓励高素质人才参与双向选择，对部门落聘人员进行岗前再培训及考核。

E3.明确分工。强化组织领导，明确组织分工，加强部门协作。市县公司成立人力资源内部市场领导小组，单位主要负责人任组长，人力资源部牵头，各专业部门参与。将此项工作纳入本单位年度重点工作，制订措施，全面推进内部市场平台的运用。

E4.合并、撤销班组。建立班组调整机制，完善班组调整工作流程。以完成实际生产工作任务为目标，定期对单位的班组设置情况进行研究，对不适合当前工作生产实际情况的班组，及时进行撤销或合并。

E5. 激发内部市场活力。加大对各级人员的宣传贯彻力度，使职工科学认识人力资源内部市场对人才导向的作用，不仅仅是达不到岗位要求人员的流动途径，更是高素质人才向更高层次岗位的流动途径，鼓励更多的高素质人才进入人力资源内部市场进行双向选择。

3. 体会

（1）收获与反思。

创新思维。11 位组员来自不同单位、不同岗位，通过思维碰撞产生了许多新的观念。

360 度分析。在我们以后的工作中，在更大的范围内，面对难点问题、重点课题时，行动学习为我们提供了有效的解决方法。

系统实践。在下一步的实践中对行动学习的成果进行验证——反思——提出新问题——再行动学习——再反思，达到不断提高的目的。

（2）问题及建议。

行动学习问题提炼要范围适当，大的问题可拆解为几个小的问题分别研究。

讨论过程中，容易出现脱离目标的过度发散情况。

行动学习结果用于实践前需专家验证，征求意见。

第三小组成果汇报：

1. 选题

国家层面：中央十八届三中全会指出，落实党风廉政建设党委负主体责任，纪委负监督责任，提出了新要求。

国网、省公司层面：2015 年 12 月，根据国网公司要求，省公司党组下发了《关于进一步落实"两个责任"实施意见》（豫电党组【2015】30 号文），进一步明确落实"两个责任"的目标任务，同时对进一步落实各单位和各级党委廉政建设主体责任和监督责任提出了要求。

市县公司层面：2016 年 3 月底前，市、县公司两个层面分别完成《实施细则》制定工作。

但是，基层单位在落实中存在履职意识不强、督责不严、操作性不强、与业务岗位职责联系不紧密、落实上不积极不主动、处理问题不到位等情况。

基于此，确定题目为《如何在县公司进一步落实"两个责任"》。

根据讨论，确定该问题的四个突出表现：

（1）落实"两个责任"思想认识不到位，重视不够，存在层层弱化、衰减现象。

（2）"两个责任"落实未与专业岗位紧密结合，操作性不强。

（3）没有发挥兼职纪委委员、支部纪检员的作用，履行工作职责不清晰。

（4）"两个责任"落实未强化过程考核，未将考核纳入日常绩效管理。

2. 目标措施

第一步：确定目标。

2016 年县公司因落实"两个责任"不到位引发的廉政事件为零。

第二步：关注要素并归类。

在六大类要素的基础上，总结概括为三个方面：思想认识、部门（岗位）职责、过程管控。

第三步：具体措施。

要素 A：加强思想认识。

A1. 2016 年 8 月底前市公司党群工作部牵头编制应知应会小册子，让大家了解"两个责任"落实基础知识。

A2. 2016 年 6 月底前市公司新闻中心利用微信、微博、微电影等新媒体传播手段，加大宣传力度。

A3. 2016 年 6—7 月市公司邀请省公司专家到县公司进行集中宣传贯彻"两个责任"。

A4. 2016 年 7 月份市公司监察部组织全员考试，以考促学，提高对"两个责任"落实认知水平。

A5. 每半年一次，由县公司党委书记对全体中层干部上专题党课。

A6. 对于发生有关问题的单位负责人和个人及时进行诫勉谈话。

要素 B：梳理部门廉政职责。

B1. 2016 年 7 月底前，选定县公司 2～3 个党支部作为试点，梳理部门廉政责任，列出主体责任清单和支部纪检员的监督责任清单。

B2. 2016 年 12 月底前，各部门、各专业在构建业务流程时，把廉政风险防控措施嵌入各项工作流程中。

要素 C：加强过程管控。

C1. 2016 年年底前，各县公司结合省公司意见，结合单位实际，制定县公司轮岗规定。

C2. 按照省公司巡查制度要求，市公司对县公司每年开展巡查工作，促使"两个责任"落实到位。

C3. 建立健全廉政风险防控网络，明确职责，责任到人。

C4. 每季度召开"两个责任"业务分析会。

C5. 每月把风险管控纳入日常绩效考核，将部门落实情况纳入兼职纪委委员、支部纪检员（监督员）的绩效奖惩。

C6. 每年 6 月底、12 月底按要求严格执行"双报告"制度。

C7. 开展"四看四查"监督检查，促使"两个责任"落实。

C8. 严格落实对县公司党政一把手及纪委书记的定期约谈。

C9. 每年 7 月、12 月通过"三函一书"督促下级党委落实。

第四步：评估并确定方案。如图 7-14 所示。

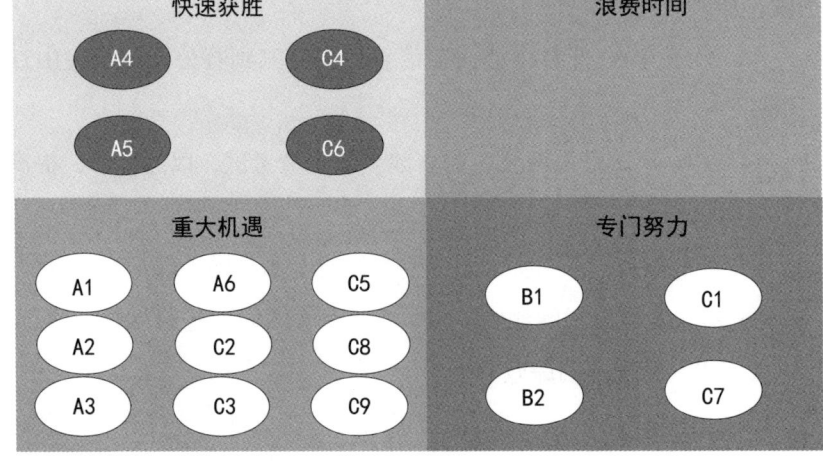

图 7-14　评估并确定方案

第五步：措施中的风险分析。如表 7-18 所示。

表 7-18　措施中的风险分析

存在的风险	造成风险的原因	预防措施	应急方案
A2:公司系统违反"两个责任"的案例传播,对企业形象造成负面影响	对敏感性内容审核把关不严	制定审核流程,严把出口关	根据《舆情风险控制方案》处置
C2:巡查人员违反廉洁规定	隐瞒事实,掩盖问题	加强工作前教育,制定责任追究方法	及时调整人员,进行组织处理
B1:部门(支部)梳理"两个责任"清单不到位	回避矛盾,选择性工作,视而不见	风险分析常态化,专业间交叉互审,强化审查	
C1:县公司重点岗位轮岗稳定风险	个人意愿(责权利)与组织要求不匹配	掌握思想动态,一视同仁,采取公平公正公开的方式进行轮岗	分析原因,及时加强思想教育,化解不稳定因素

第六步：对解决问题的过程进行反思。

坚持问题导向是解决问题的基本思路，找准问题是解决问题的起点。本课题组在查找问题的过程中，在充分调动课题组成员积极性的基础上，同时利用外部力量查找原因。一是对组外人员和试点县公司人员进行访谈，涵盖不同专业、不同领域，使课题研究更具有广泛性；二是及时对课题组成员进行调整，吸纳来自县公司学员加入课题组，制定的解决措施更具有针对性，便于操作。

行动学习不仅可以调动各方面的积极性，还能确保全面准确了解情况，集思广益，避免经验主义，使决策部署贴近实际，贴近基层，提升工作成效。

在县公司落实"两个责任"过程中，要综合运用 PDCA 管理方法，加强对县公司计划制订阶段的审核，注重执行阶段的工作指导，制定专项同业对标考核细则，加强对计划执行情况的监督检查，看是否符合计划的预期效果。根据检查结果，把成功的经验尽可能纳入标准，进行标准化来巩固成绩，对于遗留问题则转入下一个 PDCA 循环去解决。

3. 成果实施

（1）加强"两个责任"知识宣传贯彻，营造良好廉洁氛围。

开展落实"两个责任"巡讲活动，编制"两个责任"应知应会知识手册，开展《准则》和《条例》的宣传贯彻活动，开展党风廉政教育"三谈三讲"活动，运用有效载体加大宣传力度。

（2）梳理部门"两个责任"清单，明确党风廉政建设责任。

梳理运维支部主体责任及监督责任清单，将廉政风险防控纳入绩效考核。

（3）加强对落实"两个责任"的监督，强化过程管控。

"三函一书"督促县公司党委落实主体责任，开展"四看四查"监督检查活动，加强关键岗位的轮岗交流，开展党风廉政建设责任书签订情况检查工作，向县公司征集关于落实"两个责任"的意见和建议。

4. 收获建议

（1）学会使用行动学习的方法来解决问题，工作过程更具结构化、系统化，工作方案更切合实际，具有可操作性。

（2）课题组成员加深了对"两个责任"的理解，丰富了落实"两个责任"的手段，同时也提高了青干班全体学员对落实"两个责任"重要性的认识。

第四小组成果汇报：

1. 选题及目标

选题描述：营配业务分离后，配网抢修业务链条加长。发生故障后，因为报修不准、研判不准、营配人员协同不足等原因，出现了配网故障抢修时间较长的问题，影响抢修效率，存在投诉风险。

新一轮电力体制改革进入实施阶段，顾客对快速、规范抢修服务提出了更高要求。

课题目标：实施营配业务再集约，减小一线抢修人员工作强度，提高抢修效率，缩短抢修时间，提升服务质量，构建适应市场、贴近顾客的营配业务管理新模式，满足不断提高的顾客用电需求。

2016年下半年配网故障抢修平均时长环比降低20%。

2. 问题及分析

问题表现：营配人员现场相互推诿，指挥中心研判报修信息不全面，抢修现场抢修组织不科学，用户报修信息不具体，抢修人员携带工器具及材料不全。

原因分析：故障信息报修、传递不准确；对报修信息缺乏综合研判，抢修指令下达不全面；营配分离后，业务链条拉长，营配末端协同难度加大。

3. 措施及评估

第一步：关键要素分析。

A. 故障信息。

B. 故障研判。

C. 业务链条。

第二步：具体措施。

要素 A: 解决故障信息不准确问题的具体举措。

A1. 由基层营销人员为顾客送达便民服务卡，内附顾客户号及顾客内部故障简单研判步骤等相关信息。

A2. 由基层营销人员发展小区义务报修员，由配抢人员负责对其进行相关基本报修业务培训。

A3. 抢修指挥中心对报修的顾客电话以短信形式每 2 小时发布一次抢修进展信息，对座机顾客采取电话回拨告知。

A4. 抢修指挥中心建立各小区物业公司联合信息沟通体系，发生故障后，通过物业公司获取第一手故障表象信息。

A5. 市公司营销部门，接到停电短信后收集停电区域内的用户信息，掌握故障影响供电基本情况，及时向 95598 报送信息，95598 向配抢发布故障在用户侧反应的信息。

A6. 发生配网突发停电事件，配调和配网抢修指挥中心应第一时间发布"生产调度短信""重要敏感顾客停电信息"，做好信息互通工作。

A7. 配网抢修指挥中心按照设备故障停运（初期）、故障原因查明（中期）、设备恢复供电（终期）故障处置的三个阶段向公司内部发送信息。

要素 B：解决故障研判缺失问题的具体举措。

B1. 市公司完善、提升抢修指挥中心故障研判应用平台，全面开展调度自动化系统、电采系统和配网设备监测平台数据核查完善工作，提供决策辅助技术支持。

B2. 市公司选拔具有调度、配电专业经验的人员充实抢修指挥中心，提高配抢中心人员综合素质。

B3. 运维部门年底前对没有建成配网自动化的设备，分段安装故障自动指示器，向配网抢修指挥中心平台发送设备故障信息。

B4. 强化配网抢修指挥系统应急值班，做好突发故障的应对，建立应急备班制度，日常值班力量 1 值 1 备，异常情况下备班力量迅速投入。

B5. 配抢班在发现故障点后，预判故障抢修时间，第一时间向配调和配网抢修指挥中心汇报。

B6. 凡超时抢修造成投诉、工单积压或抢修舆情事件发生等情况时，配抢指挥中心应第一时间启动应急处置流程，采取有效措施防止事态扩大。

要素 C：解决业务链条过长问题的具体举措。

C1. 市公司强化供电服务指挥调度，将营销部 95598 工作站、运维的配网抢修指挥班和调度的配调班整合为供电服务指挥中心，按科级部门配置。

C2. 市公司将计量装表的运维、抢修业务及人员调整至配电运检室，配电抢修班执行 7×24 小时工作制，实施一体化抢修管理。

C3. 市公司成立配网抢修领导组织机构，明确主管领导，运维、营销、调度、配电、营业部、环城、计量等细化具体责任人，进一步强化责任落实。

C4. 市县公司进一步完善抢修机制，优化流程，高效协同，强化配网抢修领导和管理人员到岗到位要求。

C5. 市县公司建立配网抢修预警机制，提升应急处置能力。

C6. 市县公司严格配网抢修时限考核，进一步强化抢修过程管控。

第三步：措施评估。如图 7-15 所示。

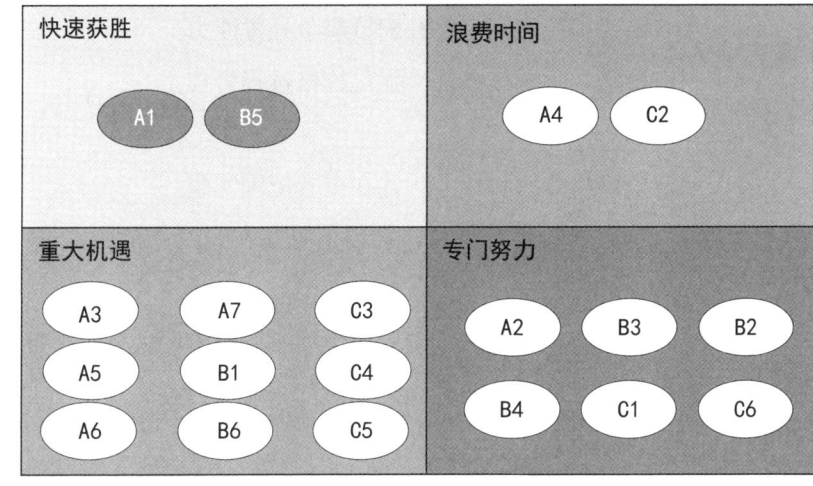

图 7-15 措施评估

第四步：风险分析。如表 7-19 所示。

表 7-19 风险分析

存在的风险	风险等级		造成风险的原因	预防措施	应急方案
	发生概率	严重性			
A3：内部信息可能对外发布	小概率	一般	配抢中心没有进行信息过滤	按照编制模板发送	通过官方平台发布信息，正确引导
C1：配调和抢修指挥业务合一影响调度精力	大概率	一般	人员精力、技术分散	完善流程，强化培训和演练	异常天气、关键时段、故障多发时增加值班人员
C2：营销部门人员抵触	小概率	一般	新增加部门之间协调工作	明确职责，规范流程	公司加大协调力度

4. 方案及建议

方案：

（1）整合市公司 95598、配抢指挥中心和配调，成立供电服务指挥中心。

（2）建立配网抢修信息互通机制。

（3）建立营配末端抢修业务集约机制。

（4）建立预警预控机制，提升配抢应急处置能力。

（5）制定抢修时限考核办法，强化抢修过程管控。

建议：

（1）制定抢修物资物料标准，并在全省范围实施。

（2）建立全省物料信息平台，物料信息可在一线手持终端查询，并开通一线资源调动绿色通道。

（3）结合设备状况和实际抢修工作量动态调整抢修人员定员标准。

（4）根据抢修业务外委相关规定，对部分业务外委。

第五小组成果汇报：

1. 选题及论证

（1）选题背景。

国家层面、国网层面有政策要求。

系统外有成熟的产品，系统内有部分应用。

顾客生活方式改变，希望利用移动终端享受更为便利的服务。

公司实现创新发展、管理提升的内在需要。

（2）现状表现。

顾客无法及时了解停复电信息。

抄催、收缴电费信息获取不及时。

电力服务产品需要重复绑定，不通用，与常用软件不挂接。

业扩报装、电表等与顾客利益相关的业务处理进程不透明。

移动终端顾客达到 6 亿人以上，周在线时长超过 26 小时，对移动互联网服务的愿望强烈。

为适应"互联网+"发展趋势，满足顾客日益多样化的需求，解决互联网交费渠道少、投诉量大等问题，公司亟待研发交互性强的供电服务产品，快速融入顾客生活，为顾客带来难以忘记的愉悦体验。

2. 目标及行动

第一步：确定目标。

运用移动 "互联网 +" 技术，开发出 APP 产品逐步投入使用，同步打造后台技术支撑平台，实现移动用户月均缴费 200 万笔，缴费渠道拓宽至 5 种，顾客投诉同比减少 15%。

第二步：关注要素并归类。

组织保障、项目管理、功能开发、个性服务、技术保障、推广应用。

第三步：要素下的具体措施（符合 ARRA 原则）。

要素一：组织保障。

成立领导机构：在省、市公司层面分别组建以总经理为组长、分管领导为常务副组长，营销、运维、科信、财务等部门参加的领导机构。

成立工作机构：在领导机构下设立资金保障、策略推广、研发管控等工作小组。

要素二：项目管理。

专业的产品研发团队：在公司系统内抽调专业技术人才组成的项目组，明确产品功能定位，负责与专业公司合作研发。在全国范围内通过专业考查或招标选择有同类产品成熟经验的专业信息技术公司合作开发，编制技术方案。

充足及时到位的资金：根据批复的可研报告，将当年度研发、推广等费用列入当年财务资金计划。

清晰的里程碑计划：倒排工期。在项目确定后，倒排工期计划，明确时间节点、责任人员。

要素三：功能开发。

需求调研：面向 "70 后" 至 "90 后"，以及不同的职业群体，进行人机界面和功能需求调研，收集汇总信息资料。

完善日常服务功能：完善微信、支付宝平台的政策查询、计划停送电信息公告、交费报修服务、服务诉求互动等功能。

拓展服务信息主动推送功能：在微信、支付宝平台，增加顾客订阅信息的定时推送、实时推送服务信息功能。定时推送包括：电费交纳信息、预购电提醒等。

实时信息包括: 故障停送电处理进程、报装、电表换装、电表故障业务办理进度等。

要素四: 个性化服务。

根据顾客年龄、性别、交费行为、用电特性、常用的沟通渠道等, 分析顾客受刺激和应激反应的画像, 标注服务需求程度标签。

将企业和居民顾客进行分析归类, 建立个性化服务方案库, 根据顾客的拖欠电费、违约用电、恶意投诉等情况, 标注顾客用电信用等级标签。

要素五: 技术保障。

将配调监控系统的跳站、跳线信息, 与营销系统顾客诉求信息融合。实现服务的系统自动研判、精准派工、主动服务。

运用现有的安全接入平台, 确保内外网数据信息安全。使用 3 家运营商, 确保本系统接口带宽充裕, 确保所有顾客单点接入使用带宽达到 2M 以上。

要素六: 推广应用。

制定一套针对居民和工矿企业顾客的营销推广策略, 拟定鼓励顾客使用本产品的优惠政策, 增强企业与顾客的黏度。

设立顾客可灵活选择的服务套餐, 并推出如返还电费、送流量等优惠措施。

第四步: 对解决问题的过程进行反思。如图 7-16 所示。

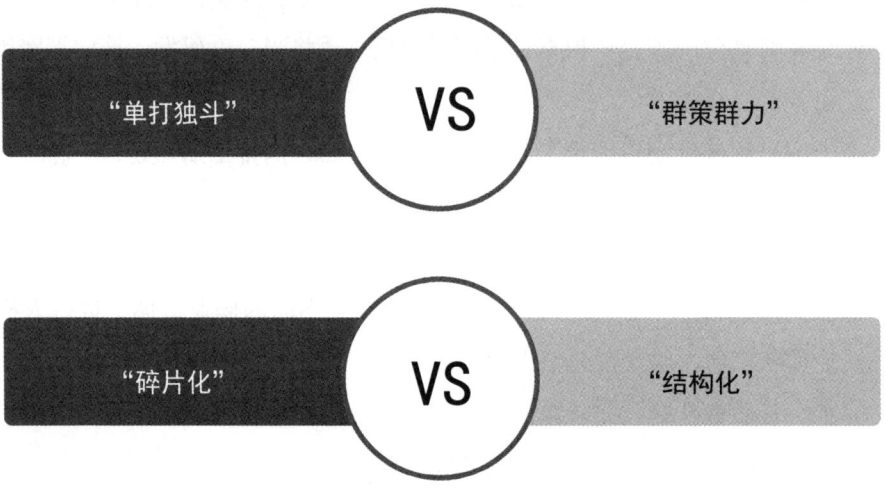

图 7-16　对解决问题的过程反思

第五步：评估并确定解决方案。如图 7-17 所示。

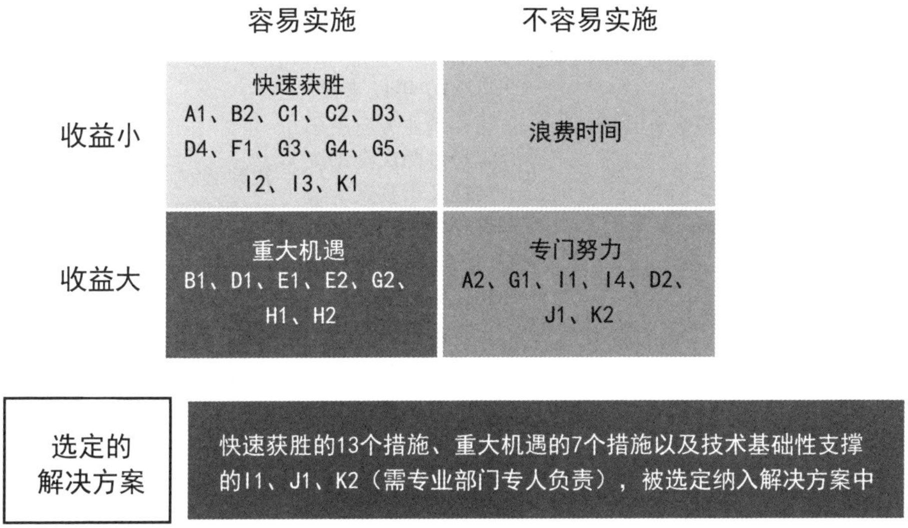

	容易实施	不容易实施
收益小	**快速获胜** A1、B2、C1、C2、D3、 D4、F1、G3、G4、G5、 I2、I3、K1	浪费时间
收益大	**重大机遇** B1、D1、E1、E2、G2、 H1、H2	**专门努力** A2、G1、I1、I4、D2、 J1、K2

选定的 解决方案	快速获胜的13个措施、重大机遇的7个措施以及技术基础性支撑 的I1、J1、K2（需专业部门专人负责），被选定纳入解决方案中

图 7-17　评估并确定解决方案

第六步：已选解决方案的风险分析。如表 7-20 所示。

表 7-20　已选解决方案的风险分析

存在的风险	风险等级		造成风险的原因	预防措施	应急方案
	发生概率	严重性			
风险一： 信息安全风险	中	严重	内外网信息交换，可能导致客户信息及企业经营信息的泄露，或内网被侵入	使用信息网络隔离设备或正反向隔离设备，进行内外网信息的安全交互及部分指定文件的正反向传输，以确保内外网数据交互的安全可靠	立即断开内外网互联链路隔离内外网。之后通过隔离设备进行数据交互，或使用安全存储介质进行数据的临时中转，确保不发生信息泄露事件

续表

存在的风险	风险等级		造成风险的原因	预防措施	应急方案
	发生概率	严重性			
风险二:基础数据不准确	中	严重	自2007年以来,公司营销业务应用系统经过两次全系统切换及市县系统融合,存在部分数据丢失的现象,目前完整性较差。另外,县公司客户信息录入不规范,存在客户基础档案缺少或不准确的现象,影响停送电信息主动推送到户的准确性。电采和费控的建设进度直接影响到量价费实时信息的采集,以及自助复电	在建设的同时,同步开展基础数据专项整治。按照客户类型、年龄、行为习惯,分组逐一核查;试运行期间,发送信息,增加提示"核实及修改"的信息	基础信息核查修改途径、方法录入服务热线的"知识库",并制定服务的标准"话术"(用语及化解策略)

3. 行动学习成果

此次行动学习的成果,如表 7-21 所示。

表 7-21　行动学习成果

序号	时间	地点	具体任务	目标或预期取得的成果
组织保障	2 日	省公司	营销部门起草文件,报公司批准,在省公司层面组建以总经理为组长,分管领导为常务副组长,营销、运维、科信、财务等部门参加的领导机构	组织机构纳入行动方案,协同推进子项目,并保证充足的研发和推广费用
	3 日	18 个市公司	市公司领导负责在市公司层面组建以总经理为组长的领导机构	组织机构纳入行动方案,成员熟悉方案内容及工作任务,充足的研发和推广费用

续表

序号	时间	地点	具体任务	目标或预期取得的成果
项目管理	15 日	省公司	营销部门协同科技信通部门负责在公司系统内抽调专业技术人员组成项目组,在指定项目工作场所集中办公	获得充足的技术资源,有能力按照时间要求、保质保量地推进工作
	30 日	省公司	物资部门负责通过招标或竞争性谈判方式,在全国范围内选择有同类产品成熟经验的专业信息技术公司(合作开发方);完成开发合同签订,督促乙方人员按时到场到位	选择合适的合作伙伴,带来市场上成熟的技术支持
功能开发	30 日	18 个市公司	省公司营销部门负责组织市公司基础人员针对"70 后"至"90 后",以及不同职业群体开展人机界面、功能需求前期调研,搜集汇总信息资料	设定"预期愉悦体验",作为产品功能定位、开发方向,明确内部工作流程和时限
	120 日	省公司	项目组进行需求确认、功能开发、分批测试、上线试行	
技术保障	120 日	省公司	营销部门协同调控部门负责将配调监控系统的跳站、跳线信息,与营销系统客户诉求信息融合	实现服务的系统自动研判、精准派工、主动服务
	60 日	省公司	科技信通部门完成与公司现有安全接入平台的对接;负责完成与 3 家运营商的谈判,确保本系统接口带宽充裕,所有用户单点接入使用带宽达到 2M bit/s 以上	确保内外网数据信息安全,确保用户访问速度
个性化服务	90 日	省公司	营销部门负责将企业和居民客户进行分析归类,根据客户的拖欠电费、恶意投诉等情况,标注客户用电信用等级标签	防范服务风险
	60 日	18 个市公司	营销部门负责组织市公司依据上述分类,制定多种(10 种以上)不同的个性化服务方案,建立个性化服务库	方便基层开展一对一的个性化服务

序号	时间	地点	具体任务	目标或预期取得的成果
推广应用	30日	省公司	营销部门负责分别针对居民和企业客户制定营销推广策略,拟订鼓励客户使用本产品的优惠政策	增强公司与客户的黏度
	30日	18个市公司	营销部门在个性化服务库中选择适合本地域的服务方案,推出客户可灵活选择的服务套餐和优惠措施	提高用户绑定数、结算笔数

4.行动学习收获

（1）学有所思。

多样的课程、多领域的良师，带给我们丰富的理论；新颖的形式、精心的安排，促使我们学思并进，收获良多。

（2）思有所悟。

我们在多年的工作中，固有的思维认识和行为习惯导致在处理问题时总是直接进入"可行阶段"，而忽略了质疑和反思；在"做中学"的过程中，在教练的引导下，我们掌握了一套结构化的解决问题的思维方式，感悟到了群策群力、逻辑思维的力量。

（3）悟有所行。

本次学习是"训战结合"，大家围绕课题开展头脑风暴，分析研讨，不仅分享了技术和经验，还形成了团队智慧，顺利完成了课题难点攻关。在此过程中，大大激发了我们每个人的创造力、想象力和奋发精神。

二、个人行动学习

每位学员确定个人行动学习主题，按照个人行动学习计划表严格执行，如表7-22所示，最后进行成果汇报。结合课堂所学，联系工作实景，处理工作难题，完成知识——认知——能力——绩效的转换。

表 7-22 个人行动学习计划表

我的个人行动学习主题(通过做什么事情,提升什么能力)	6 月 5 日前完成与所有下属的绩效沟通(提升对下沟通管理的能力)
主要实施步骤	1. 明确沟通对象、沟通目的 2. 确认沟通对象的沟通风格,针对沟通风格调整自己的沟通方式 3. 预约沟通对象 4. 按照事先安排进行沟通
我打算在此次个人行动学习中,应用哪些在此次青干班中学到的内容	1. 我在培训课程"……"中学到:针对不同人际风格的四种沟通类型 2. 我在培训课程"……"中学到:先让对方说,再表达自己的观点 3. 我在培训课程"……"中学到:三明治沟通法 4. 我在自学资源《杨立青督促局长完成任务》中学到:让对方理解投入资源完成工作的意义
计划采取的具体行动	1-1. 用纸笔写下针对不同沟通对象的沟通目的 2-1. 将下属归类到四种人际风格里去,复习针对四种人际风格的沟通要点,记录针对不同人的要点 2-2. 理论结合实际,注意自己需要调整的地方 3-1. 保证与每个人沟通时间的充裕性(每个人 1 小时) 4-1. 与第一个人沟通前预习演练一遍 4-2. 围绕沟通目的,灵活运用三明治沟通法
我对重点目标的确认	1. 保证每一位下属能够认可自己对他们做的绩效评价和沟通反馈 2. 让下属离开时,明确自己对他个人的期望和工作上的要求
我对"改进行为"的确认	在事前分析沟通对象的风格类型,做好充分准备,再进行沟通
行动中可能产生的障碍	1. 下属不认可绩效评价结果 2. 下属没有任何意见
应对举措	1-1. 先处理心情,再处理事情 1-2. 不急于解释或强调评价结果的合理性 1-3. 针对其人际风格重点关注的因素入手 1-4. 提出更高期许和恰当鼓励 2-1. 鼓励与引导对方说,再表达自己的观点 2-2. 多用目光接触交流,对对方讲的内容认真听,表示尊重
时限提醒	1. 约定时间:5 月 23 日 2. 会谈时间:5 月 28 日
附:我对我的团队全体成员设定的底线规范(3~5 条)	处罚办法

续表

1. 上班、开会准时到场 2. 开会时，不做与会议无关的事情 3. 表达批评意见的同时要提出建议或解决办法	1. 迟到者在角落罚站 3 分钟后再入场 2. 违反者由他们收拾打扫会场 3. 由违反者提供一项对自己所提出批评意见的针对性解决举措，并令当事人满意
计划人姓名	

目的：训战结合，学思并进。

内容：将所学知识有选择地转化应用于一项具体工作，制订相应计划，独立实施。

时间跨度：在岗实践 20 余天。

提交成果：案例。

第六节　汇报与收尾

2016 年青年干部培训班，始于 4 月 5 日，于 6 月 17 日结束，历时 74 天，经历了集中培训、在岗实践、返校汇报结业三个阶段，共培训 55 人。

一、汇报议程

2016 年青年干部培训班汇报议程，如表 7-23 所示。

表 7-23　2016 年青年干部培训班汇报议程

时间	事项	发言人
8:30—8:40	主持人开场	公司党校
8:40—9:00	课题 1 小组汇报	课题 1 小组
9:00—9:10	评委点评	

续表

时间	事项	发言人
9:10—9:30	课题 2 小组汇报	课题 2 小组
9:30—9:40	评委点评	
9:40—10:00	课题 3 小组汇报	课题 3 小组
10:00—10:10	评委点评	
10:10—10:20	休息	
10:20—10:40	课题 4 小组汇报	课题 4 小组
10:40—10:50	评委点评	
10:50—11:10	课题 5 小组汇报	课题 5 小组
11:10—11:20	评委点评	
11:20—11:30	人事董事部副主任小结	
11:30—12:00	公司总经理助理讲话	

二、培训班学习成果

（一）个人行动学习

个人行动学习计划、个人行动学习成果案例。

（二）团队行动学习

2016 年 5 月 18 日下午,青干班组织开展团队行动学习汇报与情景剧表演活动,同时也是对集中培训的总结。公司人事董事部副主任、公司党校副校长出席活动并讲话,公司人事董事部处长主持小结会议。活动共分为三项议程:团队行动学习成果汇报、情景剧表演、领导讲话。会议上,人事董事部副主任对团队行动学习、情景剧做了点评,并对学员接下来 20 天的在岗实践提出了要求,希望学员所学有所用。同时,他提出青干班应该持续保持"赤焰"精神,将"赤焰"精神像火种一样在所在单位、部门传播开来。

三、结业典礼

时间：2016 年 6 月 17 日下午 14:30—17:30

地点：公司党校 1 号楼 301 教室

议程：

（1）公司人事部处长主持并介绍主席台领导。

（2）学员代表发言。

（3）公司党校副校长讲话。

（4）公司人事部主任讲话。

（5）颁发结业证书（班委和组长）。

（6）公司人事部处长宣布青干班圆满结业。

至此国网河南省电力公司 2016 年青年干部培训圆满结束。培训班的预期成效主要表现在：

在学员层面，学员通过青干班的学习，进一步激发了成长动力、改变了精神面貌、提高了政治素养，坚定了勇于担责破难、善于攻坚、乐于学习的决心与毅力；获得了经营管理知识技能的补足和完善，加强了其运用所学知识解决实际问题的能力，促进了能力绩效的双提升。

在组织层面，公司通过青干班的组织，增强了公司主动塑造人才的能力，加速了青年干部队伍的成长，缩短了成长周期；高度激发了学员解决问题和学习知识的主动性，逐步实现了培训学习和工作实践的一体化；为青年干部培养建立了一套新型模式，并将此模式在其他层级干部培养中进行扩展延伸应用。虽然青干班的培训结束了，但"赤焰"精神却一直流传下去，并绽放出绚烂的光芒。

第八章

后备管理干部新型培训模式
"训战一体化"总结

CHAPTER8

第一节　评估及反馈

2016 年河南省电力公司青年干部培训班是对"训战一体化"培训模式的一次实践，有值得继续传承之处，也有待改进之处。我们以此次的青干班为参照，对"训战一体化"模式进行总结。

一、评估目的和评估性质

此次评估是关于对"训战一体化"新型培训模式效果的评估，目的是为了确定培训效果是否达到预期目标，"训战一体化"培训模式是否对学员日后的工作带去积极的影响。

我们采用了综合评估，即对照培训的目标，考察学员对管理重要程度的认识，对管理能力提升的各种方法的掌握程度，以及对学员以后实际工作中将培训知识与实践相结合的综合运用能力的影响。

二、评估实施的过程和方法

为做好培训效果的跟踪，以不断改进培训管理工作，对于本次培训评估，现场发放了《培训评估表》。针对"训战一体化"培训有效性评估的模型，主要是柯氏评估模型。本次评估主要从反应和学习两个评估层面进行。

反应层面：学员通过培训内容与师资水平对培训质量进行评估，通过培训教学服务与后勤服务对综合服务进行评估。

学习层面：通过对管理能力提升、管理潜力、职场规划、思维成熟度等对培训效果进行评价。

最后通过开放题型，写出学员的主要收获与启发以及对课程内容、导师表现的建议。

评估通过问卷调查的方式进行。本次调查问卷共发放 55 份，收回 45～46 份。

自编调查问卷的内容分为四个部分：其一，学员对培训的总体评价；其二，学员对导师表现的评价；其三，学员对导师组织工作的评价；其四，学员对培训效果的评价。所有的评价都分为五个等级，即很不满意、不太满意、不确定、比较满意、非常满意。

三、评估结果的分析

学员对整个课程满意程度的评估结果，如表8-1、表8-2所示。

表8-1　培训项目评估结果一览表

项目名称	培训时间	发放调查表（份）	收回调查表（份）	抽样比例（%）	评估方式	培训效果满意率（%）	综合服务满意率（%）
青干培训（第一阶段）	4月5日—18日	55	46	84	问卷调查	91	87
青干培训（第二阶段）	4月16日—29日	55	46	84	问卷调查	96	98
青干培训（第三阶段）	5月3日—18日	55	45	82	问卷调查	98	96

表8-2　培训质量和综合服务各项指标满意率一览表（单位：%）

项目名称	培训质量满意率							综合服务满意率							
	培训内容			师资水平			培训效果总体评价	培训教学服务				后勤服务			综合服务总体评价
	先进性	针对性	实用性	培训内容组织	教师教学能力	采用培训方式		培训时间安排	培训设施配置	教学资料准备	培训教学管理	住宿条件及服务	餐饮质量及服务	卫生条件	
第一阶段	91	89	85	91	96	85	91	63	90	91	94	78	90	96	87
第二阶段	98	93	91	96	96	96	96	89	96	100	96	96	96	96	98
第三阶段	98	96	98	98	98	98	98	89	98	96	96	96	96	96	96

本次参加"训战一体化"新型模式培训的55名学员对整个课程的满意程度

评分可达到 90 分以上。大部分的学员认为此次培训让他们受益匪浅，对于管理能力和自身职业水平有了更深刻的理解，普遍反映希望日后能提供给他们更多的学习机会。

（1）学员对培训的认识。

加强青年干部队伍的建设，是提高公司整体管理能力的基本方法。在参训的55 名学员中，非管理专业出身的管理者大量存在，在管理过程中普遍存在"费时低效"的情况，管理水平参差不齐。被测试 55 人中只有极少数人认为这样的培训无所谓，其余人认为很有必要，说明青年干部培训是众望所归，势在必行。

（2）学员在培训中的收获。

尽管不同的学员感受不同，有的认为培训观念得到更新，有的感到教学方法有所改进，有的感觉管理方法得到丰富，还有的认为职业技能有所提高。调查表明：学员对此次培训的总体评价很高，认为有收获、很有收获的有 51 人，占比为 93%。

（3）学员对培训的满意度。

学员对培训的课程设置表示满意和很满意的有 53 人，基本满意的有 2 人。主要原因是青干班采用了"训战一体化"的新型培训模式，并精心设计了培训方案，培训内容丰富多彩，涉及管理能力所需提升的各个方面，能满足大多数学员管理能力提升的需要，且学员对授课导师的评价很高，平均分在 85 分以上的占 98%。

（4）培训评估结果总结。

通过数据，明显可以看出参培学员对整个学习阶段培训效果和综合服务非常满意程度呈明显上升态势，培训取得良好的效果，达到预期目的，这与公司人事董事部的重视、管理培训中心的积极工作是分不开的。

通过培训提升青年干部的管理能力的重要性是有目共睹的。首先，对于企业的青年干部来说，管理能力的提升对职业管理者十分关键，因此此次培训对青年干部很重要。其次，在职场生活中管理者重复的单一性工作模式很容易固化思维，在不同发展阶段遇到的不同的管理情境问题很容易产生"管理瓶颈"。此次"训战一体化"新型培训模式可以提升管理者的管理灵活性，对管理者能力的持续性提升也十分必要。最后，是培训师对培训形式的选择考虑。鉴于传统培训的效果，对于原理性的培训，学员感到枯燥，互动性不强。因此培训导师结合各种培训的优点，"取其精华，去其糟粕"，创新性地提出了"训战一体化"的新型培训模式，互动性和操作性兼顾。

本次培训学员反馈对职场管理能力的重要性及其作用有了深刻认识，并深受启发。对于管理能力的提升，既要结合实际，也要学习理论架构的承建，发挥理论思想对实际工作的指导作用。在理论与实际相结合方面，部分人认为可以接受导师传授的知识，但能否灵活运用于实际仍是一大问题。对于青年干部工作的责任心和自信心方面，学员自我评价是有很大的激励作用的，期望未来的工作表现能有大的自我提升。

第二节　优劣势分析

一、"训战一体化"新型培训模式与传统培训的区别

"训战一体化"新型培训模式与传统培训的区别表现为以下几点：

（1）学习的理论假设不同。

传统培训学习背后的理论假设是：学员是知识的接收器，讲师是知识的发送者，学习者会正确地将知识储存在头脑中，并在需要时应用。"训战一体化"新型培训模式背后的理论假设并不认为学习是简单的发送和接收的过程，而是有意图的、积极的、自觉的和建设性的实践学习，包括互动的意图、行动和反思活动。

（2）学习的目标不同。

传统的培训学习主要目标为提升个人知识、技能，提高员工的整体素质水平，并没有明确要解决某一实际工作中的具体问题。"训战一体化"新型培训模式的首要目标是解决企业现实工作中遇到的具体的管理问题，通过互相学习、分享经验和反思碰撞解决具体问题，在此过程中同步提升个人的知识和技能水平。"训战一体化"新型培训模式的主要目标为培养管理人员长期关注问题的能力、深入研究与解决问题的能力和处理人际关系的能力。

（3）学习的速度不同。

传统的培训学习企业不同层级的员工学习速度会有所不同，但总体来说时间相对比较短，也相对固定。"训战一体化"新型培训模式的时间比较长。尽管不同的"训战一体化"培训项目有不同的时间安排和结构，但一般最短为一个多月，有些甚至会更长。

（4）学习的方式不同。

传统的培训学习更多的是采取集中式的授课方式进行，教员讲、学员听是最为常见的做法，学员更多的是采取强记的方式。"训战一体化"新型培训模式采取学习知识、分享经验、创造性地研究解决问题和展开实际行动"四位一体"的循环学习方式，学员通过"干中学""反思中学"。

（5）学习的效果不同。

学习方式的不同对学习效果会产生直接的影响，我们通过培训实践比较得出，"训战一体化"新型培训模式会比传统的培训学习产生更加好的效果。因为"训战一体化"培训学习的过程中，不但要阅读、听、看还要亲自去做，所以学习效果明显优于传统培训学习方式。

二、"训战一体化"新型培训模式优势

从采用"训战一体化"新型培训模式的效果分析来看，学员们对"训战一体化"新型培训模式学习的策略是认同的，对培训的内容设计是接受的，对培训的应用效果感到满意。通过培训，学员的管理能力明显提高，在工作中的实际效果优于传统的集中面授培训模式，表明"训战一体化"新型培训模式策略是适合后备管理人员进行管理能力培训的。

另外，在培训实践中我们发现，在教学交互、培训内容等方面，"训战一体化"新型培训模式要优于传统培训模式。其优势主要概括为以下几点：

（1）"训战一体化"新型培训模式有利于提高参训人员实际管理的能力和水平。

"训战一体化"新型培训模式以解决学员工作中的实际问题、提高学员管理能力、全面提高学员个人素质为目标，针对企业和岗位实际，确立提升目标、培

训内容、培训组织方式，以部门为主体进行管理和组织，"想当前员工所想，急当前员工所急"，在解决实际问题方面具有突出优势，有助于学用结合，提高学员的管理能力和处理实际问题的水平，推进企业不断改革和发展。

（2）"训战一体化"新型培训模式有利于提高学员参与的积极性。

"训战一体化"新型培训模式的培训环境有利于形成学员的主体意识：在培训过程中，因人数相对较少，不仅有利于明确学员参与的义务和责任，而且增加了学员的参与机会，同时"训战一体化"新型培训模式的主题集中在所在企业部门的实际工作问题中，和当前企业管理实践紧密结合，导师和优秀员工的经验和问题更容易受到重视和关注，学员的参与积极性更高。更为重要的是，"训战一体化"新型培训模式有利于满足不同层次员工的学习需求，"训战一体化"新型培训模式的成果可以直接内化为学员在工作中的管理能力，转化为实际工作效益，有利于形成员工继续教育的内在动机。所以，"训战一体化"新型培训模式有利于提高员工参与培训的积极性，提高员工管理能力和个人素质。

（3）"训战一体化"新型培训模式有利于企业持续性学习氛围的建设。

在学习型组织中，学习不再是孤立的活动，人们不必抛开工作专门抽出时间来学习，相反，学习就是工作的核心，企业就是员工学习的场所，因此，要改变过去脱产才能学习的陈旧观念，要在工作的过程中进行学习，提高和充实自己。"训战一体化"新型培训模式最大的特点是学习与工作有机统一，以解决工作中的问题激发学习动机，通过工作能力的变化和工作效益的提高体现学习的价值，同时，通过"训战一体化"新型培训模式的组织和管理，加强员工间的协作与交流，增进团结与友谊，互帮互学，互教互学，互相激励，比学赶帮，建设不断学习的员工群体，提高员工的管理能力和个人素质。

三、"训战一体化"新型培训模式实践中的反思

通过对培训实施过程的观察、访谈与反思，我们认为"训战一体化"还存在以下问题值得探讨：

（1）"训战一体化"新型培训模式主题的选择。行动学习主题选择是否有意义，是否能激发学员的学习积极性非常重要。一个带有急迫性、重要性的学习主题，

是激发团队成员的学习热情与投入地学习的关键要素。真实的培训要求真实的主题，不真实的学习使团队成员感受不到真实的压力和风险。一些琐碎的问题不值得行动学习团队花费精力长时间来讨论研究。所以能否成功选择培训主题在很大程度上已经决定了"训战一体化"新型培训模式的成败。

（2）教学组织方式问题。"训战一体化"新型培训模式的教学组织难度大于传统的面授培训。"训战一体化"新型培训模式的教学组织包括面授、学员自我组织和在线学习三个方面，如何保证学员按学习计划进行自主学习，是"训战一体化"新型培训模式成功的关键。

（3）网络学习方式问题。学员从依赖教师面授讲解的学习方式转向自主学习和协作学习的在线学习方式，其观念和学习方法都需要转变。学员可能不了解网络课程学习活动的设计意图，缺乏在线学习、协作学习的技能，不懂得如何提问、发起话题，等等，因此课程必须组织好第一次的面授活动，让学员掌握必要的网络学习技能。

（4）培训内容的设计。通过培训实践不断完善培训内容，使受训学员得到最前沿、最适合需求的培训内容是使整个培训具有强大生命力的关键，一成不变的培训内容不利于以后培训的开展。

第三节　后续优化方向

企业的持续发展与企业员工的职业素质的高低息息相关，员工的职业素质来自三个方面：第一，员工参加工作前自己受教育的程度，由此得来的文化知识滞后于工作之后的现实能力；第二，员工在工作中通过自学得到的知识，这个学习对能力提升的作用很小；第三，员工通过企业不断地培训学习得到的知识，专业性强并且知识面较宽，所以在知识爆炸的时代，企业员工培训是实现企业目标的中介和桥梁。在企业培训的整个体系中，企业员工培训途径、方法的不断优化是整个员工培训系统的重要组成部分，是长久提高员工培训效益的关键因素之一，对提高员工培训的实效性有着重要意义。

一、培训中仍存在的问题

企业员工培训的目的是提高员工的素质和能力，我们必须采用各种方式对员工进行培训。企业员工培训已成为企业发展的必不可少的环节，对企业的长远发展起着重要作用。但在实际培训中，仍存在以下几个问题：

（1）认识不足，受以往观念的约束。虽然大部分公司领导和学员都很重视培训，但仍有小部分学员把员工培训看作是对资源的浪费，认为培训不培训只要会干活就行。所以他们有意无意地存在着这样一种思想：尽可能地减少培训人数和费用。这种对培训的看法只能使员工画地为牢，使员工的技能得不到提高，更谈不上能力的提升。如果不改变这种观念和思想，很难与社会同步。

（2）流于形式。企业对培训对象的选择应与企业的需求相适应，同时应保证培训效果的实质大于形式。如果企业派来的参培人员只是为了完成公司下达的培训指标，培训完回单位并不能把所学的知识应用在工作中，并且每次参加培训的都是这些人，在培训班中不认真学习，应付了事，那么培训效果就达不到原来设置的目的。企业应充分考虑员工自身需要哪些知识，只是为培训而培训，往往达不到预期的效果。

（3）课程数量过多。有些企业为补足管理人员的管理能力，设计的培训内容过于丰富，产生了过犹不及的效果。培训课程设置过于紧密，导致学员的复习转化时间较少，不能将所学内容及时地消化吸收。学员压力较大，学习的效果也就违背了预期目标。

二、培训的持续优化方向

针对培训效果的评估、反馈及存在的问题，培训可以从以下几个方面进行持续优化：

（1）注意培训需求分析。

培训需求分析是确定培训目标、安排培训计划的前提，也是进行培训评估的基础。一方面，要结合公司和员工的发展确定必须的培训课程，要搞清楚培训对象"需要什么课程"，对培训需求逐个进行分析，对参训人员进行分类，保证每个培训班不会因为人员水平参差不齐而影响培训效果；另一方面，通过需求分析将不同专业方向的培训班进行归类，全面掌握公司生产经营活动和发展等各方面的变动和调整，将一些新增项目纳入培训计划，从主观上来讲有利于培训效果的提升。

（2）制定适合企业的培训方法。

培训方法的选择应与培训内容相一致，这样才能使培训发挥最大的作用。

在岗培训：这是企业应用最普遍的培训方式。由员工针对工作中的实际问题，拟订解决方案，并付诸实践。在实践中通过问题的解决，提升自我的能力。

脱产培训：脱产培训是指员工离开工作岗位，进行有针对性的管理基础知识或技能的脱产学习。培训形式主要是传统的课堂教学、与培训师和受训者互动教学、走出去请进来、通过多媒体技术（电视、录像、网络）、现场技能、讲座、团队建设以及向先进企业取经学习等，促使员工提高学习积极性，很好地掌握培训内容。还可通过互动教学讨论阐述不同观点，帮助大家共同理解培训内容，从而使所有参与者获得提高，不能抱着学习是放松、疗养的态度。

（3）完善培训效果的监督与评估。

评价培训前期准备工作和整个实施过程开展情况必然要通过培训效果评估来衡量。培训效果的评价需要联系实际，视不同的培训项目，选择恰当的方法，才能得到真实、客观的评价结果。目前有些培训结束后，培训效果总结评估和调查问卷趋于形式。不管什么培训，培训的对象是谁，培训的考核通常只采用笔试的方法，而对于技能培训，只考核笔试不考核动手能力，培训效果趋近于零。应加强"培训前现状评估，培训后现场评估"，帮助学员把学到的知识和技能应用到工作中去。培训结束后，对于培训时间较短、普及性的培训内容或是讲解后能马上应用的培训，可以采取由讲师授课进行现场提问的方式，让学员根据自己岗位生产实际情况来消化学习培训内容。

（4）培训与激励措施的结合。

培训对于企业来说投资是为了效益回收，对于学员来说虽然提高了自身技能，但是未必在其他方面获得满意的回报。所以，公司在让员工参加培训的同时对操作人才管理程序、奖励政策应做出详尽的规定，管理能力较强的应进行荣誉和物质的"双奖励",管理能力提升较快且十分明显的应鼓励经验的分享并进行适当的表彰和必要的物质奖励。

总之,加强企业培训工作,一要转变培训观念和人才观念,明确培训目的,避免求全责备,最大限度地激发培训员工的积极性,二要抓好和生产实际相结合,完善方案和制度,加强针对性,减少盲目性和各种形式主义的作风,扎扎实实抓好培训。唯此,才能真正收到培训的效果,才能真正促进企业生存能力的不断提高。

三、结语

企业在瞬息万变的市场中求生存和发展,获得竞争优势,就必须不断学习、求知与创新,除了持续有效地开展各类培训外,还要启发员工挖掘自身存在的问题,更新员工对培训的观念,通过各种培训提高员工的素质和技能,克服自身缺陷,开拓创新企业的发展领域。更主要的是必须通过各种培训在企业内部迅速建立起员工自发学习的氛围,帮助员工建立起"终生学习"的观念,变"要我学"为"我要学",培养员工"活到老、学到老"的思想,培养自我提高的技能与素质能力,提升员工价值,最终提高企业整体的竞争力。